J. K. A. Musäus
Deutsche
Volks-
Märchen

J. K. A. Musäus

Deutsche Volks- Märchen

Illustrationen von Ludwig Richter und anderen

Band 2

MOEWIG

Der Text folgt der Erstausgabe von 1782–86 und wurde behutsam dem heutigen Sprachgebrauch angepaßt. Die Illustrationen stammen von Ludwig Richter und anderen aus der Ausgabe von 1842.

© dieser Ausgabe 1996 by
VPM Verlagsunion Pabel Moewig KG, Rastatt
Redaktion: Dr. Petra Gallmeister
Umschlaggestaltung: Werbeagentur Zeuner, Ettlingen
Druck und Bindung: Ebner, Ulm
Printed in Germany 1996
ISBN 3-8118-1324-2

Inhalt

Der geraubte Schleier

(oder: Das Märchen à la Montgolfier)

Unfern der Stadt Zwickau, im Erzgebirge, liegt das bekannte Schwanenfeld, welches den Namen hat von einem Weiher, der Schwanenteich genannt, der heutzutage zwar beinahe versiegt, aber doch noch nicht ausgetrocknet ist. Das Wasser desselben hat die Eigenschaft, die weder dem Pyrmonter Brunnen noch dem Karlsbade, noch den Wassern zu Spaa oder sonst einem Gesundbrunnen innerhalb Deutschlands, auch selbst dem welschen Königsbade zu Pisa nicht verliehen ist. Es ist das wahre Schönheitsöl, wirksamer als die verjüngende Salbe des rätselhaften St. Aimar, kräftiger als Maientau, reinigender als Eselsmilch oder das zur Erhaltung buhlerischer Reize erfundene Waschwasser à la Pompadour, köstlicher als das berufene Talksteinöl. Still und geräuschlos gleitet die wundersame Quelle unter dem Schatten unedler Gesträuche dahin, deren Wurzeln sie tränket, und verbirgt sich beschämt, daß ihre Kraft und Wirkung verkannt wird, bald wieder in den mütterlichen Schoß der Erde, da ihre stolze Nachbarin im Karlsbad mit vornehmem Ungestüm hervorsprudelt, sich prahlerisch durch heiße laugenhafte Dämpfe ankündiget und von der ganzen gichtbrüchigen Welt sich lobpreisen läßt. Es ist kein Zweifel, wenn die verborgenen Tugenden der gebirgischen Quelle, das unstete und flüchtige Gut der weiblichen Schönheit stet und fest zu machen oder die welkende Blüte derselben wieder zu erfrischen, kund und offenbar würde, daß die weibliche werte Christenheit mit eben der Inbrunst und dem Eifer zum Zwickauer Schönheitsbrunnen zu großem Vorteil und Gewinn der guten Stadt wallfahrten würde wie die türkische Karawane nach Mekka zum Grabe des Propheten; auch würden die Töchter der Stadt fleißig herausgehen, mit ihrem Zuber des köstlichen Wassers zu schöpfen, und so wenig ermangeln, bei dieser Gelegenheit Heiratsgewerbe zu betreiben, wie vormals die Na-

7

horittinnen. Aber wie nicht der Saum einer jeden Wolke von der Sonne vergüldet wird, nicht jede Blume, die erfrischender Morgentau tränket, hohe Farben spielt, auch nicht jede verschwitzte Perle, durch Limonensaft gereiniget, ihr erstes Wasser wieder gewinnt, sondern bei gleicher Wirksamkeit der Lichtstrahlen, des fruchtbaren Taues und der Zitronensäure gewisser eintretenden Umstände halber dennoch nicht immer gleiche Wirkung erfolgt: So würde nach Maßgabe angezogener Gleichnisse auch nicht jede badende Nymphe durch die Zwickauer Wunderquelle, der unbezweifelten Wirksamkeit derselben unbeschadet, Jugend und Schönheit fesseln, denn beide sind durch den nassen Weg eines Wasserbades ohnehin schwerer zu gewinnen, als durch den trocknen des Pinsels und der Schminkdose dem Auge vorzulügen.

Doch hier tritt noch der besondere Umstand ein, daß das Zwickauer Schönheitsbad seine wundersame Eigenschaft nur an solchen Damen äußert, welche, sei's auch im tausenden Gliede, aus der Sippschaft der Feen abstammen. Das sei inzwischen nicht gesagt, um irgendeine Schöne von dieser heilsamen Badekur abzuschrecken: Denn welche ist versichert, daß sie geradezu in unverrückter Geschlechtsfolge von väterlicher und mütterlicher Seite aus Mutter Evas irdener Hüfte entsprossen sei und nicht in die lange Reihe vergessener Ältermütter irgendeine Fee zwischen ein trete und sonach ein Tropfen ätherisches Blut in ihren Adern fließe? Ist immer möglich, daß der unermüdete Forschungsgeist der Menschenkunde in dem Menschenantlitz ein Feenprofil ausspähet, wie er bereits eine Königslinie geahndet und ein Armensünderprofil gefunden hat. Bis dahin können vielleicht andere Merkzeichen die Stelle der zu hoffenden gewissen Überzeugung vertreten. Jedes zauberische Talent der Töchter Teutoniens, es sei dieses der Wohlgestalt des Wuchses, dem Blick der Augen, der Eurhythmie des Mundes, der Wölbung des Busens, den Organen der Stimme verliehen, oder es bestehe in der Gabe eines bezaubernden Witzes oder einer gewissen Kunstfertigkeit, läßt ein Erbteil aus dem großmütterlichen Feenschatz vermuten, und wo ist ein Mächen, das nicht irgend so ein Zauber-

künstchen treiben sollte? Die Wallfahrt ins Zwickauer Schön-
heitskonservatorium wär drum des Weges wohl wert und insonderheit der Teil der schönen Welt dazu aufzumuntern, welchem
das Schicksal bevorstehet, die Flagge der Schönheit des nächsten zu streichen.

Im Angesicht des kleinen Sees, in welchen die magische Quelle ihren Silberstrom ergoß, wohnte an dem sanften Abhange
eines Hügels, in einer lustigen Felsengrotte, Benno, der fromme

9

Einsiedler, der den Namen von dem bekannten frommen Bischof in Meißen zum Aushängeschild seiner Tugend und Frömmigkeit entlehnt hatte und nicht minder im Geruch der Heiligkeit stund als sein Namenspatron. Niemand wußte zu sagen, wer Benno eigentlich sei, noch von wannen er kommen war. Vor langen Jahren langte er als ein rüstiger Pilger an, ließ sich in der Gegend des Schwanenfeldes nieder, erbauete eigenhändig eine artige Einsiedelei, pflanzte einen kleinen Garten umher, in welchem er die herrlichste Baumschule von ausländischen Obstbäumen und Traubengeländer anlegte. Er zog darinnen auch süße Melonen, welche damals für eine große Leckerei gehalten wurden und womit er die Gäste, welche bei ihm einsprachen, bewirtete und labte. Seine Gastfreiheit machte ihn ebenso beliebt als seine heitre Gemütsart. Die gebirgischen Einwohner wendeten sich wegen seiner Frömmigkeit an ihn, als einen Anwalt und Unterhändler bei allerlei Notdurft vor dem himmlischen Tribunal, und er gewährte seine Vorsprache oft ganz entgegengesetzten Wünschen mit großer Bereitwilligkeit, ohne die Gebühr eines reichen Almosens. Gleichwohl fehlte es ihm an keinem Bedürfnis des Lebens, vielmehr gab ihm der Segen des Himmels an allem Überfluß. Ob indessen den frommen Benno ein himmlischer Beruf aus dem Geräusche der Welt in seine einsame Klause trieb, oder ob ihm wie dem frommen Abälard eine Heloise zum kontemplativen Leben Beruf und Neigung gab, das wird sich vielleicht in der Folge offenbaren.

Um die Zeit, als Markgraf Friedrich mit dem Biß seine Fehde mit dem Kaiser Albert ausfocht und das Schwabenheer das Osterland verheerte, hatte bereits das Alter den ehrwürdigen Benno mit einer ansehnlichen Glatze geschmückt und die Überbleibsel seines Haarwuchses an der Stirn gebleichet, er ging krumm und sehr gebückt an seinem Stabe einher und hatte nicht mehr die Kräfte, seinen Garten im Frühling umzugraben, wünschte sich einen Gehilfen und Beistand; aber die Wahl fiel ihm schwer, im Gebirge einen Hausgenossen zu finden, der ihm zu Sinne war, denn das Alter machte ihn mißtrauisch und wunderlich. Unverhofft gewährte ihm der Zufall seinen Wunsch und ließ ihn einen Gehilfen finden, an den er sich wie an seinen Stab halten konnte. Die Meißner hatten bei Lucka die Schwaben in einer großen Schlacht erlegt und ihrer bei sechzig Schock[1] erschlagen. Ein panischer Schrecken fiel auf das Schwabenheer, die Furcht gab ihnen die gewöhnliche Losung: Rette sich, wer kann! Jeder der nach der Schlacht noch ein Paar gesunde Füße unter sich fühlte, dankte Gott und allen Heiligen dafür und bediente sich derselben wie die aufgeschreckten Lerchen der Flügel, sich über die betrüglichen Garnwände emporzuschwingen und den Netzen des Todes zu entrinnen; viele flohen nach den nächsten Wäldern, und die Ermatteten verbargen sich in hohlen Weiden. Eine getreue Spießgenossenschaft, sieben Mann an der Zahl, gelobten sich, treulich beieinander auszuhalten, sich nicht zu trennen und zusammen zu leben und zu sterben. Es gelang ihnen dem nachhauenden Feinde glücklich zu entkommen, sie waren insgesamt frische wohlbewadete Burschen, die kein Läufer aus Midian würde eingeholet haben. Endlich ermüdeten sie doch durch den allzulangen Wettlauf, und da die Nacht hereinbrach, beratschlagten sie sich, wo sie einen Ort finden möchten, sich zu verbergen. Im freien Felde hielten sie sich nicht sicher genug, sie faßten also den Entschluß, in ein einsames Dorf sich zu schleichen, das ihnen eben aufstieß, denn sie urteilten ganz recht, daß die Mannschaft daraus mit ins meißnische Lager gezogen sei. Dennoch waren sie sehr behutsam, und um das strengste Inkognito zu beobachten, nahmen die sieben Helden in einem Backofen ihre Herberge, ihre Anwesenheit desto sicherer zu verhehlen. Nun mag wohl ein Backofen eben nicht das bequemste Gastbett sein, und vor der Lucker Schlacht würden sie auch mit einem solchen Nachtquartier schwerlich vorliebgenommen haben, denn tausend Heringe schlafen leicht friedsamer in einer Tonne beisammen als sieben Soldaten in einem Backofen; aber diesmal machte die Not Quartier, die große Ermattung gebot Eintracht und der Schlaf Schweigen: Es fiel ein Paar Augen nach dem andern zu, und die Unglückskameradschaft schlief bis an den hellen Tag, ob sie gleich verabredet hatten, in der Morgendämmerung in aller Stille zu dekampieren.

Aber ehe die Siebenschläfer erwachten, waren sie bereits von einer Bäuerin entdeckt worden, die, weil das Gerücht des Sieges schon ins Land erschollen war, aus großer Freude über diese Botschaft einen Kuchen eingemengt hatte, den sie in aller Frühe backen wollte. Wie sie zum Ofen kam und die Einquartierung da wahrnahm, merkte sie bald an den zerfetzten Wämsern und Hosen, daß diese fremden Gäste Flüchtlinge wären, sie lief also flugs ins Dorf und sagt's ihren Nachbarinnen an. Augenblicks versammelte sich die Schar der Bäuerinnen, gerüstet mit Bratspießen und Ofengabeln, nicht anders als wenn sie in der ersten Maiennacht den Besen satteln und auf den Brocken ziehen wollten. Der Backofen wurde von der weiblichen Kohorte förmlich berannt, man hielt Kriegsrat, ob man mit gewaffneter Faust oder mit dem Element des Feuers den Feind angreifen wollte, denn beschlossen war es, die Schmach der Jungfrauen und Weiber an den schändlichen Buhlern zu rächen, die bei dem Einfall ins Land weder die Heiligkeit der Klöster noch die Zucht der tugendsamen Hausmütter und ihrer Töchter verschonet hatten. Ob nun wohl die sieben Märtyrer an der Sünde ihrer Landsleute vielleicht sehr unschuldig waren, so sollten sie doch für sie die Schuld abbüßen: Die strenge Keuschheitskommission verurteilte sie nach gepflogenem Rate allesamt zum Bratspieß. Schon schwang der Geist der Rache die ungewohnten Waffen in der Hand der Dörflerinnen, nicht anders als Bacchantenwut den schweren Thyrsos in der Hand der Dryaden. Der ganze Haufe stürmte einmütig auf die Heldenherberge ein, ohne die Unverletzbarkeit des Gastrechtes zu respektieren; die wehrlosen Wichte wurden mit kräftigen Stößen und Gabelstichen gar unsanft aus dem erquickenden Schlafe geweckt. Sie ahneten aus diesem unfreundlichen Morgengruße ihre Gefahr, stimmten große Lamenti an, kapitulierten aus dem Ofen heraus und baten flehentlich um ihr Leben. Doch die unerbittlichen Amazonen gaben kein Pardon, stachen und gabelten so behende von außen in den Mordkeller hinein, bis eine völlige Totenstille darin herrschte und keiner der unglücklichen Spießgesellen mehr ein Glied regte; hierauf verwahrten sie die Tür von außen und zogen triumphierend im Dorfe umher.

Sechse von der verbündeten Kameradschaft waren bei diesem Ofenscharmützel wirklich auf dem Platze geblieben, dem siebenten, der klüger oder entschlossener war als die übrigen, gab die Gefahr ein sicheres Rettungsmittel an die Hand; er nahm in Zeiten eine weise Retirade in die Feuermauer, stieg durch solche unbemerkt aus dem schauervollen Kerker, glitt vom Dach herunter und gelangte ins Freie, lief aus allen Kräften dem nahen Gebüsche zu und wanderte so unter fortwährender Todesfurcht den ganzen Tag in der Irre herum bis zum Sonnenuntergang. Vor Entkräftung und Hunger sank er unter einen Feldbaum, und nachdem die Abendkühlung seine Kräfte erfrischet hatte, hob er die Augen auf und sah in einer kleinen Entfernung einen andächtigen Eremiten, der vor einem sehr simplifizierten Kreuz, das nur mit Baumbast zusammengebunden war, seine Andacht verrichtete. Dieser fromme Anblick machte ihm Mut, er nahete in einer demütigen Stellung dem ehrwürdigen Ordensmanne, kniete sich hinter ihn, und da dieser sein Gebet vollendet hatte, erteilte er dem Fremdling den Segen. Wie er aber diesen so bleich und entstellt sah, auch aus seiner Kleidung urteilte, daß er ein Lanzknecht oder Schildknappe sei, ließ er sich mit ihm ins Gespräch ein. Der ehrliche Schwab vertraute ihm seinen Unstern so treuherzig, als ob er seine Beichte ansagte, ohne seine Furcht vor dem Tode zu verhehlen, denn er fürchtete immer, der Würgengel, mit der Bratspießsense bewaffnet, folge ihm auf dem Fuße nach und werde ihn noch bald gnug einholen. Den gutmütigen Einsiedler jammerte das unschuldige Schwabenblut, er bot ihm Schutz und Obdach in seiner Wohnung an. Zwar bildete dem furchtsamen Flüchtling seine verworrene Phantasie gleich beim ersten Eintritt die düstre Grotte als einen Mordkeller ab; nicht nur dieses Felsengewölbe, sondern auch die Kapelle, die Speisekammer, der Keller des Einsiedlers, ja selbst das azurne

13

Gewölbe des Himmels gewann in seinen Augen die Gestalt eines Backofens; es überlief ihn ein kalter Todesschauer nach dem andern. Aber der freundliche Greis sprach ihm bald wieder Mut ein, reichte ihm Wasser, die Füße zu waschen, tischte ihm gutes Brot und einige Gartenfrüchte zur Abendmahlzeit auf, labte seine trockne Zunge, die an dem Gaumen klebte, mit einem Becher Wein und bereitete ihm ein Nachtlager von weichem Moos. Friedbert der Schwab schlief auf beiden Ohren, bis ihn der fromme Benno zum Gebet weckte, worauf er beim Frühstück aller Not und Herzeleids vergaß und nicht Worte hatte, seinem guten Wirt für die menschenfreundliche Aufnahme und Pflege sattsam zu danken.

Nach drei Tagen dünkte es ihm Zeit, förder zu ziehen; doch sehnte er sich aus diesem ruhigen und sichern Aufenthalte so wenig hinweg, als es einem Schiffer, der beim Sturm in einer windsichern Bucht den Anker hat fallen lassen, lüstet, sich in die offne See zu wagen, solange noch die Winde draußen heulen und die hohlen Wellen brausen. Benno seinerseits fand an dem ehrlichen Schwaben einen so schlichten und geraden Sinn, so viel Treuherzigkeit und Dienstbeflissenheit, daß er ihn stets bei sich zu behalten wünschte. Diese Übereinstimmung des Willens machte bald beide Teile des Handels einig; Friedbert nahm von dem Altvater die Tonsur, wechselte das Soldatenkleid mit einem Eremitenrock und blieb als dienender Bruder in der Klause, seines Wohltäters zu warten, die Küche und den Garten zu beschicken und die nach der Einsiedelei wallfahrtenden Pilger zu bedienen. Um die Zeit der Sonnenwende, wenn der Frühling von dem Sommer sich scheidet und die Sonne in das Zeichen des Krebs tritt, verfehlte Benno nie, seinen treuen Diener auf Kundschaft an den Weiher zu schicken, um zu sehen, ob sich Schwäne darauf blicken ließen, ihren Flug zu beobachten und die Anzahl derselben zu bemerken. Er schien immer auf diesen Bericht sehr aufmerksam, der Schwanenbesuch machte ihn guten Muts, aber wenn sich um die gewöhnliche Zeit keine Schwäne blicken ließen, schüttelte der Alte den Kopf und blieb einige Tage mißmutig und grämlich. Der geradsinnige Schwabenkopf hatte keinen Arg daraus, forschte entweder dieser sonderbaren Neugierde des Grüblers nicht weiter nach oder meinte, die Ankunft oder Abwesenheit der Schwäne sei eine Vorbedeutung von Fruchtbarkeit oder Unfruchtbarkeit des Jahres.

Eines Tages, da Friedbert auf der Lauer stund, in der Abenddämmerung einige Schwäne über den Teich hatte hinschweben sehn und solches nach Gewohnheit dem Vater Benno ansagte, bezeigte dieser große Freude darüber, ließ eine leckerhafte Abendmahlzeit zurichten und Wein auftragen vollauf. Der jovialische Becher äußerte bald seine belebenden Kräfte an beiden fröhlichen Tischgenossen. Der ehrwürdige Greis legte seine Ernsthaftigkeit ganz ab, wurde gesprächig und scherzhaft, schwatzte von Traubensaft und Minneglück, daß, wer ihn gehört hätte, würde vermutet haben, der Greis von Tejos sei wieder aufgelebt und habe sich in einen Eremiten umgewandelt. Er stimmte sogar das antike Trinklied an, das, seitdem Trauben gekeltert und Mädchen sind geliebt worden, üblich gewesen ist, und welches Vater Weiße seinen Zeitgenossen wieder sangbar gemacht hat: „Ohne Lieb und ohne Wein was wär unser Leben."

Indem er seinem Pflegesohn den vollen Becher reichte und dieser redlich Bescheid tat, trat er ihn traulich mit diesen Worten an: „Mein Sohn, gib mir Antwort auf eine Frage an dein Herz, aber gebiete ihm, daß es kein Schalk sei oder dich selbst betrüge; auch bezähme deine Zunge, daß kein verlognes Wort darüber gleite: Denn so du erfunden würdest, daß du trüglich redetest, würde die Lüge deine Zunge schwärzen wie der Ruß einen Topf am Feuerherde. Darum sag mir aufrichtig und sonder Trug, ist Frauenliebe je in dein Herz kommen und der süße Minnetrieb darinnen erwacht; oder schlafen noch die Gefühle zarter Leidenschaft in deiner Seele? Hast du den Honigbecher keuscher Brunst gekostet oder aus dem üppigen Kelch der Wollust getrunken? Nährst du noch vielleicht geheime Liebesflammen mit dem Hoffnungsöle, oder sind sie durch den Hauch des Wankelmuts erkaltet und erloschen, oder glimmt noch ein verborge-

ner Funke unter der Asche der Eifersucht? Seufzet ein Mädchen
nach dir, das deinen Augen gefiel und dich jetzt als einen Toten
beweinet oder deiner Wiederkehr ins Vaterland harret mit sehnlichem Verlangen? Schließ mir auf die Geheimnisse deines Herzens, so soll sich das meinige gegen dich öffnen, daß ich dir
kundtue, was dir lieb zu hören sein wird."

„Ehrwürdiger Vater", antwortete der truglose Schwab, „was
mein Herz anbelanget, so wisset, daß es nie der Liebe Fesseln
getragen hat und annoch so frei ist als der Vogel in der Luft von
den Netzen des Vogelstellers. Ich bin als ein junger Gesell unter
Kaiser Alberts Fahnen gezwungen worden, eine Lanze zu tragen, ehe noch das Milchhaar am Kinn sich zum männlichen
Krausbarte krümmte und die Mädchen meiner achteten; denn die
Gelbschnäbel, wißt Ihr wohl, sind bei ihnen nicht hoch am Brette[2]. Zudem bin ich ein verzagter Tropf in betreff der Liebe; wenn
mich's auch zuweilen lüstete zu liebäugeln, hatt ich kein Herz,
einem feinen Mädchen dreist unter die Augen zu sehen, und es
ist mir nie begegnet, daß mir eine mit Liebe entgegengekommen
wär, um durch einen Wink oder Blick mich anzuködern. Also
wüßt ich nicht, daß eine weibliche Zähre um mich geflossen sei,
ausgenommen jene, die meine Mutter und Schwestern weinten,
da ich ins Heer zog." Das vernahm der Alte gern und fuhr also
fort: „Du hast mir nun drei Jahre lang aufgewartet, wie es einem
ehrlichen Diener zusteht, dafür gebührt dir ein billiger Lohn,
von dem ich wünschte, daß du ihn aus der Hand der Liebe emp-
fingst, wofern dir anders das Glück günstiger ist als mir. Wisse,
daß mich nicht die Andacht, sondern die Liebe aus fernen Landen hierher in diese Klause geführt hat. Vernimm meine Abenteuer und die Abenteuer des Weihers, der dort als ein Silbermeer
in dieser mondlichten Nacht vor unsern Augen hingegossen ist.
In meiner Jugend war ich ein kecker mannlicher Ritter, seßhaft
in Helvetien, aus dem Geschlecht der Grafen von Kyburg, trieb
Kurzweil und Minnespiel und erschlug einen Pfaffen, der mir eine feine Magd abgewonnen hatte durch Betrug, daß sie mir untreu ward. Drauf zog ich gen Rom, Ablaß zu holen vom Heili-

16

gen Vater des Totschlags halber, der legte mir eine Buße auf, daß ich drei Kreuzzüge tun sollte ins Heilige Land, gegen die Sarazenen zu streiten, mit dem Beding, daß, wenn ich nicht wieder heimkehrte, der heiligen Kirche all mein Gut sollte verfallen sein. Ich verdang mich auf eine der Venediger Galeeren und schiffte frohen Mutes davon. Aber im Ionischen Meere blies der tückische Afrikaner-Wind in unsre Segel, das Meer türmte sich auf, unser Schifflein ward ein Spiel der Wellen und lief auf dem Ägaer-Meer nahe bei der Insel Naxos auf eine verborgene Klippe, daß es zu Trümmern ging. Ob ich gleich der Schwimmkunst unkundig war, faßte mich doch mein Schutzengel beim Schopf und hielt mich über Wasser, daß ich das Land erreichte, wo mich die Strandbewohner freundlich aufnahmen und meiner pflegten, bis ich des eingeschluckten Seewassers mich entledigt hatte. Drauf begab ich mich nach Quisa ans Hoflager des Fürsten Zeno, eines Abkömmlings des Markus Sanuto, welchem Kaiser Heinrich aus Schwaben die Zykladen als ein Herzogtum verliehen hatte, und wurde unter dem Namen eines welschen Ritters wohl empfangen.

Hier sah ich die schlanke Zoe, seine Gemahlin, von dem schönsten griechischen Ebenmaß, die Apelles würde gewählt haben, die Göttin der Liebe zu konterfeien. Ihr Anblick entzündete eine Flamme in meinem Herzen, in welcher alle anderen Gedanken und Begierden mit auflodertem. Ich vergaß meine Gelübde der Kreuzfahrt ins Heilige Land, und mein Dichten und Trachten war nur darauf gestellt, der jungen Fürstin meine Liebe zu verständigen. Bei jedem Speerrennen tat ich mich hervor, denn die weichlichen Griechen kamen mir weder an Kräften noch an Behendigkeit bei. Ich unterließ nicht, durch tausend kleine Aufmerksamkeiten, die uns Männern so leicht das weibliche Herz gewinnen, der reizenden Zoe mich anzuschmeicheln. Mit Sorgfalt spähte ich durch meine Kundschafter, wie sie sich an jedem Hoffeste kleiden würde, die Farbe ihres Gewandes war immer die meiner Feldbinde und Helmdecke. Sie liebte Sang und Saitenspiel, auch muntere Reihentänze, tanzte selbst zum Entzücken wie die Tochter des Herodias; ich überraschte sie oft mit einer Serenade, wenn sie des Abends unter dem heitern griechischen Himmel auf der Terrasse ihres Blumengartens am Meer lustwandelte und die kleinen Silberwellen am Strande das freundliche Flüstern traulicher Seelen nachahmten. Ich ließ aus Morea Tänzer-Gruppen kommen, sie zu belustigen, und trieb nicht wenig Verkehr mit den Modehändlerinnen zu Konstantinopel, die Erfindungen des weiblichen Putzes nach dem neuesten Geschmack der Kaiserstadt aus der ersten Hand zu empfangen und sie auf mancherlei Wegen zu der Dame meines Herzens gelangen zu lassen, doch so, daß sie leicht den Urheber dieser Galanterien erraten konnte.

Wenn du in der Liebe einige Erfahrung hättest, mein Sohn, so würdest du wissen, daß solche dem Anschein nach unbedeutende Gefälligkeiten in der artigen Welt Hieroglyphen sind, die der Unkundige für Spielwerk und Tändelei erkläret, die aber bestimmten Sinn und Deutsamkeit so gut haben als Buchstaben und Worte in der gemeinen Sprache, das heißt, sie sind eine Art rotwelscher Sprache, die ihrer zwei, die sich darauf verstehen, im Beisein eines Dritten reden können, ohne daß dieser weiß, ob er verraten oder verkauft ist, die Liebenden verstehn aber alle Worte, ohne eines Unterrichts oder einer Erklärung zu bedürfen. Diese meine Stummen, die ich ins Innre des Palasts schickte, sprachen daselbst sehr laut zu meinem Vorteil; ich bemerkte mit Entzücken, daß mich die schönen Augen der Fürstin im Gewühl der Höflinge um sie her zuweilen aufzusuchen und mir viel Verbindliches zu sagen schienen. Dadurch wurde ich dreister in meinen Anschlägen; ich fand eine Vertraute unter ihren Frauenzimmern, die sich gegen die Gebühr zur Botschafterin der Liebe dingen ließ. Es kam zu wechselseitigen Erklärungen, es wurden geheime Zusammenkünfte unter vier Augen verabredet, die jedoch immer mißglückten: Ein kleiner Umstand zerstörte jedesmal den Plan, welchen die Liebe entworfen hatte; entweder fand ich meine Prinzessin da nicht, wo sie mich hinbeschieden hatte, oder der Ort, wo ich sie treffen sollte, war mir unzugänglich. Dämon Eifersucht hielt die schöne Griechin in so engem Gewahrsam, daß ich ihres Anblicks nie anders als im Angesicht des ganzen Hofes genießen konnte. An diesen Schwierigkeiten zerschellten wie an einer ehernen Mauer meine Hoffnung und Wünsche, aber nicht die Leidenschaft, welche als eine hungrige Wölfin immer gieriger wurde, je weniger sie Nahrung fand. Die lodernde Flamme verzehrte das Mark in meinen Gebeinen, die Wangen erbleichten, meine Lenden verdorrten, mein Gang wurde unstet, denn die Knie wankten wie ein leichtes Schilfrohr, das der Wind hin und her beuget. Bei all diesem Ungemach fehlte mir ein treuer Freund, in dessen verschwiegenen Busen ich meinen Kummer hatte ausschütten können und der zum mindesten mit täuschender Hoffnung meinen ermatteten Geist wiederbelebt hätte.

Als ich nun so siech in meiner Herberge lag und mich des Lebens verziehen hatte, ließ mich der Fürst durch seinen Leibarzt Theophrast besuchen, dem er die Sorge für meine Genesung anbefohlen hatte. Ich reichte ihm die Hand in Meinung, daß er den Puls prüfen wollte, er schüttelte sie aber mit freundlichem Lächeln, ohne sich um die Reizbarkeit meiner Nerven zu bekümmern, und sprach: ‚Vermeinet nicht, edler Ritter, daß ich gekommen bin, durch Salben und Arzneien Eure Genesung zu befördern nach Art unkundiger Ärzte, die auf gut Glück kurieren; Eure Gesundheit ist auf den Fittichen der Liebe entflohen, sie kann auch nur auf denselben zurückkehren.' Ich verwunderte mich baß, daß Meister Theophrast so genauen Bescheid um die Geheimnisse meines Herzens wußte, als wenn er's mit dem anatomischen Messer zerlegt hätte und als ein Opferpriester daraus wahrsagte. Also verhehlte ich ihm nichts von dem, was er bereits wußte, und fügte noch gar trübselig hinzu: ‚Wie soll ich von der Liebe Genesung hoffen, die mich tückisch mit einem Band umschlungen hat, in welchem bereits der unauflösliche Knoten zugezogen ist? Es bleibt mir nichts übrig, als mich in mein Schicksal zu ergeben und in der trüglichen Schlinge zu erwürgen.' ‚Mitnichten', versetzte er, ‚Liebe ohne Hoffnung ist freilich bittrer als der Tod; aber laßt Eure Hoffnung darum nicht schwinden. Es begibt sich nichts Neues unter der Sonne, was sich aber schon begeben hat, das kann sich auch wieder begeben. Der magre Tithon hatte sich nicht träumen lassen, daß er in dem Bette der Morgenröte schlafen würde, dennoch hat er sich in den Armen der Göttin so abgeliebt, daß endlich seine ganze Korpulenz zur Schöpfung einer Heuschrecke kaum hinreichte. Da der Hirtenknabe auf dem Berg Ida seinen Schafen das dürre Gras hinunterschalmeite, ahnte er nichts davon, daß er die schöne Spartanerin dem sorglosen Menelaus entreißen und als eine Liebesbeute davonführen würde; und was war der Ritter Anchises mehr als Ihr? Dennoch erhielt er bei der schönsten der Göttinnen des Himmels über den rüstigen Kriegsgott den Preis, und der sterbliche Krieger stach den unsterblichen Feldherrn bei ihr aus.' So philosophierte mir der Arzt meinen Kummer aus dem Herzen heraus; die Worte seines Mundes gingen mir glatt ein, und es war für mich mehr Würze und Heilkraft darin als in den Büchsen der Apotheker. Bald nach meiner Genesung trieb ich wieder das alte Spiel, und es gewann das Ansehen, als wenn mein Glück jetzt bei beßrer Laune sei. Der Arzt Theophrast wurde mein Busenfreund, der Vertraute und Unterhändler meiner Liebe. Die schöne Zoe hinterging die Wachsamkeit ihrer Hüter, es gelang mir, die eherne Mauer der vormaligen Schwierigkeiten mühelos zu überspringen, und ich fand die so lang gewünschte Gelegenheit, sie unter vier Augen zu sprechen, in der Jasminlaube ihres Lustgartens. Das Entzücken, welches ich fühlte, dem Ziele meiner Wünsche so nahe zu sein, goß eine Wonne in meine Seele, die über alle sterblichen Empfindungen hinausreicht. Ich stürzte, ganz von Liebe begeistert, zu ihren Füßen nieder und ergriff ihre schwanenweiße Hand, die ich mit stummer Inbrunst an die Lippen drückte, indem ich meinen Geist sammelte, ihr das Geständnis der Liebe zu tun. Aber der schlaue Dynast hatte alle meine Schritte beobachtet, brütete schon lange Zeit über einem Basilisken-Ei und ließ mich in die Falle gehen, die er mit Hinterlist mir zubereitet hatte. Eine Schar von der Leibwache des

Fürsten drang aus einem Hinterhalt hervor und riß mich gewaltsam aus den Armen der schönen Zoe, die sie mit ängstlicher Bewegung ausbreitete, mich in Schutz zu nehmen. Doch der Schrecken des fürchterlichen Überfalls bemächtigte sich ihrer Sinnen bei dem Geklirr der Waffen, ihre Lebensgeister schwanden dahin, die Rosen ihrer Wangen erbleichten, und sie sank mit einem stöhnenden Seufzer ohnmächtig auf ein Sofa zurück.

Ringsum vom Meer umflossen liegt auf einem steilen Felsen ein fester Turm, von der Insel nur einen Steinwurf entfernt und allein durch eine mit Wache besetzte Zugbrücke zugänglich. Im heidnischen Zeitalter hatte hier die Freude gewohnt: Diese Ruine war vormals ein berühmter Tempel gewesen, wo der Freudengeber Bacchus verehrt wurde. Diesen heidnischen Greuel hatte die christliche Liebe in einen Hungerturm verwandelt, wo Heulen und Zähneklappern innen wohnten. Die unglücklichen Schlachtopfer der Despotenwut fanden hier den unvermeidlichen Untergang. Ich wurde gezwungen, in dieses schändliche Verlies auf einer endlosen Leiter hinabzusteigen, welche, sobald mein Fuß den Abgrund berührt hatte, wieder zurückgenommen wurde. Ägyptische Finsternis herrschte in dem tiefen Mordkeller, und leichenhafter Geruch umnebelte meine Sinne. Ich wurde bald inne, daß ich mich am Eingange des Reichs der Toten befand, denn ich strauchelte bald an einem Beingeripe, bald an einem halbverwesten Körper, da ich mir einen Platz zu meinem Sterbelager aussuchte. Voll Verzweiflung bettete ich mich auf das harte Steinpflaster und rief den Tod, daß er mich bald von den Qualen des Lebens befreien möchte; er schickte aber diesmal seinen Bruder, den Schlaf, der mich eine Zeitlang meines Elends vergessen machte. Beim Erwachen sah ich zu meiner Verwunderung eine Hellung in der Höhle, und als ich umschaute, was es sei, erblickte ich eine brennende Ampel in der Mitte der Totenkammer auf einem Henkelkorbe, der von oben an einer Schnur schien herabgelassen zu sein. Ich untersuchte, was darinnen sei, und fand ihn mit allerlei Eßwaren nebst einigen Flaschen Chierwein beladen und einem Ölkrug, das Licht zu unterhalten. Ob mir nun gleich die Lampe alle Schrecknisse des schauervollen Kerkers versichtbarte, so bekämpfte doch die Empfindung des Hungers bald die des Ekels; ich schob flugs einige Beingerippe zusammen und bereitete mir daraus einen Tisch und Sessel, setzte mich zum Korbe und tat eine Mahlzeit wie ein Totengräber, der vor dem Frühstück ein Grab ausgeworfen hat.

Nach einigen Tagen, wie mich bedünkte, denn die Zeit hatte in dem unterirdischen Käfig bleierne Flügel, vernahm ich über mir ein Getöse, die Leiter mit den zahllosen Sprossen rollte herab, ich sah einen Mann daran heruntergleiten, den ich entweder für einen Unglückskameraden oder für einen Schergen hielt. Meine Freude war meiner Verwunderung gleich, da ich den Arzt Theophrast erkannte, dessen Stimme mir in der Totengruft so lieblich in die Ohren tönte als der Schall der letzten Posaune, welcher die Toten aus den Gräbern hervorrufen wird. Freund Theophrast umarmte mich herzig und tat mir die Absicht seiner Botschaft kund, indem er mir gebot, ihm zu folgen. Er sprach ganz lakonisch und verweilte unten nicht lange, weil ihm die teuflische Luft in dem Höllenschlunde nicht behagen mochte. Vermutlich war ich der erste, dessen Fußtapfen aus der Höhle des Löwen rückwärtsgingen. Unter der Geleitschaft meines guten Engels gelangte ich in seiner Wohnung an, wo er mir das Geheimnis meiner wunderbaren Befreiung eröffnete. ‚Danket Eurem Schicksal und der Macht der Liebe‘, sprach er, ‚daß Ihr diesmal dem schmählichen Hungertode entronnen seid. Fliehet eilig aus dem Zauberkreise der Zykladen, ehe Euch der Ausgang aus diesem gefahrvollen Labyrinth auf ewig verschlossen wird. Ein eifersüchtiger Fürst ist mehr denn Argus und Briareus; er hat hundert Augen, Euch zu beobachten, und hundert Hände, Euch zu greifen. Zeno ist der verliebteste Ehemann, aber der rachgierigste Feind; in seinen Adern fließt Tigerblut, doch die Fesseln der Liebe fesseln seinen wütigen Sinn, darum rächt er Amors Schalkheiten streng an den Paladins der schönen Zoe und nie an ihr. Euer Los würde das nämliche Eurer Vorgänger im Turm gewesen sein, wenn sie nicht für Euch mehr empfunden hätte als für alle übrigen, die für sie ausgelitten und ausgehungert haben. Sie erbot sich, ihre Unschuld und Eure Tugend durch die Feuerprobe zu erhärten, und verlangte dreist Eure Befreiung aus dem Mordkeller. Wie ihr aber der Fürst diese ziemliche Bitte auf eine schnöde Art versagte, ging sie mit trauriger Gebärde von ihm und gelobte sich mit einem teuren Eide, von Stund an keine Speise mehr anzurühren, um mit Euch, Herr Ritter, gleichen Todes zu sterben. Das ließ sich der hartherzige Gemahl wenig anfechten und zog auf die Jagd; sie nutzte seine Abwesenheit, die Turmwache zu bestechen und Euch mit Speise nach Notdurft versorgen zu lassen, ob sie gleich selbst, ihrem Gelübde getreu, sich aller Nahrung enthielt. Nach drei Tagen wurde dem Fürsten angesagt, daß die lederfarbene Bleichsucht an den Rosenwangen seiner Gemahlin zehre und die Fackel des Lebens in ihren himmlischen Augen zu erlöschen beginne. Das bekümmerte ihn in der Seele, er flog reumütig zu ihren Füßen und beschwor sie, von dem Entschlusse abzustehen, ihre Schönheit zu vernichten und aus der Welt zu scheiden. Er gewährte ihr die Bitte um Euer Leben, doch mit dem Beding, daß Ihr aus Naxos auswandern sollt wie Vater Adam aus dem Paradies, ohne jemals die Rückkehr zu versuchen. Der Fürst befahl mir die Gesundheitspflege der schönen Zoe und sie die Sorge für Eure Befreiung an. Also rüstet Euch zum schleunigen Abzuge; es liegt ein Schiff bereit nach dem Hellespont, das Euch sicher ans feste Land bringen wird.'

Als er seine Rede geendet hatte, umhalste ich den biedern Arzt und dankte ihm meine Errettung mit freundlichen Worten. Aber der Abschied von Naxos lag mir gleichwohl schwer auf dem Herzen. Die Reize der schönen Zoe hatten mich also bezaubert, daß es mir leichter schien, aus dem Leben als von ihr zu scheiden. ‚Freund', sprach ich, ‚Eure letzten Worte sind mir eine Botschaft des Todes. Habt Ihr mich nicht selbst belehrt, Liebe ohne Hoffnung sei bittrer als der Tod? Hättet Ihr mich immer in dem Hungerturm verschmachten lassen, so wär ich dieses elenden Lebens quitt, das mir zur Qual wird, wenn ich meine Buhlschaft auf ewig meiden soll. Laßt mich eines ehrlichen und ritterlichen Todes sterben. Sagt dem Fürsten unverhohlen, daß ich die schöne Zoe zur Dame meines Herzens erkoren habe und bereit bin, das durch einen ritterlichen Kampf auf Tod und Leben zu erhärten. Und dieweil ich sie doch nimmer zur Beute erlangen kann, will ich um sie gegen seine Ritterschaft kämpfen, bis ich erliege unter dem Waffenkampf, damit sie mir im Verborgenen ein mildes Zährlein weine.'

Freund Theophrast schüttelte sein ehrwürdiges Haupt und lächelte mich an, wie ein Arzt den Kranken anlächelt, dem die Fieberhitze das Hirn verwirrt. ,Euer Beginnen ist Torheit', erwiderte er, ,ein wackrer Rittersmann muß nicht kämpfen, um überwunden zu werden, sondern obzusiegen und Lob und Ehre dadurch zu erringen. Überdem dünkt mich, werde der Fürst Eure angebotene Fehde nicht nach den Gesetzen der Ritterschaft, sondern der Eifersucht richten und Euch ohne Zeitverlust wieder nach dem Vorhof des Orkus schicken. Dieweil aber Liebe mächtiger ist als der Tod, und ich vermerke, daß Eure Leidenschaft über die Vernunft siege, weshalb nichts von der schönen Zoe Euch abwendig machen kann, will ich einen Tropfen von dem Lebenstau der Hoffnung abermals in Euer Herz träufeln, der Euch zwar nicht heilen, aber doch erquicken wird. Vernehmet ein Geheimnis, das nur wenigen Weltweisen offenbar ist und welches mir nicht Lohn noch Gewinn entreißen würde, wo nicht Freundschaft und Mitleid mit Eurem Zustand das Siegel der Verschwiegenheit löste. Die von Euch angebetete Zoe stammt, wie mehrere unserer griechischen und andere Schönheiten aus allerlei Nationen, von der Sippschaft der Feen ab und nur zur Halbscheid aus sterblichem Geblüt. Die alten Volkssagen von einem Göttergeschlecht, das ehemals in Griechenland hauste, ist kein Traum der Phantasie, obwohl die Poeten viel Fabelei und Lüge dreingemengt haben, da Wahrheit und Irrtum nun schwerer voneinander zu scheiden ist als reines Silber, wenn es sich mit dem Spießglas verschlackt hat; gleichwohl ist das Silber in der Schlacke enthalten und dem Verständigen kennbar. Das Göttergeschlecht ist nichts anderes als eine Gattung ätherischer Luftgeister, welche die obern Regionen der Atmosphäre, das ist der Olymp, bewohnen; sie sind das nächste Glied in der ausgespannten Kette der Geschöpfe aufwärts, das sich an die Menschheit anschlingt. Sie lebten mit den Menschen vormals in traulicher Einigung und sichtbarer Gemeinschaft, gatteten sich mit den Adamskindern, und ihre Nachkommenschaft hat sich noch bis auf diesen Tag in der Unterwelt erhalten. Der schalkhafte Schwan, der die unbesorgte Leda im einsamen Bade berückte und hinterher den idealischen Donnerer spielte, war nichts anderes als ein solcher Genius, welcher seine weibliche Nachkommenschaft mit der Gabe ausgesteuret hat, unter gewissen Umständen und zu gewissen Absichten die Schwanengestalt ihres Ahnherrn nachzuahmen. Aus dem Schoße unsrer mütterlichen Erde quellen in den drei bekannten Weltteilen[3] drei Brünnlein hervor, welche den Luftgeistern dienen, sich darinnen abzukühlen, zugleich ist ihnen die Eigenschaft verliehen, den reizenden Bewohnerinnen der obern Regionen, die wir unter dem Namen der Feen kennen und welche die Vorwelt als Göttinnen des Himmels ehrte, ihre jugendliche Gestalt und Schönheit zu erhalten. Eben diese Kraft und Wirkung äußern diese Quellen an allen sterblichen Schönen, die ihre Abkunft von einem Genius oder einer Fee herleiten können, wenn sie jährlich einmal zur Zeit der Sonnenwende darinnen baden. Weil jedoch diese Brünnlein in fernen Landen anzutreffen sind und nur dem Zweige der Abkömmlinge aus dem Feenadel, der aus dem Schwanengeschlecht der Mutter Leda sproßt, Schwingen zum Flug verliehen sind, so können sich wenige ihres Erbgutes erfreuen, und die mehresten welken nach dem gemeinen Los der Adamstöchter als sterbliche Blumen dahin.

So wunderbar es Euch auch vorkommen mag, edler Ritter, so gewiß ist es, daß die Geschlechtstafel der schönen Zoe bis zu den Eiern der Leda hinaufgehet. Der sicherste Beweis davon ist, daß sie alle Jahr einmal zum Schwane wird oder, wie sie zu reden pflegt, ihr Schwanenkleid anlegt; denn Ledas Töchter machen nicht wie die übrigen Menschenkinder nackend ihren Eintritt in die Welt, sondern bedecken ihren zarten Leib mit einem luftigen Gewand, aus verdichteten Lichtstrahlen des Äthers gewebt, welches sich nach dem Maße ihres Wachstums ausdehnt und nicht nur alle Eigenschaften der reinsten Feuerluft besitzt, die irdische Körperschwere zu überwinden und mit leichtem Flug bis an die Wolken zu erheben, sondern auch noch überdies der Besitzerin die Schwanengestalt mitteilt, solange sie damit bekleidet ist. Die jährliche Reise ins Schönheitsbad erfordert eine Zeit von neun Tagen, und wenn diese Wallfahrt nicht verhindert oder unterlassen wird, so gewährt sie der weiblichen Eitelkeit den sonst unerreichbaren Lieblingswunsch des immerwährenden Genusses der Schönheit und Jugend.

Verdrießt es Euch nun nicht, den fernen Weg zu ziehen und Euch an einem dieser wunderbaren Brunnen zu lagern, um der schönen Zoe das Geständnis der Liebe zu tun, das sie auf Naxos schwerlich von Euch anhören würde, so will ich Euch anzeigen, wo Ihr dieselben zu suchen habt. Die erste dieser Brunnquellen ist gelegen im Reich Habissinia tief in Afrika, und besteht aus den berühmten Quellen des Nilflusses; die zwote ist ein grundloser Wasserpfuhl am Fuß des Gebirges Ararat in Asia, welcher die Wasserflut des Weinerfinders in sich verschlungen hat; und die dritte quillt in Europa im Reich Germania, da, wo die Wurzel der Sudeten gegen Westen ins ebenere Land ausläuft; sie sammelt ihr Gewässer in einen Weiher, welcher in einem anmutigen Tale liegt, von des Landes Eingebornen das Schwanenfeld genannt. Diesen Weiher pflegt Zoe am öftesten zu besuchen, denn er ist ihr am nächsten gelegen; es wird Euch auch nicht schwerfallen, die magischen Schwäne von den natürlichen durch eine Federkrone auf dem Haupte zu unterscheiden. Wenn Ihr nun auf der Lauer stehet in der frühen Morgenstunde, ehe die Strahlen der aufgehenden Sonne das Wasser berühren, oder des Abends, so sie eben zu Rüste gegangen ist und ihr erbleichendes Licht den westlichen Himmel noch rötet, so habt wohl acht, ob Schwäne ziehen. Wenn Ihr wahrnehmet, daß sie sich aufs Wasser oder in das Schilf herablassen, so werdet Ihr bald darauf im Weiher anstatt der Schwäne badende Nymphen erblicken, und Euer Scharfblick wird Euch leicht entdecken, ob Eure Geliebte dabei sei oder ob sie sich nicht in der Gesellschaft ihrer Basen befindet. Ist Euch das Glück günstig, sie Euch entgegenzuführen, so zaudert nicht, ihres Schleiers und der Krone, die Ihr am Ufer finden werdet, Euch zu bemächtigen, dadurch kommt sie in Eure Gewalt und kann ohne dieses Flügelkleid nicht mehr entfliehen. Was Ihr dann ferner zu tun habt, wird Euch die Liebe eingeben.'

Freund Theophrast schwieg, und ich verwunderte mich höchlich über seine Rede, wußte nicht, ob ich seinen Worten Glauben geben oder ihn Lügen strafen sollte, daß er mich durch ein Märchen äffen wollte. Er beteuerte mir aber mit einem hohen Eidschwur und mit einer zuversichtlichen truglosen Miene, die mir glaubwürdiger schien als ein körperlicher Eid, daß sich die Sache in der Tat also verhalte. Nachdem ich eine Zeitlang geschwiegen hatte, sprach ich mit vollem Vertrauen auf seine Worte: ,Wohlan, Freund, geleitet mich alsbald auf das Schiff, ich will das Abenteuer bestehen, davon Ihr mir saget, will die Welt durchkreuzen wie der ewig laufende Jud, bis ich gelange zu einem der Brünnlein, an welchem ich das Ziel meiner Wünsche zu finden vermeine.' Drauf schiffte ich durch den Hellespont gen Konstantinopel, nahm daselbst ein Pilgerkleid und zog, in Gesellschaft einiger wallfahrender Brüder, die aus dem Heiligen Lande zurückkamen, so schier ich immer konnte den Sudeten zu, in welchen ich lange Zeit herumirrte, bis mir der sehnlich gesuchte Schwanenteich verkundschaftet wurde. In dessen Angesicht erbaute ich unter der heuchlerischen Hülle der Andacht diese Einsiedelei, die bald von frommen Seelen besucht wurde, weil jedermann mich für einen Heiligen hielt und himmlischen Trost von mir begehrte, der ich inwendig doch nur fleischliche Gefühle hegte: Denn meine Gedanken und Begierden trachteten mit Ungestüm nach dem Anblick der geliebten Schwanengestalt.

Bald nachher als ich mich hier wohnhaft niedergelassen hatte, errichtete ich dort jene Schilfhütte, daraus im verborgenen zu bestimmter Zeit nach den Badegästen zu lugen, und wurde

inne, daß mich der Arzt Theophrast nicht mit Lügen berichtet
hatte. Um die Zeit der sommerlichen Sonnenwende sah ich bald
mehr, bald weniger Schwäne auf dem Weiher anlangen, die zum
Teil ihre natürliche Gestalt behielten, teils, wenn sie das Wasser
berührten, in liebliche Mädchen sich umgestalteten; doch meiner Geliebten konnt ich darunter nicht ansichtig werden. Drei
Sommer harrte ich vergebens unter ungeduldiger Hoffnung aus,

die mich täuschte. Der vierte kam, ich spekulierte fleißig aus meinem Hinterhalt hervor, hörte eines Tages in der Morgendämmerung Fittiche über mir rauschen und erblickte bald darauf badende Nymphen im Weiher, welche mit großer Unbefangenheit im Wasser scherzten, ohne zu wähnen, daß sie von den Augen eines Spähers beobachtet würden. Indem der Tag begann, sah ich mit Entzücken die Gestalt der schönen Zoe mir vorschweben; das Herz schlug laut in meiner Brust, aber der Taumel der Leidenschaft bemächtigte sich meiner ganzen Seele also, daß ich Freund Theophrasts gute Lehren ganz darüber vergaß. Anstatt des Besitzes der reizenden Buhlschaft durch das sichere Unterpfand ihres Flugschleiers mich zu versichern, trieb mich die ungestüme Freude aus der Rohrwarte hervor, ich erhob meine Stimme laut und rief: ‚Zoe von Naxos, Leben meiner Seele, erkennet den welschen Ritter in mir, weiland Euren getreuen Paladin, an welchen die Liebe Euer Geheimnis verraten und ihn angetrieben hat, Eurer hier zu harren am Schönheitsquell!‘ Die verschämte Badegesellschaft befiel großer Schrecken bei dieser Überraschung, sie erhoben lautes Geschrei, schöpften mit der hohlen Hand des Wassers aus dem Weiher und gossen mir einen Platzregen entgegen, gleichsam meine verwegenen Augen damit zu blenden. Ich aber befahrte mich eines Ärgern von diesem Benehmen, dachte an Aktäons Schicksal und wich etwas scheu zurück, indes schlüpften sie in das Schilfrohr und verbargen sich. Kurz darauf sah ich sieben Schwäne auffliegen, die sich hoch in die Luft emporschwangen und entschwanden. Nun bedacht ich mein törichtes Beginnen, gebärdete mich als ein Unsinniger, zerriß mein Kleid, raufte mir die Haare aus, zerzauste den Bart und jammerte sehr, bis sich mein wütiger Sinn verkühlt hatte und in ermattender Schwermut sich verlor. Ich schlich tiefsinnig zurück nach meiner Klause und nahm den Weg über den Platz, wo der Schilfhütte gegenüber die Schwäne sich aufgeschwungen hatten. Da fand ich den Morgentau vom Grase abgestreift und einen Fußstapfen im feuchten Sande, der mir Zoens niedlichen Fuß abzubilden schien, dabei lag ein Päcklein zusammengewickelt, welches ich behend ergriff. Als ich's voneinander schlug, war's ein weiblicher Handschuh von feiner weißer Seide, der sich an keine andre als an Zoens zarte Hand passen konnte, daraus fiel ein Fingerreif hervor, mit einem hellfunkelnden Rubin geschmückt, der als ein Herz gestaltet war. Von diesem, allem Anschein nach absichtlichen Hinterlaß machte ich mir die günstigste Erklärung; ich vermutete, Zoe habe mit diesem Geschenke sagen wollen, sie hinterlasse mir ihr Herz, sie sei nicht unempfindlich gegen mich, und ob sie gleich itzt anstandshalber von ihrer Gesellschaft sich nicht habe trennen dürfen, so werde sie doch baldmöglichst ohne Geleitschaft zum Schwanenteich zurückkehren, um meine Wünsche zu erhören.

Mit diesem Gedanken tröstete ich mich ein, zwei und mehrere Jahre, harrte, ohne daß meine Geduld ermüdete, des so sehnlich gewünschten Schwanenbesuchs; aber sie waren durch meine Unbedachtsamkeit gleichsam vom Weiher weggebannt. In der Folge fanden sich doch einige wieder ein, dadurch lebte meine Hoffnung von neuem auf, ich belauschte sie fleißig und genoß zuweilen des Anblicks himmlischer Gestalten, ohne daß sie auf meine Sinnlichkeit einigen Eindruck machten: Denn ich hatte keine Augen als für die reizende Zoe allein, die ich doch nie wieder erblickte.

Indessen bewahre ich den Ring in meinem Schatzkästlein als eine Reliquie und das Andenken der zarten Buhlschaft in meinem Herzen als ein Heiligtum. An dem Platz, wo ich den Fund tat, pflanzt ich einen Rosenstrauch und viel Liebstöckel, auch Mannstreu und Vergißmeinnicht ringsumher. Unter der täuschenden Hoffnung der Wiederkehr meiner Herzgeliebten hat die Zeit meinen Rücken gekrümmt und tiefe Furchen über die Stirn gezogen. Gleichwohl vergnügt mich die Ankunft der Schwäne noch immer auf diesem Weiher, indem sie mich des Abenteuers meiner Jugend und an den angenehmsten Traum meines Lebens erinnert. Wenn ich nun am Rande meiner irdischen Wallfahrt einen ernsten Blick auf die Vergangenheit werfe, merk ich zwar mit einem gewissen Mißbehagen, daß ich mein Leben verschleudert habe wie ein reicher Prasser sein Erbgut, ohne Frucht und Genuß; es ist dahingeschwunden wie ein Traumgesicht in einer langen Winternacht, davon sich die Phantasie nicht loswinden kann und das beim Erwachen mehr körperliche Ermattung als Erquickung hinterläßt – doch tröst ich mich mit der Erfahrung, daß es das gewöhnliche Los der Sterblichen ist, ihr Leben zu verträumen, einer Phantasie, einer leeren Grille, den besten Teil desselben aufzuopfern und ihre ganze Tätigkeit darauf zu steuern. Alle Schwärmerei und Herzenspoeterei, sie sei aufs Irdische oder Himmlische gestellt, ist eitel Tand und Torheit, und eine fromme Grille ist keinen Deut mehr wert als eine verliebte. Alle in sich gekehrte Menschen, sie seien in Klausen oder Zellen eingesperrt, wenn sie auch für Heilige gelten; oder sie mögen in Wäldern und Feldern herumirren, in den Mond schauen, ausgezupfte Blumen und Grashalme trübsinnig in einen vorbeirauschenden Fluß werfen und als Märtyrer einer Leidenschaft unter dem Namen der Dulder und Dulderinnen den Felsen und Wasserbächen oder dem traulichen Mond ihre Elegien vorseufzen, sind unsinnige Träumer. Denn der Kontemplationsgeist, er sei von welcher Art und Natur er wolle, wenn er nicht hinter dem Ackerpfluge herwandelt oder mit der Hippe und dem Spaten sich vereinbart, ist das elendeste Possenspiel des menschlichen Lebens. Daß ich junge Fruchtbäume geimpft, Traubengeländer angepflanzt und Zuckermelonen gebaut habe, manchen ermatteten Wandrer damit zu erquicken, ist traun ein verdienstlicher Werk gewesen als alles Fasten und Beten und die Bußübungen, die meine Andacht in Ruf brachten; ist auch mehr wert als der Roman meines Lebens. Darum", fuhr Vater Benno gegen seinen lieben Getreuen, den horchsamen Friedbert, fort, „darum will ich nicht, daß du als ein rüstiger Jüngling dein Leben in dieser Einöde verträumen sollst. Die kurze Zeit, die mir übrig ist, magst du noch bei mir ausharren; aber wenn du mir den letzten Dienst erwiesen und meine Gebeine in das Grab gelegt hast, das ich mir vor langen Jahren aus Gleisnerei unter jenem Sandfelsen aushöhlte, sollst du in die Welt zurückkehren und als ein tätiger Mann im Schweiß deines Angesichtes dein Brot gewinnen, für eine liebevolle Gattin und das aufblühende Geschlecht deiner Söhne und Töchter um deinen Tisch her. Der Raub der Sabinerinnen ist ehemals den Römern zu gutem Glück gediehen, willst du, so magst du den Versuch machen, ob dir das Glück wohlwill, ein Liebchen aus dem Feengeschlecht hier an diesem Weiher zu erhaschen, das, wenn es die Liebe bezähmet, gern bei dir wohnen wird. Wofern aber eine frühere Flamme ihr Herz ergriffen hätte, daß sie dich nicht liebgewinnen möchte, so laß den Schmetterling davonfliegen, daß dich nicht ein Satansengel in freudenloser Ehe quäle."

Der Morgen dämmerte bereits am stillen Horizont herauf, da der gesprächsame Greis seine wunderbare Geschichte mit dieser Nutzanwendung beschloß und sich auf sein Lager streckte, von dürrem Laube zubereitet, der so lang entbehrten Ruhe zu pflegen. Doch in Friedberts Hirn schwammen eine Menge Ideen so bunt und kraus durcheinander, daß ihm kein Schlaf in die Augen kam. Er setzte sich außen vor den Eingang der Einsiedelei, blickte der aufgehenden Sonne entgegen und sah jede über seinem Haupte schwirrende Schwalbe für einen Schwan an, auf den er Jagd zu machen entschlossen war. Nach einigen Mondenwechseln schlummerte Vater Benno ins ruhige Grab hinüber und wurde von seinem Pflegling zur Erde bestattet, unter großer Wehklage aller frommen Seelen im Erzgebirge, die den Verlust ihres himmlischen Anwalts herzlich betrauerten und nach seinem Grabe wallfahreten, welches dem Erben des Abgeschiedenen guten Erwerb brachte. Die fromme Einfalt der Leidtragenden begehrte aus dem Nachlaß des heiligen Mannes Reliquien, der Erbnehmer unterließ auch nicht, gegen klingende Münze sie damit zu versorgen: Er zerstückte einen alten Eremitenrock und spendete davon allen, die den heiligen Trödelmarkt besuchten, kleine Fragmente aus. Wie er sah, daß der Handel gut vonstatten ging, erwachte in ihm der Kaufmannsgeist, er spekulierte noch auf einen andern Artikel, der nicht minder ergiebig war, zersplitterte den weißdornenen Stab seines Meisters in dünne Späne, die fürs Zahnweh helfen sollten, wenn sie als Zahnstocher gebraucht würden, und weil's ihm nicht an Materialien dazu gebrach, würde er die ganze Christenheit mit wundertätigen Zahnstochern versorgt haben, wenn er Abnehmer gefunden hätte. Mit der Zeit verminderte sich der Zulauf, und die Einsiedlerwohnung wurde nun eine wahre Einsiedelei. Desto besser für den Besitzer derselben, der nun seinen romantischen Ideen ganz ungestört nachhangen konnte. Er sah mit Vergnügen, wie die wachsenden Tage die Nächte zusammendrängten und die Sonne sich ihrem Scheitel nahte. Er ging um die Zeit der Sonnenwende fleißig auf die Teichschau, versteckte sich in der Morgen- und Abendstunde in die lauersame Schilfhütte und machte am Vorabend St. Albani die so sehnlich gewünschte Entdeckung. Drei Schwäne kamen gezogen von Süden her mit majestätischem Schwung, umkreisten dreimal den Weiher hoch in der Luft, gleichsam um zu schauen, ob alles sicher sei; sie senkten sich allmählich in das Schilf herab, und bald darauf gingen drei liebliche Mädchen daraus hervor, die sich wie die Huldgöttinnen mit den Armen sanft umschlungen hatten und die herrlichste Gruppe bildeten, die je einem sterblichen Auge vorgeschwebt hat. Sie scherzten und wogten sich auf den kristallenen Fluten, plauderten miteinander in guter Ruhe und ließen aus ihrem melodischen Mund ein frohes Lied ertönen. Der Laurer stand da, in süßes Entzücken verschwebt, ohne Bewegung wie eine Marmorsäule, und es fehlte wenig, so hätte er den günstigen Augenblick, eine Beute zu erhaschen, ungenutzt verloren. Zum Glück ermannte sich noch seine Besinnungskraft und riß ihn gerade zur rechten Zeit aus der zaubervollen Ekstase. Er sputete sich, seinen Standort zu verlassen, schlich sich unbemerkt durch das Gesträuche an den Platz, wo die Schwanengesellschaft ihre ätherische Garderobe am Strande verwahrt hatte. Er fand drei jungfräuliche Schleier ins Gras gebreitet, von einem unbekannten Gewebe, feiner als Spinnwebe und weißer als frischgefallener Schnee. Der obere Zipfel derselben war durch eine kleine goldene Krone gezogen und oberhalb in Buffen zusammengefaltet, daß sie gleichsam einen

Federbusch bildeten. Daneben lagen noch Unterkleider aus stärkerm Stoff, meergrün und leibfarben, dem Anschein nach von persischer Seide. Mit gieriger Hand ergriff der kecke Räuber den

ersten besten Schleier und eilte freudenvoll mit dieser Beute seiner Wohnung zu, voll ungeduldiger Erwartung, was ihm sein Glück für ein Los würde beschert haben.

Sobald er seinen Schatz einer eisernen Truhe anvertraut hatte, setzte er sich außen vor den Eingang der Felsengrotte auf eine Rasenbank, wie ein römischer Augur den Vogelflug zu beobachten und daraus sein Schicksal sich zu prophezeien. Der Abendstern fing eben an zu funkeln, und gleich nachher erhoben sich zwei Schwäne mit scheuem Flug empor und eilten davon, wie von einem Raubtier aufgescheucht. Da fing's an in seinem Herzen zu arbeiten, die Freude hüpfte in jeder Ader, zuckte und ruckte an jeder Sehne. Die Neugier trieb ihn nach dem Weiher, die Besonnenheit führte ihn in die Grotte zurück. Nach langem Kampf behielt die Überlegung, welches bei der Liebe ein seltener Fall ist, endlich die Oberhand. Der schlaue Wicht meinte, es sei ratsam und der Sache förderlich, den Schalk zu verbergen, und wenigstens immer klüger, den Heuchler als den Räuber zu spielen. Er zündete flugs seine Lampe an, deren Schimmer, wie er mit Wahrscheinlichkeit vermutete, den schönen Nachtvogel herbeilocken würde, nahm seinen Rosenkranz zur Hand, setzte sich in die Positur eines Andächtlers und ließ ein Korn vom Paternoster nach dem andern durch die Finger fallen, dabei horchte er scharf auf, ob sich von außen was regen würde.

Der Fund glückte, er hörte ein leises Geräusch gleich einem schüchternen Fußtritt im Sande, der sich zu verraten scheut. Der schalkhafte Klausner verdoppelte seine scheinbare Andacht, da er bemerkte, daß er beobachtet wurde, endigte doch solche bald hernach, erhob sich von dem Betschemel und blickte seitwärts um. Da stund sie da, die schöne Gefangene, im reinsten weiblichen Harm, mit dem Ausdruck der höchsten Schmerzensgefühle und sanftverschämter stiller Schönheit. Bei diesem Anblick schmolz dem empfindsamen Friedbert das Herz in süßer Zärtlichkeit dahin wie ein Tropfen Wachs von der Flamme der Kerze. Der Ausdruck ihres Kummers war so unnachahmlich schön, daß ihn keine unsrer romantischen Dulderinnen würde nachzukünsteln wissen. Sie öffnete ihren holdseligen Mund mit ängstlich bittender Gebärde, der jugendliche Eremit vernahm eine melodische Stimme, die seinem Ohr schmeichelte, ohne ein Wort von ihrer Rede zu verstehen; denn die Sprache der Jungfrau war ihm fremd. Indessen erriet er leicht den Inhalt der Worte, die wahrscheinlich eine ängstliche Bitte um die Zurückgabe des geraubten Schleiers enthielten. Allein der Schalk mißverstand mit Vorbedacht ihre Gebärde und bemühte sich nur, ihr begreiflich zu machen, sie hab für ihre Tugend in diesem frommen Zufluchtsorte nichts zu fürchten. Er zeigte ihr in einer abgesonderten Felsenkammer ein reinlich zubereitetes Nachtlager, trug ihr die niedlichsten Früchte und Zuckerwerk auf und tat alles, was ihm seine Eremitenpolitik eingab, ihr Vertrauen zu erwerben. Doch die berückend Schöne schien darauf nicht zu achten, sie setzte sich in einen Winkel, überließ sich ganz ihrer tiefen Betrübnis, rang und wand die Lilienhände, weinte und schluchzte ohne Aufhören, welches der fromme Friedbert sich also zu Herzen gehen ließ, daß er sich der Tränen gleichfalls nicht erwehren konnte und in diesem weinerlichen Schauspiel seine Rolle so zu seinem Vorteil spielte, daß die schöne Ausländerin aus dieser gutmütigen Mitempfindung ihrer Leiden einigen Trost empfand, den teilnehmenden Menschenfreund von dem Verdacht des Schleierraubes freisprach und in ihrem Herzen ihn diesfalls um Verzeihung bat. Sie wünschte nur ein Mittel zu erfinden, den frommen Gastfreund der Ursache ihres Kummers zu verständigen, da dieser gar nicht zu erraten schien, was sie eigentlich quäle.

Die erste Nacht verging in der Einsiedlergrotte sehr traurig, aber der Morgenröte ist von jeher die Gabe verliehen gewesen, mit ihrem Rosenfinger die nächtlichen Tränen der Leidenden abzuwischen. Friedbert verrichtete bei Aufgang der Sonne seine gewöhnliche Andacht, welches der schönen Fremden wohl gefiel. Sie ließ sich bereden, etwas von dem aufgetragenen Frühstück zu kosten, nachher ging sie hinaus, nochmals am Ufer des Weihers den verlornen Schleier aufzusuchen, denn itzt wähnte sie, ein mutwilliger Zephyr habe mit dem leichten Gewebe Schäkerei getrieben und es irgend ins Gesträuche verweht. Der dienstfertige Friedbert begleitete sie und half ihr treulich suchen, ob er wohl wußte, daß das vergebne Mühe war. Der mißlungene Versuch trübte zwar wieder die Stirn der zarten Jungfrau, aber in ihren Adern floß leichtes ätherisches Blut, der Gram schlug in ihrem Herzen sowenig tiefe Wurzel als der Nachtschatten im Flugsande. Sie fand sich nach und nach in ihr Schicksal, ihr trübes Auge heiterte sich auf, wie im Abendglanz die Wolken spielen, sie gewöhnte sich an den Gesellschafter ihrer Einsamkeit, und der Blick ihrer Augen ruhte zuweilen mit Wohlbehagen auf seinen blühenden Wangen. Alles das bemerkte der lauersame Klausner mit innigem Vergnügen, beeiferte sich nur desto mehr, diese günstigen Aspekte zu nutzen und durch tausend kleine Aufmerksamkeiten seinen Vorteil zu befördern. Die Liebe hatte sein Gefühl also verfeinert und ihm einen Tiefblick in das weibliche Herz verliehen, daß sein schlichter flacher Schwabensinn ganz schien umgeschaffen zu sein. Eben diese erfinderische Liebe gab dem Klausnerpaar eine lakonische, doch expressive Sprache ein, daß sie sich so verständlich wie Inkle und Yariko miteinander besprechen konnten.

Friedbert hatte lange den Wunsch gehegt zu erfahren, aus welcher Zunge, aus welchem Volk und Geschlecht die schöne Unbekannte abstamme, ingleichen in welchem Stand sie geboren sei, um zu prüfen, ob die Liebe gleich und gleich gepaaret habe. Als ein unwissender Laie wußte er freilich nicht, daß der kleine Mund des lieblichen Mädchens griechische Worte rundete, für ihn war jede Mundart außer der schwäbischen so gut als malabarisch. Durch Hilfe des neuerfundenen Sprachidioms wurde er belehrt, daß das Glück eine griechische Schönheit in sein Netz hatte fallen lassen. Zu Friedberts Zeiten erhitzte zwar noch kein griechisches Ideal die Phantasie deutscher Jünglinge, keinem fiel es ein, die Reize seiner Buhlschaft ins Griechische zu übersetzen, ihren griechischen Wuchs zu rühmen, das schönste Verhältnis des weiblichen Körpers zwischen acht und neun Kopfslängen zu setzen oder das ein griechisches Profil zu nennen, wo die Nasenwurzel mit der Stirn in gerader Linie fortläuft. Das Auge und nicht der Maßstab, der Gefühlssinn und nicht Schulwitz waren die einzigen Richter der Schönheit, deren Ausspruch für gültig erkannt wurde, und niemand kümmerte sich darum, was Griechen oder Ungriechen davon urteilten. Und so empfand Friedbert auch, daß Kalliste schön sei, eh er erfuhr, daß sie von griechischer Abkunft war. Aber hoch horchte er auf, da sie ihm kundtat, sie stamme aus fürstlichem Geblüt und sei des Fürsten Zeno und der schönen Zoe von Naxos jüngste Tochter.

„Sage mir, Freund Eremit", fuhr sie fort, „was hat es mit diesem Weiher für eine Bewandtnis, so du darum Wissenschaft hast, und warum mahnte meine Mutter ihre Töchter ab, das mitternächtliche Bad zu besuchen? Hat sie hier irgendein ähnliches Abenteuer gehabt, ihres Schleiers verlustig zu gehen? Sie pflegte uns jährlich nach den Nilquellen zu schicken, ohne uns jemals selbst zu geleiten; denn mein Vater hielt sie aus Eifersucht in strenger Gefangenschaft bis an seinen Tod. Weil sie nun nicht mehr zum Feenbade gelangen konnte, Schönheit und Jugend zu erfrischen, so blühte sie ab, welkte dahin und alterte. Noch lebt sie in ihrem Wittum verschlossen in trübsinniger Einsamkeit, denn wenn Jugend und Schönheit verrauchen, sind für unser Geschlecht die Freuden des Lebens entflohn. Wir lebten unter mütterlicher Aufsicht, vom Hofe unsers Oheims entfernt, der meinem Vater in der Regierung der Zykladen gefolgt war, und sie pflegte sich nie von uns zu trennen, außer die kurze Zeit, wenn wir den Feenbrunnen jährlich besuchten. Meine ältern Schwestern lüstete einstmals, einen Flug gegen Mitternacht zu wagen, Jugend und Leichtsinn machte sie der mütterlichen Vermahnung vergessen, sie glaubten, daß schwüle Luft und Sonnenbrand in diesen Gegenden ihnen weniger lästig fallen würden als in den ägyptischen Sandwüsten. Auf diesem Zuge, den wir der Mutter sorgfältig verhehlten, begegnete uns nichts Widriges, darum wiederholten wir die Badereise hierher mehrmals, bis ich Unglückliche das Opfer des Vorwitzes meiner Schwestern worden bin. Ach, wo verbirgt sich der feindliche Zauberer, der den badenden Nymphen auflauret, ihnen aus boshafter Schadenfreude den Schleier zu rauben? Banne mir den Ruchlosen, du Heiliger, daß er aus den Lüften heruntertaumele zu meinen Füßen, wenn er in den obern Regionen hauset, oder aus der Erdenkluft heraufsteige in der schauerlichen Mitternachtstunde, wenn er das Licht scheuet, und mir mein Eigentum und Erbe zurückbringe, welches ihm nichts nutzen noch frommen kann."

Friedbert freute sich nicht wenig über den Irrtum der reizenden Kalliste, daß sie einem Zauberer den Diebstahl beimaß, und bemühte sich, sie darinnen zu erhalten. Er dichtete ein Märchen von einem verwünschten Prinzen, welcher der Sage nach im Schwanenfeld herumtose und sein boshaftes Vergnügen darin finde, die geflügelten Badegäste zuweilen zu äffen. Zugleich gab er ihr zu verstehen, daß ihm die Gabe, Geister zu bannen, nicht verliehen sei, daß er aber wohl davon gehört hätte, daß eine gewisse Schwanhilde vor langen Jahren hier auch ihren Schleier verloren, dafür aber einen getreuen Liebhaber gefunden und unter den Fittichen der Liebe die Werkzeuge zum Flug leicht entbehrt hätte, zumal da ihr die Wunderquelle, Jugend und Schönheit zu erhalten, so nahe zur Hand gewesen sei. Die reizende Kalliste fand in dieser Vorstellung viel Beruhigung, nur der Aufenthalt in der Einöde, so viel Annehmlichkeiten die Natur dieser wilden Gegend auch verliehen hatte, schien ihr nicht zu behagen, zum Beweis, daß die Empfindsamkeit, die Zwillingsschwester der Liebe, ihr Herz noch nicht befangen hatte: Denn ein einsames Tal, eine wüste unbewohnte Insel ist das eigentliche Elysium empfindsamer Seelen. Der gefällige Klausner vernahm nicht sobald den Wunsch seiner Gastfreundin, so war er bereit, die Einsiedelei mit ihr zu verlassen; doch ließ er sich merken, daß ihn für die Aufopferung, in das Geräusch der Welt zurückzukehren, nichts entschädigen könne als der Genuß der häuslichen Glückseligkeit in den Armen eines tugendsamen Weibes. Dabei blinzelten seine Augen sie so freundlich an, daß sie leicht merken konnte, wohin das gemeint sei. Sie schlug die ihrigen errötend nieder, und das tat ihm so wohl und befeuerte seine Hoffnung also, daß er von Stund an zusammenpackte, sich wieder als ein Kriegsmann herausputzte und mit seiner schönen Gefährtin den Weg nach seiner Heimat nahm.

Es liegt ein Städtlein in Schwabenland, Eglingen auf der Rauhen Alp genannt, ein Erbgut der Herren von Gravenegg, daselbst hauste Friedberts Mutter auf ihrem Wittum, segnete das Andenken ihres verstorbenen Gatten und fluchte den Meißnern, die ihrer Meinung nach Friedbert, ihren lieben Jungen, erschlagen hatten. Jedem verstümmelten Landsknechte, der aus dem Meißner Heereszug zurückkam und vor ihrer Tür ein Almosen heischte, reichte sie mildiglich einen Buchhorner Heller und forschte nach Kundschaft von ihrem Sohn, und wenn ihr ein schwatzhafter Invalid von dem wackern Jüngling was vorzufabeln wußte, wie er als ein braver Kämpe gefochten und als ein Held gefallen sei, wieviel Grüße er noch an seine fromme Mutter bestellt habe, ehe er die Seele auf der Walstatt ausgeblutet, zapfte sie dem Lügner einen Schoppen Wein und ließ ihren mütterlichen Augen dabei so ergiebige Tränen entquellen, daß sie das Vortuch auswringen konnte. Unter dieser Wehklage waren vier Sommer verflossen, und die rauhe Herbstluft schüttelte bereits das buntfarbige Laub von den Ästen, da geriet das stille sittsame Städtlein plötzlich in frohen Aufruhr; ein reitender Bote verkündete, der tapfre Friedbert sei nicht umgekommen in der Schwabenschlacht, sondern sei aus fremden Landen im Anzuge nach seiner Vaterstadt, gerüstet als ein stattlicher Ritter, der viel Abenteuer im Morgenlande bestanden habe und eine wunderschöne Braut heimführe, die Tochter des Sultans von Ägypten, mit großer Morgengabe. Der Ruf vergrößert bekanntlich alles; das Wahre an der Sache war, daß Friedbert aus der Erbschaft des Vater Benno und aus seiner Zahnstocherfabrik so viel Reichtum erworben hatte, daß er auf dem Heimzuge nach Schwaben von Ort zu Ort seinen Troß vergrößerte; er kaufte Pferde und Saumrosse mit herrlichen Decken, kleidete sich und die schöne Kalliste prächtig, nahm Mägde und Diener an und zog stolz einher wie ein Abgesandter des Königs von Aragonien.

Da die Eglinger den Zug von der Augsburger Straße sahen dahertraben, lief alles Volk zusammen mit Jauchzen und Frohlocken, und Friedberts Schwestern und Schwäger, auch die löbliche Bürgerschaft, von dem ehrsamen Magistrat angeführt, zogen ihm entgegen mit der Bürgerfahne und ließen beim Einzug ihres heimkehrenden Mitbürgers vom Turm trompeten und lieblich schalmeien, als sei er von den Toten wieder aufgelebt. Die tränenreiche Mutter umarmte ihren Sohn mit froher Wehmut, richtete ein großes Mahl aus an ihre Freundschaft und Gevatterleute und teilte ihren ganzen Hellervorrat unter die Armen.

Sie konnte sich nicht satt sehen an der schönen Gestalt ihrer zukünftigen Schwiegertochter und betäubte sie mit Liebkosungen und wohlmeinender Geschwätzigkeit. Die schöne Griechin wurde bald das Gespräch der Stadt und der umliegenden Gegend. Viele Ritter und Edle, auch andre Mädchenspäher drängten sich herzu, nannten den glücklichen Friedbert Bruder und Vetter, machten mit ihm Kameradschaft und schwuren ihm ewige Freundschaft; er aber hatte eine eifersüchtige Ader vor der Stirn, die ihm leicht Schwindel und Hauptweh erregte, verbarg die schöne Kalliste vor den Augen aller Welt und bestellte die wachsame Mutter zur Ehrenhüterin über sie, wenn er gen Hof ritt, dem von Gravenegg aufzuwarten, dessen Dienstmann er war. Er förderte dabei seine Liebesangelegenheit auf alle Weise, und die schöne Griechin, die kein Mittel sah, in ihr Vaterland zurückzukehren, und an dem blühenden Mann Gefallen trug, der als ein stattlicher Junker jetzt eine ganz andere Figur machte als vorher in dem aschfarbenen Eremitenrock, setzte sich über den Unterschied des Standes hinweg und willigte ein, sich mit ihm zu vermählen. Er beschenkte sie mit einem köstlichen Brautgewand, der Tag zur Hochzeitsfeier wurde angesetzt, das gemästete Kalb und die Kapaunen geschlachtet und die Hochzeitskuchen eingemengt.

Tages vorher ritt der Bräutigam nach Landes-Sitte umher, die Hochzeitsgäste einzuladen, in seiner Abwesenheit beschäftigte sich die schöne Kalliste, ihren Brautputz zu ordnen, die weibliche Eitelkeit reizte sie, das neue Kleid anzuproben, um zu versuchen, ob es gut an ihrem schlanken Leib anpasse. Die dem schönen Geschlecht eigene Tadelsucht, das Vollkommenste selbst zu meistern und einen Mangel daran zu entdecken, ließ sie bald etwas Mißständiges bemerken, das einer Abänderung zu bedürfen schien, worüber sie das schwiegermütterliche Gutachten einzuholen nötig fand. Die redselige Frau erschien, und der Anblick der geputzten Dame brachte ihre Zunge alsbald in Bewegung. Sie ergoß einen Strom von Lobsprüchen über die Wohlgestalt der lieblichen Schwiegertochter und konnte nicht aufhören, den

Geschmack ihres Sohnes in der Wahl und die Kunst des Schneiders in dem Zuschnitt des Kleides zu bewundern. Sobald sie aber vernahm, daß das Fräulein in Ansehung des letztern Punktes mit ihr nicht gleicher Meinung sei, änderte sie die Sprache, um ihre wenige Kenntnis von den Feinheiten der Mode nicht zu verraten, und der Schneider kam dabei sehr ins Gedränge. Hauptsächlich betraf die Kritik des Fräuleins die ungeschickte Form des

Brautschleiers, welchen sie mit einem Augsburger Regentuch verglich. „Ach", seufzte sie, „daß doch der griechische Schleier, in eine goldne Krone geschlungen, meinen hochzeitlichen Putz verschönerte, der wie ein lichtes Schneegewölke in den Lüften schwamm und mit dem der Zephyr scherzte, so würden die Mädchen der Stadt mich beneiden, und Friedberts Geliebte würde für die schönste der Bräute gepriesen werden! Ach, sie ist dahin, die Zierde des griechischen Mädchens, die ihm Zauberreize lieh, welche die Augen des Jünglings entzückten!" Eine wehmütige Zähre träufelte dabei von ihren rosenfarbenen Wangen auf den schwanenweißen Busen, welche die gute Mutter ganz weichmütig machte und ihr das Herz sehr einengte, besonders weil sie dafürhielt, das Weinen einer Braut sei von so schlimmer Vorbedeutung, als wenn ein Kind im Mutterleibe weine. Diese Kümmernis preßte das Geheimnis heraus, das ihr schon lange zwischen den Lippen schwebte, der offenherzige Friedbert hatte den Schwabenstreich begangen, der geschwätzigen Matrone den Raub des Schleiers zu offenbaren, ohne ihr doch die Eigenschaften desselben zu entdecken; nur um ihn recht sicher zu verwahren, gab er ihn der Mutter, als ein Liebespfand aufzuheben, und hatte ihr Stillschweigen geboten. Die Matrone freute sich, eine so gute Gelegenheit gefunden zu haben, die Heimlichkeit, die ihr lange wie ein Stein auf dem Herzen gelegen hatte, abzuwälzen. „Weinet nicht, zartes Fräulein", sagte sie, „daß sich Eure sonnenhellen Äuglein nicht trüben und die hochzeitliche Freude in Tränen zerrinne, kümmert Euch auch nicht um den Schleier, er ist wohl aufgehoben und unter meiner Hand. Dieweil Ihr so groß Verlangen traget, ihn anzulegen, will ich, so Ihr mir gelobet, gegen Euren Sponsen reinen Mund zu halten und mich nicht zu verraten, aus meiner Flachskammer ihn herabholen, mich lüstet selbst zu sehen, ob er sich zu Eurem Brautputze paßt und Euch wohl anstehe." Kalliste stand wie eine Bildsäule da, das Blut erstarrte in ihren Adern vor Verwunderung; Freude über die gemachte Entdeckung und Verdruß über den heuchlerischen Friedbert setzten sie einige Augenblicke in ein untätiges Staunen. Doch da sie den Pantoffelgang der Matrone hörte, nahm sie alle Besinnung zusammen, empfing den Schleier aus ihrer Hand mit Freuden, wirbelte ein Fenster auf, und indem sie die goldne Krone auf dem Haupte befestigte und das ätherische Gewand ihr über die Schultern herabrollte, ward sie zum Schwan, welcher die Flügel ausbreitete und husch zum Fenster hinausflog.

Jetzt kam das Staunen an die Alte bei dieser wunderbaren Metamorphose. Sie schlug ein großes Kreuz vor sich, tat einen lauten Schrei und empfahl sich in den Schutz der Heiligen Jungfrau; denn weil sie von der intellektuellen Welt die rohen Begriffe ihres Zeitalters hegte, meinte sie, die schöne Kalliste sei nichts anders als ein Gespenst oder eine Teufelslarve gewesen, und der traute Friedbert verwandelte sich mit einemmal in ihren Augen in einen schändlichen Unhold und Teufelsbanner, worüber sie sich höchlich betrübte und wünschte, daß er lieber als ein guter Christ von den Meißnern erschlagen wär, als daß er sich in solche satanischen Netze hätte verwickeln lassen. Friedbert ahnte nichts von der für ihn so traurigen Katastrophe, die sich in seiner Abwesenheit daheim begeben hatte, und kam gegen Abend fröhlich und wohlgemut angeritten, eilte mit klingenden Sporen die Stiege hinauf ins Brautgemach, sein Liebchen zu umfangen. Aber da er die Tür auftat, flog ihm ein mütterlicher Bannstrahl entgegen, die Matrone zog das Wehr ihrer Beredsamkeit auf, und es wirbelte und rauschte ein Rheinfall von Vorwürfen und Verwünschungen auf ihn herab. Er merkte dadurch mit großer

Bestürzung ab, was vorgefallen war, gebärdete seiner als ein wütiger Mensch, würde an der Mutter und an sich in der ersten Wut einen Mord begangen haben, wenn jene nicht mit lauttönender Stimme Sturm geläutet und das ganze Haus zusammengerufen hätte, daß die erschrockenen Diener den rasenden Roland noch zu rechter Zeit entwaffneten.

Nachdem auf beiden Seiten das erste Ungestüm sich abgetobt hatte, kam es zu vernünftigern Erklärungen. Friedbert war bemüht, sich von dem Verdacht bestmöglich zu reinigen, daß er ein Geisterbeschwörer sei und mit Zauberei umginge oder daß er eine Biondetta in die Familie hatte verpflanzen und seine rechtgläubige Mutter zur Schwiegerin einer satanischen Larve habe machen wollen. Er offenbarte den ganzen Verlauf seiner Abenteuer mit der schönen Kalliste und die Beschaffenheit ihres Flugkleides; doch gegen ein Vorurteil, das einmal in eine Weiberseele eingerostet ist, arbeitet die Belehrung umsonst, die Matrone glaubte davon, was sie wollte, und Friedbert hatte es nur dem mütterlichen Instinkt zu verdanken, daß sie ihm nicht den Prozeß machen ließ. Indessen gab diese sonderbare Geschichte zu mancherlei Mutmaßungen Anlaß, es fehlte dem verdächtigen Friedbert nur ein schwarzer Hund, um wie Dr. Faust oder Cornelius Agrippa in den Ruf eines großen Zauberers zu kommen.

Der Bräutigam ohne Braut befand sich in einer unglücklichen Verfassung, sein Gemüt wurde von banger Verzweiflung zerrissen über den Verlust der schönen Kalliste, sein Schicksal hing lange zwischen Tod und Leben, die Wahl des einen wie des andern kostete ihn Überwindung. Es gibt schwerlich einen peinigernden Zustand, als am Eingange des Hafens Schiffbruch zu leiden, wenn man die Reise um die Welt glücklich vollendet zu haben glaubt, und am Tage vor der Hochzeit eine geliebte Braut zu verlieren ist ganz das nämliche. Ist sie eine Beute des Todes worden, hat sie ein Räuber entführt oder ein hartherziger Vater in ein Kloster gesperrt, so gibt es für den Liebhaber einen Weg, ihr ins Grab zu folgen, dem Räuber nachzueilen und ihm die Beute abzujagen oder durch die verschlossenen Klosterpforten zu dringen – aber wenn sie aus dem Fenster davonflieht, wer kann ihr da nacheilen außer die Pariser Luftschwimmer? Doch die edle Kunst, den Sterblichen Gang und Bahn durch die ätherischen Gefilde zu eröffnen, kam dem armen Friedbert nicht zustatten, sondern war einem spätern und glücklichern Zeitalter vorbehalten. Die kurzsichtigen oder neidischen Vielwisser der englischen Sozietät mögen so schief und verächtlich von dem aerostatischen Wunderkinde ihrer Nachbarn urteilen als sie wollen, so liegt doch klar am Tage, daß eine luftige Gendarmerie, die Pech und Schwefel herabregnen ließ, dem leidigen Schleichhandel an den britischen Küsten ungleich zuverlässiger Einhalt tun würde als die schwerfälligen Küstenbewahrer und alle papiernen Beschlüsse des zänkischen Unterhauses.

Friedbert hatte keinen andern Weg, seiner davongeflogenen Braut wieder auf die Spur zu kommen, als jenen, den die Frösche auch nehmen würden, wenn sie auf Reisen gingen, nämlich zu hüpfen und zu schwimmen, je nachdem es die Gelegenheit erfordert, bis sie an Ort und Stelle sind. Die ungeduldige Sehnsucht nach seiner Geliebten dehnte den Abstand von Schwabenland bis in die Zykladen seiner Vorstellung nach weiter, als wenn die Reise zum Mond hätte gehen sollen. „Ach", rief er voll Verzweiflung aus, „wie kann die träge Erdschnecke dem leichtbeflügelten Schmetterlinge folgen, wenn er unstet und flüchtig von einer Blume zur andern flattert und an keiner Stätte verweilt! Wer bürgt mir dafür, daß Kalliste nach Naxos zurückgekehrt ist? Wird nicht die Scham, in ihrem Vaterlande für eine Irrläuferin ausgeschrien zu werden, sie bewogen haben, einen andern Zufluchtsort zu wählen? Und wenn sie nun auch in Naxos wär, was könnte mir das frommen? Wie dürft ich Spießbürger meine Augen aufheben gegen eine Fürstentochter des Landes?" Mit diesen Gedanken quälte sich der Mutlose viele Tage lang, welchen Kummer er sich gleichwohl hätte ersparen können, wenn er die Stärke seiner Leidenschaft geprüft und gewußt hätte, daß der Enthusiasmus oft Wunder tut. Plötzlich wirkte der Instinkt, was die kaltblütige Überlegung zu keinem Entschluß hatte reifen lassen: Er sattelte seinen Rappen, nachdem er sein Gut und Erbe in Taschenformat bequemt hatte, ritt zur Hintertür hinaus, damit er das geschwätzige mütterliche Valet vermeiden möchte, und trabte rasch über die vaterländische Grenze, als wenn er die Reise zu den Zykladen in einem Futter hätte machen wollen. Glücklicherweise erinnerte er sich des Weges, den Vater Benno dahin genommen hatte, und gelangte über Venedig ebenso wie dieser nach mancher überwundenen Schwierigkeit auf seiner Meeresfahrt, nur ohne Schiffbruch, flink und frisch in Naxos an.

Mit Freuden hüpfte er ans Land, betrat mit geheimem Wonnegefühl die mütterliche Erde seiner Geliebten, welche er im Schoß ihres Vaterlandes wiederzufinden verhoffte, und sputete sich von der schönen Kalliste Kundschaft einzuziehen; aber niemand wußte ihm zu sagen, wo das Fräulein hingeschwunden sei. Man trug sich mit allerlei Gerüchten und munkelte dies und das, wie es zu geschehen pflegt, wenn ein artiges Mädchen aus dem Zirkel ihrer Bekanntschaft verschwindet, und dies Geflüster urteilt selten zum Vorteil der Abwesenden. Zwar gibt es eine Schanze, dahinter man sich gegen die Wurfpfeile des lästerzüngigen Gerüchtes zu bergen pflegt, das ist der goldne Spruch: Sie reden, was sie wollen; mögen sie doch reden, was kümmert's mich? Aber damit mag sich zur Notwehr schützen, wer will und kann, nur ein Mädchen darf das nicht, wenn es auf seinen Ruf noch einigen Wert setzt. Friedbert grämte sich über die Maßen, daß ihn seine Geliebte so im Stich gelassen hatte, und war unschlüssig, ob er in seine Einsiedelei zurückkehren oder eine Wegelagerung an den Nilquellen versuchen sollte. Indem er diesfalls mit sich zu Rate ging, langte Fürst Isidor von Paros, ein Lehnsträger des Despoten der Zykladen, in Naxos an, um sich mit Fräulein Irene, einer Schwester der schönen Kalliste, zu vermählen. Es wurden Vorbereitungen zu einem prächtigen Beilager gemacht, und die Feierlichkeit sollte mit einem großen Turnier beschlossen werden. Den schwäbischen Helden wandelte bei dieser Zeitung sein alter Kriegsmut wieder an, und weil ihn Mißmut und Langeweile quälten, wünschte er Zerstreuung und glaubte, daß er diese bei dem ausgeschriebenen Kampfrennen finden würde, zumal fremde Ritter durch Herolde auf dem Markte der Stadt und auf allen Kreuzstraßen dazu eingeladen wurden. In seinem Vaterlande war er zwar nicht turnierfähig gewesen und hätte ihm da leicht begegnen können, mit Spott und Hohn auf die Schranken gesetzt zu werden; in der Ferne aber hielt es eben nicht schwer, unter der Gewährschaft eines vollen Beutels, die konventionellen Prärogative, welche der Geburt ankleben, sich zuzueignen. Friedbert spielte in Naxos den Ritter wenigstens mit eben der Würde und dem Anstand wie der deutsche Schneider den Baron zuweilen in Paris oder der entlaufene Kammerdiener den Marquis an den deutschen Höfen. Er legte sich eine blanke Rüstung zu, kaufte um hohen Preis ein ritterliches Pferd, das seiner Schulen kundig war, und am Tage, der zum Rennen bestimmt war, wurde er ohne Anstand in die Schranken eingelassen. Seine Imagination spielte ihm zwar den unerwarteten Streich, die zirkelrunde Stechbahn, in welche die Ritter eingeschlossen wurden, nebst der amphitheatralischen Erhöhung ringsumher mit unzähligen Zuschauern angefüllt, der schauerlichen Backofengestalt wieder zu verähnlichen, doch zuweilen dient die Feigherzigkeit der Bravour zum Sporn in der Gefahr. Der selbstkreierte Ritter brach seine Lanze mit Ehren, hielt sich fest im Sattel und verdiente sich einen Ritterdank, den er aus der Hand der Neuvermählten empfing.

Bei dieser Gelegenheit gelangte er auch zum Handkuß bei der schönen Zoe, welcher die gewöhnliche Hofetikette noch immer den Besitz der Titularschönheit gelassen hatte, wie ein Exminister die Titularexzellenz behält; obgleich der Zahn der Zeit der guten Dame alle Reize abgenagt hatte, daß sie für einen malenden Apelles nun nichts mehr war als Modell zu einem schönen alten Kopfe. Er meldete sich bei ihr unter dem Namen eines welschen Ritters an, es sei nun, daß Zoe für diese Qualität noch eine gewisse Vorliebe hegte oder daß sie den Ring wahrnahm, der ehemals ihr Eigentum gewesen war und der jetzt mit dem Herzrubin an des Fremdlings Hand funkelte; gnug, er genoß der freundlichsten Aufnahme von ihr, und sie schien ein sonderbares Wohlgefallen an ihm zu finden. Nachdem das hochzeitliche Geräusch vorüber war, die Fürstin das Hoflager wieder verlassen und in den stillen Aufenthalt ihres Palastes sich zurückgezogen hatte, erhielt Friedbert den Zutritt in dieses klösterliche Heiligtum, welches nur wenig Vertrauten offenstund, und Zoe schenkte ihm eine mütterliche Zuneigung. Bei einem Spaziergange in dem schattenreichen Hain des Parkes drehte sie sich mit ihm abseits und sprach: „Hab eine Bitte an Euch, lieber Fremdling, die Ihr mir nicht versagen dürft! Sagt an, wie seid Ihr zum Besitz des Ringes gelangt, am Goldfinger Eurer rechten Hand? Dieser Ring war ehemals mein Eigentum, und ich bin seiner verlustig gegangen, weiß nicht, wie oder wann, darum treibt mich die Neugier zu erfahren, wie er Euch zu Händen kommen ist?" – „Edle Frau", antwortete der Schalk, „den Ring hab ich auf ehrliche Weise in einem Speerrennen erworben, von einem mannlichen Ritter in meinem Vaterlande, welchem ich obgesiegt habe und der sein Leben damit lösen mußte. Wie der aber dazu gelanget sei, ob ihm der Fingerreif als eine Kriegsbeute anheimgefallen oder ob er ihn von einem Juden erhandelt, als einen Ritterdank sich erworben oder durch Erbgangsrecht an sich gebracht hat, vermag ich nicht Euch zu berichten." – „Was würdet Ihr tun", fuhr Zoe fort, „wenn ich mein Eigentum von Euch zurückforderte? Dem ehrenfesten Ritterstande kommt es zu, eine ziemliche Bitte den Damen nicht abzuschlagen. Doch begehr ich Euer durch Waffenrecht erworbenes Gut nicht zur Gabe noch Geschenk, ich will Euch dafür lohnen nach dem Werte, wie Ihr das Kleinod schätzet, und Eurer Wohltat nie vergessen."

Friedbert war über dieses Ansinnen gar nicht verlegen und freute sich vielmehr, daß ihm sein Anschlag so wohl gelungen war. „Eure Wünsche, tugendsame Fürstin", sprach er, „sind mir ein unverbrüchliches Gesetz, sofern es von mir abhängt, sie Euch zu gewähren. Gut und Blut sei Euch verpfändet bei ritterlichen Ehren, fordert es von mir, nur verlangt nicht, Eid und Gewissen zu verletzen. Dieweil mir das Kleinod durch einen schweren

Kampf zuteil ward, tat ich einen teuren Eid bei Seel und Seligkeit, daß der Ring bei meinem Leben nicht anders von meiner Hand kommen sollte, als bis ich vor dem Altar Herz und Hand meiner Gemahlschaft damit zu ehelicher Treue verpfänden würde. Nun kann ich dieses Eides nicht anders quitt werden, als wenn ihm Gnüge geschieht; so Ihr aber gesonnen seid, mir darin förderlich zu sein, hab ich nichts dagegen, daß Ihr der Braut den Ring abdingt und aus ihrer Hand Euer vormaliges Eigentum wieder zurückempfanget." – „Wohl gesprochen!" versetzte Zoe. „Wählet aus meinem Hofgesinde eine Jungfrau, die Euren Augen gefällt, sie soll mit einer reichen Morgengabe von mir ausgesteuert werden, doch mit dem Beding, daß sie das Kleinod misse und alsbald, wie sie es aus Eurer Hand empfängt, in die meinige zurückgebe; Euch aber will ich auch zu hohen Ehren bringen."

Diese geheimen Traktate waren nicht sobald geschlossen, so verwandelte sich der klösterliche Palast der Fürstin in einen Harem, alle Schönheiten des Landes berief sie zu sich und nahm sie in ihr Gefolge auf, gab ihnen schöne Kleider und prächtiges Geschmeide, ihre natürlichen Reize durch den unnatürlichen Flitterputz der Modekrämerinnen noch mehr zu erheben. Denn sie wähnte ebenso irrig wie unsre weiblichen Zeitgenossen, der vergoldete Rahmen verkaufe eigentlich das Gemälde und nicht die Zeichnung, obgleich die tägliche Erfahrung lehrt, daß ein Galakleid die Liebe sowenig befeuert wie der brokatne Rock unsrer lieben Frau zu Loreto die Andacht. Ein prachtloses sittsames Hauskleid ist die eigentliche Uniform der Liebe, welches mehr Eroberungen macht als ein Brustharnisch von Juwelen und eine Sturmhaube von Spitzen und Seide mit den triumphierenden Schwungfedern, welche des Siegs verfehlen.

Friedbert schwamm in einem Strom von Vergnügen, ohne sich gleichwohl von dem Freudenwirbel fortreißen zu lassen. Mitten in dem Geräusch des wiederauflebenden Hofes, bei Gesang und Saitenspiel und fröhlichen Tänzen zog sich gleichwohl das Fältlein des Trübsinns um seine Stirn. Für ihn schmückten sich die schönsten griechischen Mädchen, sein Herz gleich armierten Magneten desto kräftiger an sich zu ziehen, doch er blieb kalt und unempfindsam. Diese Gleichmütigkeit bei einem jungen blühenden Manne war der Fürstin unerklärbar. Was die Liebesschule anbetraf, so war sie selbst jederzeit der Lehre ihres Landsmannes, des weisen Plato, gefolgt, ob aus Neigung oder weil die Wachsamkeit des eifersüchtigen Ehedespoten ihrer Leidenschaft keinen freiern Gang erlaubte, das ist schwer zu entscheiden; dem vollblütigen Ritter aber, meinte sie, dürfte das System des sinnlichen Epikur wohl besser behagen, darum hatte sie alles darauf angelegt, sein Herz durch Sinnlichkeit zu bestricken. Allein sie fand, daß sie sich in ihrer Meinung geirrt hatte: Weder epikurische Sinnlichkeit noch die feinern geistigen Empfindungen der platonischen Liebe schienen seine Sache zu sein, sondern vielmehr ein strenger Stoizismus, der sie in Verwunderung setzte und ihr zu dem Besitz des Ringes eben keine große Hoffnung machte.

In dieser Untätigkeit waren bereits einige Monate verflossen, daher fand die ungeduldige Dame nötig, mit ihrem Ritter, wie sie ihn zu nennen pflegte, über die Angelegenheiten seines Herzens Rücksprache zu halten. Am Tage, da die Wiederkehr des Lenzes gefeiert wurde und alle ihre Jungfrauen, mit frischen Blumenkränzen geschmückt, einen fröhlichen Reihentanz begannen, fand sie ihn einsam und unteilnehmend in einer Laube, wo er sich mit dem auf mißliche Liebe deutenden Zeitvertreib beschäftigte, Frühlingsblumen, die eben hervorgesproßt waren, zu entblättern und zu zerstören. „Unempfindsamer Ritter“, sprach sie, „hat die blühende Natur für Euch so wenig Reize, daß Ihr die ersten Geschenke derselben fühllos vernichtet und Floras Fest entweihet? Ist Euer Herz alles sanften, alles liebevollen Gefühls so unfähig, daß weder die Blumen meines Gartens noch das aufblühende Geschlecht der Mädchen meines Hofes auf Euch einen zärtlichen Eindruck machen? Was weilt Ihr hier in dieser einsamen Laube, da Euch die Freude aus jenem Tanzsaal und die Liebe aus jeder Halle, aus jedem Busch und den geselligen Grotten dieses Gartens winkt? Deutet Euer Trübsinn aber auf zärtliches Gefühl, so offenbart mir diesen geheimen Kummer, daß ich sehe, ob es in meiner Macht steht Euer Herz zufriedenzustellen." – „Euer Scharfsinn, weise Zoe", gegenredete Friedbert, „blickt in die Verborgenheiten meiner Seele, Ihr urteilt ganz recht, daß ein verborgenes Feuer in meinem Busen glimmt, von dem ich nicht weiß, ob ich es mit dem Hoffnungsöl unterhalten soll oder ob es das Mark aus meinem Gebein verzehren wird. Für alle Nymphen, die Floras Fest dort in fröhlichen Reihentänzen feiern, ist mein Herz kalt und erstorben. Das himmlische Mädchen, das mich entzückt hat und dem ich mein Herz gelobt habe, schwebt nicht in jenem Kreise froher Tänzerinnen, dennoch hab ich es in Eurem Palast gefunden, ach, vielleicht nur als eine Schöpfung der glühenden Phantasie des Künstlers! Wiewohl es mir unglaublich ist, daß der Maler ein solches Kunstwerk zuwege richten könne, wenn ihm nicht die Meisterhand der Natur die Züge des herrlichen Konterfeis vorgezeichnet hätte."

Die Fürstin war ungeduldig zu vernehmen, welches Gemälde auf den jungen Rittersmann einen so sonderbaren Eindruck gemacht habe. „Folgt mir flugs dahin", sprach sie, „daß ich urteile, ob der betrügliche Amor mutwilligen Spott mit Eurem Herzen treibe und eine Wolke statt der Göttin Euch zu umarmen gegeben habe, denn seine Schalkheit geht über alles; oder ob er wider Gewohnheit ehrlich mit Euch zu Werke gegangen und wahrhaften Liebesgewinn Euch unbetrüglich zugedacht hat." Zoe besaß eine auserlesene Sammlung von Gemälden, teils Kunstwerke guter Meister, teils Familienstücke. Unter jenen befanden sich Abbildungen der berühmtesten Schönheiten griechischer Abkunft aus ältern und neuern Zeiten, unter diesen war ihre eigne Gestalt verschiedenemal abkonterfeit mit all den jugendlichen Reizen, die sie ehedem besaß, da sie noch ins Feenbad wallfahrte. Eine Anwandlung von Eitelkeit, die ihrem Geschlechte zuweilen auch jenseits der großen Stufenjahre anhangen soll, noch in den Ruinen das Andenken des vormaligen Glanzes zu erneuern, brachte sie auf die Gedanken, daß vielleicht ihr eignes

Porträt Friedberts Phantasie bezaubert haben könnte, und sie konnte sich nicht verwehren, ein geheimes Vergnügen zu empfinden, wenn sie ihm sagen würde: „Freund, das Original zu dem Gemälde bin ich selbst", und die Vorstellung seiner Bestürzung, wenn der mächtige Zauber auf solche Art gelöst würde, machte ihr im voraus vielen Spaß. Der Ritter Schlaukopf war indessen seiner Sache viel zu gewiß und fürchtete gar nicht, wie er vorgab, eine Malerillusion; er wußte wohl, daß das Urbild schöner in der Natur vorhanden war, als der Pinsel es nachgeahmt hatte, nur war ihm unbekannt, wo es jetzt anzutreffen sei und wie er wieder zu dessen Besitz gelangen möchte.

Beim Eintritt in die Galerie flog er mit glühendem Ungestüm zu dem geliebten Konterfei und sprach in der Stellung eines Anbetenden: „Seht hier die Göttin meiner Liebe, wo find ich sie? Auf Euren Lippen, weise Fürstin, schwebt mir Tod und Leben! – Entscheidet! Täuscht mich trügliche Minne, so laßt mich zu Euren Füßen sterben; rechtfertigen aber meine Ahnungen die Wahl meines Herzens, so offenbart mir, welches Volk oder Land dieses Kleinod aufbewahrt, daß ich ausziehe, die Dame aufzusuchen und durch ritterliche Taten ihre Gunst zu erringen."

Die ehrsame Fürstin befand sich bei dieser Entdeckung in keiner geringen Verlegenheit, da sie derselben nicht vermutend gewesen war; eine ernsthafte Miene überschattete ihr Angesicht, dessen noch immer schön proportioniertes Oval eine jovialische Idee vorher gerundet hatte, nun aber verlängte sich die Linie von der Stirn zum Kinn um einen guten Zoll. „Unbedachtsamer", sprach sie, „wie könnt Ihr Euer Herz einer Dame geloben, von der Ihr nicht wißt, ob sie jemals gelebt hat, ob sie Eure Zeitgenossin ist und ob sie Liebe mit Liebe erwidern kann? Eure Ahnung hat Euch zwar nicht ganz irregeführt, dies feine Lärvchen ist weder Fiktion noch Monument einer Schönheit aus vorigen Zeiten, es gehört einem jungen Fräulein zu; sie heißt Kalliste. – Ach, einst war sie meine Lieblingstochter. Jetzt ist sie eine Unglückliche, die verdient, bemitleidet zu werden. Sie kann Euch nie zuteil werden; in ihrem Busen lodert eine unauslöschliche Flamme gegen einen Verworfenen, den zwar ein Raum von vielen hundert Meilen von ihr trennt; denn sie hat den Mut gehabt, seinen trüglichen Fallstricken zu entfliehen; aber nichtsdestoweniger liebt sie ihn und beweint ihren Unstern in der Einsamkeit eines Klosters, unfähig der Empfänglichkeit einer andern Liebe." Friedbert stellte sich über dieses Fragment aus Zoes Familiengeschichte sehr bestürzt, freute sich aber heimlich in der Seele, daß er den Aufenthalt seiner Geliebten ausgekundschaftet hatte, und noch mehr darüber, daß er aus dem mütterlichen Mund ein so unverdächtiges Zeugnis von der Liebe der Prinzessin zu seiner Wenigkeit empfing. Er unterließ nicht, die offenherzige Dame über die sonderbare Liebesverwicklung ihrer Lieblingstochter auszuforschen, und sie befriedigte seine scheinbare Neugier mit einer parabolischen Geschichte, aus welcher den wahren Sinn herauszuklauben ihm nicht viel Mühe machte.

„Kalliste", sprach sie, „lustwandelte eines Abends am Gestade des Meeres in Gesellschaft ihrer Schwestern, welche der Vorwitz trieb, außerhalb der sichern Ringmauern der mütterlichen Wohnung eine ihnen unbekannte Gegend zu besuchen. Hinter einem Hügel des krummen Ufers lag ein Raubschiff vor Anker. Die unbesorgten Mädchen ahnten keine Gefahr, da sprang ein Räuber aus dem Busch hervor, ereilte die Zagende, trug sie auf seinen Armen ins Schiff, indem ihre leichtfüßigen Schwestern entflohen, und führte sie in seine Heimat. Er warb durch tausend Liebkosungen um ihre Gunst, dadurch gelang es ihm, sich in ihr Herz zu stehlen, sie vergaß der Würde ihrer Geburt und war im Begriff das unauflösliche Bündnis mit dem Arglistigen einzugehen. Da wehte ein günstiger Wind ein Schifflein an den Strand, sie dachte an ihr Vaterland und an die mütterlichen Tränen, die um sie flossen, gab der Stimme der Vernunft Gehör und nutzte die Gelegenheit, ihrer Gefangenschaft zu entrinnen. Aber die unwiderstehliche Leidenschaft, die sich bereits ihres Herzens bemeistert hatte, folgte ihr über Land und Meer, hat tiefen Schmerz in ihre Brust gegraben und alle jugendliche Freude daraus verbannt. Bald wird das Flämmlein ihrer schmachtenden Augen verlöschen und die bange Schwermut sie mit dem Grabe gatten, das sie zur Brautkammer sich erkieset hat." – „Nun", sprach Friedbert, „so soll ihr Grab auch das meinige sein, mein Leben steht in meiner Hand! Wer mag mir wehren, mit der schönen Kalliste zu sterben? Ich bitte Euch nur um die einzige Gunst, zu verschaffen, daß mein Leichnam neben ihr begraben werde, damit mein Schatten ihres Grabes hüte. Doch laßt mir vorher den Trost, ihr das Geständnis getan zu haben, daß sie die Dame meines Herzens sei, und ihr den Ring zum Unterpfand meiner Treue zu überliefern, damit ich meiner Gelübde quitt sei, dann möget Ihr ihn als ein Erbteil dahinnehmen."

Mutter Zoe wurde durch diese herzbrechende Liebeserklärung des jungen Ritters also gerührt, daß sie sich der Tränen nicht enthalten konnte, zugleich setzte sie einen solchen Lieblingswert auf den Ring, daß sie dem Ritter diese Bitte nicht versagen mochte, nur fürchtete sie, das Fräulein werde bei der dermaligen Stimmung ihres Herzens eben nicht bei Laune sein, ein so verfänglisches Geschenk anzunehmen, er wußte sie aber zu belehren, daß eine so rittermäßige Galanterie den strengsten Begriffen der Damen von der Unverletzbarkeit ihrer sonstigen Verbindungen nicht widerspräche. Sie willigte also in sein Begehren ein und gab ihm

einen schriftlichen Befehl an den Archimandriten des Klosters mit, Vorzeigern Audienz bei der traurenden Kalliste zu gestatten. Friedbert saß früh auf, Hoffnung und Zweifelmut spornten den Rappen an, bald zu erfahren, wie seine Geliebte ihn aufnehmen würde; alle Umstände ließen indessen vorläufig vermuten, daß sie ihm den Schleierraub verziehen habe. Mit klopfendem Herzen trat er in die jungfräuliche Zelle ein, das Fräulein saß auf einem Sofa abwärts des Einganges, ihr natürlich gelocktes Haar floß über die Schultern herab und war nur mit einem blauen Band nachlässig umschlungen. Ihr in sich gekehrter Blick und ihre Miene schienen tiefen Kummer zu verraten, und das Haupt unterstützte ihr schwanenweißer Arm. Sie schien auf den Ankommenden eben nicht groß zu achten; doch ein unerwarteter Fußfall von ihm ließ eine wichtigere Botschaft als einen mütterlichen Morgengruß oder eine Nachfrage nach ihrem Befinden vermuten; sie schlug die holden Augen auf und erkannte den Fremdling, der ihr zu Füßen lag. Verwunderung und Staunen gaben ihr eine unwillkürliche Bewegung, sie schreckte auf, gleich einem Reh, das bei anscheinender Gefahr die Flucht nimmt. Er faßte ihre zarte Hand mit Inbrunst. Sie stieß ihn aber mit zornmütiger Gebärde von sich. „Hinweg von mir, betrüglicher Mann!" sprach sie. „Es ist gnug, daß du mich einmal hintergangen hast, den zweiten Raub sollst du nicht an mir begehen!" Friedbert hatte sich dieses Straußes beim Empfang wohl versehen, darum ließ er sich nicht irren, die Apologie seiner verliebten Schalkheit mit der den Liebenden gewöhnlichen Überzeugungsgabe der schönen Kalliste ans Herz zu legen, in welchem er einen gültigen Vorspruch zu finden hoffte. Und weil nichts leichter entschuldigt wird als Beleidigungen auf Rechnung unbegrenzter Liebe, wenn beide Teile übrigens in der Hauptsache übereinstimmen, gesetzt, daß der Zwist auch ein wichtigers Objekt als einen Schleierraub beträf: So besänftigte sich der Unwille des Fräuleins mit jedem neuen Verteidigungsgrund immer mehr. Sobald er merkte, daß seine Argumente zur Beschönigung des Raubes in ihrem Herzen Eingang fanden, war ihm nicht mehr bange, daß sie ihm nun entwischen würde, weder durch die Tür noch zum Fenster hinaus. Das augenscheinliche Dokument seiner Treue, daß er aus Schwabenland bis in die Zyklanden ihr gefolgt war, und die Überzeugung ihrerseits, daß er bis an der Welt Ende sie würde aufgesucht haben, erwarb ihm endlich völlige Verzeihung. Das Fräulein tat ihm das Geständnis der Liebe und die Gelübde, das Los des Lebens mit ihm zu teilen.

Der nach so vielen Schwierigkeiten erlangte Sieg setzte den erhörten Friedbert in solch Entzücken, daß er das Maß seiner Glückseligkeit nicht umfassen konnte. Wonnetrunken eilte er unter der schönen Geleitschaft seiner Geliebten in den mütterlichen Palast zurück. Zoe war über die Maßen verwundert, daß die trübsinnige Kalliste den Vorsatz, in der Abgeschiedenheit von der menschlichen Gesellschaft ihre Jugend zu vertrauern, so urplötzlich aufgegeben hatte und mit heitrer Stirn, auf welcher keine Spur der Schwermut mehr zu entdecken war, in ihr Zimmer eintrat. Es fehlte wenig, daß Friedbert zum zweitenmal in den Verdacht einer Zauberei geriet, zumal da die Mutter aus dem Munde der Liebenden vernahm, daß die Präliminarien ihrer untrennbaren Vereinigung so gut als unterzeichnet waren; denn ihr war nicht in den Sinn gekommen zu gedenken, daß die Gelobung des irrenden Ritters, der Dame seines Herzens einen Ring zu überliefern, auf die Gegensteuer ihres Herzens abziele, vornehmlich da sie vermeinte, ein früherer Kompetent habe davon bereits Besitz ergriffen und zum Beweistum seiner Gerechtsame schon Feuer auf dem Herd als in seinem Eigentum angezündet. Sosehr übrigens Friedbert der Fürstin Günstling war, sowenig vermochte diese Vorliebe über ihre standesmäßigen Vorurteile in Absicht einer gleich edlen Geburt. Ehe sie daher die förmliche Einwilligung zur Vermählung gab, forderte sie den Glücksritter auf, sich einer stiftsmäßigen Ahnenprobe zu unterwerfen. Ob nun wohl zu Naxos so wie überall genealogische Schmiede vorhanden waren, in deren Werkstatt er sich mit leichter Mühe eine eherne Stammtafel hätte können schmieden lassen, so lang und breit als zu dieser Formalität erforderlich war, so qualifizierte er sich doch mit gutem Bedacht zu der Fähigkeit, in eine illustre Sippschaft zu gelangen, durch das Zeugnis der Liebe, die, wie er sagte, gern Gleiches zu Gleichem paare und nicht Dohlen mit dem Adlergeschlecht oder Eulen mit dem Straußen gatte. Überdies wies er auf seinen Degen, welcher als der unverwerflichste Zeuge die Ehre seiner Geburt gegen jeden zu behaupten bereit sei. Gegen die Gültigkeit dieser Beweise fand Zoe nichts einzu-

Markgrafen befanden, diesen Heereszug mit einem Lerchen-
streichen verglichen; denn der Sieg wurde ihnen sehr leicht.

[2] In diesem Stück hat sich heutzutage der Geschmack zum Vorteil der jungen Herren, wie jedermann weiß, gar merklich geändert.

[3] Zur Zeit, da Vater Benno lebte, kannte man nur die drei Teile der alten Welt, der vierte war noch nicht entdeckt.

Stumme Liebe

Es war einmal ein reicher Kaufmann, Melchior von Bremen genannt, der sich immer hohnlächelnd den Bart strich, wenn vom reichen Mann im Evangelium gepredigt wurde, den er, im Vergleich mit sich, nur für einen kleinen Krämer schätzte. Er hatte des Geldes so viel, daß er seinen Speisesaal mit harten Talern pflastern ließ. In jenen frugalen Zeiten herrschte dennoch, so gut als in den unsrigen, ein gewisser Luxus, nur mit dem Unterschiede, daß er bei den Vätern mehr als bei den Enkeln aufs Solide gestellt war. Ob ihm diese Hoffart gleich von seinen Mitbürgern und Konsorten sehr verargt und für eine Prahlerei ausgedeutet wurde – so war's damit doch mehr auf kaufmännische Spekulation als Aufschneiderei angesehen. Der schlaue Bremer merkte wohl, daß die Neider und Tadler dieser scheinbaren Eitelkeit nur den Ruf seines Reichtums ausbreiten und seinen Kredit dadurch mehren würden. Er erreichte diese Absicht vollkommen: Das tote Kapital von alten Talern, das so weislich im Speisesaal zur Schau ausgestellet war, brachte hundertfältige Zinsen durch die stillschweigende Bürgschaft, die es in allen Handelsgeschäften für die Valuta leistete; aber endlich wurde es doch eine Klippe, woran die Wohlfahrt des Hauses scheiterte.

Melchior von Bremen starb auf einen jähen Trunk bei einem fetten Schmause, ohne daß er Zeit hatte, sein Haus zu bestellen, und hinterließ all sein Hab und Gut einem einzigen Sohn im blühenden Jünglingsalter, der eben die Jahre erreicht hatte, die väterliche Erbschaft gesetzmäßig anzutreten. Franz Melcherson war ein herrlicher Junge und hatte von der Natur die besten Anlagen empfangen. Sein Körper war regelmäßig gebauet, dabei fest und konsistent; seine Gemütsart heiter und jovialisch, als wenn geräuchert Ochsenfleisch und alter Franzwein auf seine Existenz Einfluß gehabt hätten. Auf seinen Wangen blühte Gesundheit, und aus den braunen Augen sahen Behaglichkeit und

heute roth   morgen tod

froher Jugendsinn hervor. Er glich einer markigen Pflanze, die
nur Wasser und ein magres Erdreich bedarf, um wohl zu gedeihen, in allzu fettem Boden aber geilen Überwuchs treibt, ohne
Frucht und Genuß. Der väterliche Nachlaß war, wie es oft der
Fall ist, des Sohnes Verderben. Kaum hatte er das Vergnügen
empfunden, Besitzer eines großen Vermögens zu sein und damit
nach Belieben schalten zu können – so suchte er sich dessen,
nicht anders als einer drückenden Bürde, zu entledigen, spielte

den reichen Mann im Evangelium im Wortverstande und lebte alle Tage herrlich und in Freuden. Kein Gastmahl am Hofe des Bischofs kam den seinigen gleich an Pracht und Überfluß, und so lange die Stadt Bremen steht, wird solch ein Ochsenfest nicht wieder erlebt, als er jährlich zu begehen pflegte: An jeden Bürger in der Stadt spendete er einen Krüselbraten aus und ein Krüglein spanischen Wein. Davor ließ die ganze Stadt den Sohn des Alten hochleben[1], und Franz war der Held des Tages.

Bei diesem fortwährenden Taumel von Schwelgerei wurde an keine Bilanzrechnung gedacht, die ehemals das Vademekum der Handelsleute war, jetzt aber immer mehr außer Brauch kommt, daher das Zünglein der merkantilischen Waage sich oft, mit magnetischer Kraft, zum Fallissement neigt. Einige Jahre verliefen, ohne daß der verschwenderische Narr eine Abnahme seiner Renten spürte; denn bei des Vaters Hinscheiden waren Kisten und Kasten voll. Die gefräßige Schar der Tischfreunde, das luftige Völklein der lustigen Brüder, die Spieler, Lungerer und alle, die von dem verlornen Sohn Nutz und Gewinn hatten, sahen sich wohl vor, ihn zu einiger Besonnenheit kommen zu lassen; sie rissen ihn von einem Vergnügen zum andern fort und hielten ihn immer in Atem, damit nicht ein nüchterner Augenblick die Vernunft aufwecken und ihren räuberischen Klauen die Beute entführen möchte.

Aber plötzlich versiegte das Brünnlein des Wohllebens, die Tonnen Gold aus dem väterlichen Nachlaß waren abgezapft bis auf den Bodensatz. Franz kommandierte eines Tages eine große Zahlung, der Kassierer war außerstand, die Ordre seines Herrn zu honorieren, und gab sie mit Protest zurück. Das fuhr dem jungen Schlemmer mächtig vor die Stirn; doch fühlte er nur Verdruß und Unwillen über seinen widerspenstigen Diener, dem er allein, keineswegs aber seiner eignen übeln Wirtschaft, die Unordnung in seinen Finanzen beimaß. Er gab sich auch keine weitere Mühe, die Ursache davon zu ergründen, sondern, nachdem er zu der gewöhnlichen Litanei des Unsinns seine Zuflucht genommen und einige Dutzend Flüche abgedonnert hatte, ließ er an den achselzuckenden Haushalter den lakonischen Befehl ergehen: Schaff Rat!

Die Geldmäkler, die Wucherer und Wechsler wurden nun in Tätigkeit gesetzt. Gegen hohe Zinsen flossen, im Kurzen, wieder große Summen in die ledigen Kassen: Der Saal mit harten Talern gepflastert galt damals, in den Augen der Gläubiger, mehr als in unsern Tagen ein offener Kreditbrief des amerikanischen Generalkongresses oder aller dreizehn vereinigten Staaten. Das Palliativ leistete eine Zeitlang gute Dienste; doch unterderhand breitete sich das Gerücht in der Stadt aus, das silberne Pflaster im Speisesaal sei in aller Stille aufgehoben und mit einem steinernen vertauscht worden. Die Sache wurde von Stund an, auf Verlangen der Darleher, gerichtlich untersucht und in der Tat also befunden. Nun war nicht zu leugnen, daß ein Pflaster von buntfarbigem Marmor, à la mosaique, sich in einem Speisesaal ungleich besser ausnahm als die verblichenen alten Taler; allein die Gläubiger respektierten den feinen Geschmack des Eigentümers so wenig, daß sie ohne Verzug ihre Zahlung forderten, und da diese nicht erfolgte, wurde der Konkursprozeß eröffnet, das väterliche Haus nebst allem Zubehör, Vorratshäusern, Gärten, Feldgütern, auch allen Mobilien bei brennender Kerze versteigert und der Besitzer, der sich zur Notwehr mit einigen rechtlichen Schikanen noch verbollwerkt hatte, judizialiter exmittiert.

Jetzt war's zu spät, über seine Unbesonnenheit zu philosophieren, da die vernünftigsten Betrachtungen nichts bessern und die heilsamsten Entschließungen den Schaden nicht mehr heilen konnten. Nach der Denkungsart unsers verfeinerten Zeitalters hätte nun der Held mit Würde von der Bühne abtreten, seine Existenz auf irgendeine Art vernichten, die große Reise in die weite Welt antreten oder sich entgurgeln müssen, da er in seiner Vaterstadt nicht mehr als ein Mann von Ehre leben konnte. Franz tat indessen weder das eine noch das andere. Das qu'en dira-t-on?[2], welches die gallische Sittlichkeit als Zaum und Gebiß für Torheit und Unbesonnenheit erfunden hat, sie damit zu zähmen, war dem zügellosen Wicht bei seinem Wohlstand nicht eingefallen, und sein Gefühlssinn war noch nicht fein genug, die Schande seiner mutwilligen Verschwendung zu empfinden. Es war ihm wie einem berauschten Zecher zumute, der eben aus dem Weintaumel wieder erwacht und sich nicht zu besinnen weiß, was mit ihm vorgegangen ist. Er lebte nach der Weise verunglückter Verschwender, schämte sich nicht und grämte sich nicht. Zum Glück hatte er noch einige Reliquien aus dem Familienschmuck vom Schiffbruch geborgen, die ihn noch eine Zeitlang vor drückendem Mangel schützten.

Er bezog ein Quartier in einem abgelegnen Gäßchen, in welches die Sonne das ganze Jahr nicht schien, außer in den längsten Tagen, wenn sie ein wenig über die hohen Dächer blickte. Hier fand er, für seine jetzt sehr eingeschränkten Bedürfnisse, alles, was er brauchte: Die frugale Küche des Wirts schützte ihn vor Hunger, der Ofen vor Kälte, das Dach vor dem Regen, die vier Wände vor dem Wind; nur für die peinliche Langeweile wußte er weder Rat noch Zuflucht. Das lockere Gesindel der Schmarotzer war mit dem Wohlstand davongeflohn, und von seinen ehemaligen Freunden kannte ihn keiner mehr. Die Lektüre war damals noch kein Zeitbedürfnis, man verstand sich nicht auf die Kunst, mit den hirnlosen Spielen der Phantasie, die gewöhnlich in den seichtesten Köpfen der Nation spuken, die Zeit zu töten. Es gab keine empfindsamen, pädagogischen, psychologischen, komischen Volks- und Hexenromane; keine Robinsonaden, keine Familien- noch Klostergeschichten, keine Plimplamplaskos, keine Kakerlaks, und die ganze fade Rosenthalsche Sippschaft hatte ihren Hökerweibermund noch nicht aufgetan, die Geduld des ehrsamen Publikums mit ihren Armseligkeiten zu ermüden. Aber doch tummelten sich die Ritter schon wacker auf der Stechbahn herum. Dietrich von Bern, Hildebrand, der gehörnte Siegfried, der starke Rennewart gingen auf die Drachen- und Lindwurmjagd und erlegten Riesen und Zwerge von zwölf Mannsstärke. Der ehrwürdige Theuerdank war das höchste Ideal von deutscher Art und Kunst und damals das neueste Produkt des vaterländischen Witzes, doch nur für die schönen Geister, Dichter und Denker seines Jahrhunderts. Franz gehörte zu keiner von diesen Klassen, daher wußte er sich mit nichts zu beschäftigen, als daß er seine Laute stimmte und zuweilen drauf klimperte, hiernächst zur Abwechselung aus dem Fenster schaute und Wetterbeobachtungen anstellte, aus welchen sich gleichwohl sowenig ein Resultat ergab als aus der verlornen Mühe unsrer windsüchtigen Meteorologen. Sein Beobachtungsgeist bekam indessen bald eine andere Nahrung, wodurch der leere Raum in Kopf und Herz auf einmal ausgefüllt wurde.

In dem engen Gäßchen, seinem Fenster gerade gegenüber, wohnte eine ehrbare Matrone, die auf Hoffnung beßrer Zeiten sich kümmerlich vom langen Faden nährte, den sie nebst einer wunderschönen Tochter durch die Spindel gewann; sie zogen tagtäglich denselben so lang aus, daß sie die ganze Stadt Bremen, mit Wall und Graben und allen Vorstädten, leicht damit hätten umspannen mögen. Die beiden Spinnerinnen waren eigentlich nicht für die Spindel geboren, sie waren von gutem Herkommen und lebten ehedem im behaglichem Wohlstand. Der schönen Meta Vater hatte ein eignes Schiff auf der See, das er selbst befrachtete und damit jährlich nach Antwerpen fuhr: Aber ein schwerer Sturm begrub das Schiff mit Mann und Maus und einer reichen Ladung in den Abgrund des Meeres, als Meta noch nicht ihre Kinderjahre zurückgelegt hatte. Die Mutter, eine verständige gesetzte Frau, ertrug den Verlust ihres Gatten und des sämtlichen Vermögens mit weiser Standhaftigkeit, entschlug sich, aus edlem Stolz, bei ihrer Dürftigkeit aller Unterstützungen des wohltätigen Mitleids ihrer Freunde und Anverwandtschaft, die sie für schimpfliche Almosen hielt, solange sie noch in ihrer eignen Tätigkeit Mittel zu finden glaubte, durch ihrer Hände Fleiß sich zu ernähren. Sie überließ ihr großes Haus und all das köstliche Gerät darin den harten Gläubigern ihres verunglückten Mannes, bezog eine kleine Wohnung im engen Gäßchen und spann vom frühen Morgen an bis in die späte Nacht, ob ihr dieser Broterwerb gleich schwer einging und sie den Faden oft mit heißen

Tränen netzte. Dennoch erreichte sie durch diese Emsigkeit den Endzweck, von niemandem abzuhängen und keinem Menschen einige Verbindlichkeit schuldig zu sein. In der Folge lehrte sie die heranwachsende Tochter zu gleicher Beschäftigung an und lebte so genau, daß sie von ihrem Erwerb noch einen Sparpfennig zurücklegte, den sie anwendete, nebenher einen kleinen Flachshandel zu treiben.

Sie vermeinte jedoch keinesweges, in diesem dürftigen Zustande ihr Leben zu beschließen, vielmehr stärkte die wackere Frau ihren Mut mit günstigen Aussichten in die Zukunft, hoffte dereinst wieder in eine behagliche Lage zu kommen und in dem Herbst des Lebens auch noch ihren Weibersommer zu genießen. Diese Hoffnung gründete sich nicht so ganz auf leere Träume der Phantasie, sondern auf eine planmäßige und vernünftige Erwartung. Sie sah ihre Tochter wie eine Frühlingsrose aufblühen, dabei war sie tugendlich und sittsam und mit so vielen Talenten des Geistes und Herzens begabt, daß die Mutter Freude und Trost an ihr empfand und sich den Bissen aus dem Munde absparte, um nichts an einer anständigen Erziehung mangeln zu lassen. Denn sie glaubte, wenn ein Mädchen der Skizze gleichkäme, welche Salomon, der weise Frauenfreund, dem Ideal einer vollkommnen Gattin entworfen hat – so könne es nicht fehlen, daß eine so köstliche Perle zum Hausschmuck eines rechtlichen Mannes werde aufgesucht und darum gehandelt werden: Denn Schönheit und Tugend miteinander vereinbart, galten zu Mutter Brigittens Zeiten gerade soviel in den Augen der Freier als in unsern Tagen Sippschaft und Vermögen. Zudem gab es auch mehr Ehekompetenten: Man hatte damals den Glauben, die Frau sei der wesentlichste, nicht aber nach der verfeinerten ökonomischen Theorie der entbehrlichste Hausrat in der Wirtschaft. Die schöne Meta blühte zwar nur wie eine köstliche seltene Blume im Gewächshaus, nicht unter Gottes freiem Himmel; sie lebte unter mütterlicher Aufsicht und Gewahrsam höchst eingezogen und still, ließ sich auf keiner Promenade und in keiner Gesellschaft blicken; kam im ganzen Jahre kaum einmal vors Tor ihrer Vaterstadt, und das schien den Grundsätzen einer gesunden Mutterpolitik gerade entgegen. Die alte Frau E** in Memel verstund's weiland anders, schickte die reizende Sophie, wie klar zutage liegt, eigentlich nur auf Heiratsspekulation von Memel nach Sachsen und erreichte ihre Absicht vollkommen: Wie viele Herzen steckte die wandernde Nymphe in Brand, wie viele Kompetenten warben um sie! Wenn sie als ein häusliches sittsames Mädchen daheimgeblieben wär, würde sie in der Klausur ihrer jungfräulichen Zelle vielleicht abgeblüht haben, ohne sogar an dem Magister Kübbuz eine Eroberung zu machen. Andere Zeiten, andere Sitten. Töchter sind bei uns ein Kapital, das in Umlauf muß gesetzt werden, wenn's rentieren soll; ehemals wurden sie wie Spargeld unter Schloß und Riegel aufbewahrt; aber die Wechsler wußten doch, wo der Schatz verborgen lag und wie ihm beizukommen sei. Mutter Brigitta steuerte sich auf einen wohlhabenden Eidam, der sie einst wieder aus dem babylonischen Gefängnis im engen Gäßchen in das Land des Überflusses, wo Milch und Honig innen fließt, zurückführen würde, und vertraute fest darauf, die Urne des Schicksals werde das Los ihrer Tochter mit keiner Niete zusammen paaren.

Eines Tages, als Nachbar Franz zum Fenster ausschaute, um Wetterbeobachtungen anzustellen, erblickte er die reizende Meta, welche mit der Mutter aus der Kirche zurückkam, wo sie täglich Messe zu hören nicht verfehlte. In seinem Glück hatte der unstete Wüstling für das schöne Geschlecht keine Augen gehabt, die feinern Gefühle schliefen noch in seiner Brust, und alle Sinne waren, von dem unaufhörlichen Rausch des Wohllebens, gleichsam umnebelt. Jetzt hatten sich die stürmischen Wellen der Ausgelassenheit gelegt, und bei der großen Windstille wirkte das kleinste Lüftchen auf die Spiegelfläche seiner Seele. Er wurde von dem Anblick der lieblichsten weiblichen Figur, die ihm jemals vorgeschwebt hatte, bezaubert, gab von Stund an das dürre meteorologische Studium auf und stellte nun ganz andere Beobachtungen an zur Beförderung der Menschenkunde, die ihm weit unterhaltendere Beschäftigung gaben.

Er zog bei seinem Wirt bald Kundschaft von der angenehmen Nachbarschaft ein und erfuhr das größtenteils, was wir bereits wissen.

Jetzt fiel ihm der erste reuige Gedanke über seine unbesonnene Verschwendung auf, es regte sich ein geheimes Wohlwollen in seinem Herzen gegen die neue Bekanntschaft, und er wünschte nur um deswillen sein väterliches Erbgut wieder zurück, die liebenswürdige Meta damit auszusteuern. Das Quartier im engen Gäßchen war ihm jetzt so lieb, daß er's nicht mit dem Schudding[3] würde vertauscht haben. Er kam den ganzen Tag nicht mehr vom Fenster hinweg, um die Gelegenheit zu erlauern, das liebe Mädchen zu beäugen, und wenn sie sich sehen ließ, fühlte er mehr Entzücken in seiner Seele, als der Beobachter Horockes zu Liverpool empfand, da er zum erstenmal die Venus durch die Sonne wandern sah.

Zum Unglück stellte die wachsame Mutter Gegenbeobachtungen an und merkte bald, was der Lungerer gegenüber im Schilde führte, und weil er als ein Wüstling ohnehin bei ihr gar schlecht akkreditiert war, so entrüstete sie dieses tägliche Angaffen so sehr, daß sie ihr Fenster mit einer Schleierwolke verhüllte und die Vorhänge dicht zuzog. Meta erhielt strengen Befehl, sich nicht mehr am Fenster sehen zu lassen, und wenn die Mutter mit ihr in die Messe ging, hängte sie ihr ein Regentuch übers Gesichte, vermummte sie wie eine Favoritin des Großherrn und sputete sich, daß sie mit ihr um die Ecke des Gäßleins herumkam, um dem Auflaurer aus den Augen zu gehen.

Franz stand eben nicht im Rufe, daß der Scharfsinn sein vorzüglichstes Talent sei; aber die Liebe weckt alle Fähigkeiten der Seele auf. Er merkte, daß er durch sein unbescheidenes Spähen sich verraten hatte, und zog sich alsbald von seinem Fensterposten zurück, mit dem Entschluß, nicht wieder auszuschauen, wenn auch das Venerabile vorbeigetragen würde. Dagegen sann er auf eine Möglichkeit, seine Beobachtungen dennoch unbemerkt fortzusetzen, und das gelang seiner Erfindsamkeit ohne große Mühe.

Er heuerte den größten Spiegel, der aufzutreiben war, und hängte diesen in seiner Stube unter einer solchen Richtung auf, daß er durch denselben alles, was in der Wohnung seiner Nachbarinnen vorging, deutlich bemerken konnte. Da man in vielen Tagen nichts mehr von dem Lauerer wahrnahm, öffneten sich allmählich die Gardinen wieder, und der große Spiegel empfing zuweilen die Gestalt des herrlichen Mädchens und gab sie, zur großen Augenweide seines Inhabers, getreulich zurück. Je tiefer die Liebe in seinem Herzen Wurzeln schlug, desto mehr erweiterten sich seine Wünsche. Jetzt kam es darauf an, der schönen Meta seine Leidenschaft zu offenbaren und ihre gegenseitige Gesinnung zu erforschen. Der gewöhnliche und gangbarste Weg, den Verliebte unter einer solchen Konstellation ihrer Neigungen und Wünsche einzuschlagen pflegen, war ihm in seiner gegenwärtigen Lage ganz unzugänglich. In jenem sittsamen Zeitalter hielt es überhaupt schwer für verliebte Paladins, sich bei den Töchtern vom Hause zu introduzieren: Toiletten-Besuche waren noch nicht Sitte, trauliche Zusammenkünfte unter vier Augen waren mit dem Verlust des guten Rufs von seiten der weiblichen Teilhaberschaft verpönt, Promenaden, Esplanaden, Maskeraden, Picknicks, Goutés, Soupés und andere Erfindungen des neuern Witzes, die süße Minne zu begünstigen, gab es noch nicht; nur die verschwiegene Ehekammer gestattete die Konkurrenz beider Geschlechter zur Erörterung ihrer Herzensangelegenheiten. Demungeachtet gingen alle Dinge ihren Gang, so gut wie bei uns. Gevatterschaften, Hochzeitsschmäuse, Leichenmahle waren, vornehmlich in Reichsstädten, privilegierte Vehikel, Liebschaften anzuspinnen und Ehetraktate zu betreiben, darum sagt das alte Sprichwort: Es wird keine Hochzeit vollbracht, es wird eine neue erdacht. Aber einen verarmten Schlemmer begehrte niemand in seine geistliche Verwandtschaft aufzunehmen, er wurde zu keinem Hochzeitsmahl, zu keinem Leichenessen geladen. Der Schleichweg, durch die Zofe, durch die junge Magd oder einen andern dienstbaren Geist von Unterhändlerin zu vermitteln, war hier versperrt: Mutter Brigitta hatte weder Magd noch Zofe, der Flachs- und Garnhandel ging allein durch ihre Hand, und sie verließ die Tochter sowenig als ihr Schatten.

Unter diesen Umständen war's unmöglich, daß Nachbar Franz der geliebten Meta sein Herz entweder mündlich oder schriftlich entdecken konnte. Er erfand aber bald ein Sprachidiom, das für die Darstellung der Leidenschaften ausdrücklich gemacht scheint. Zwar gebührt ihm nicht die Ehre der ersten Erfindung: Lange vor ihm hatten die empfindsamen Seladons in Welschland und Spanien schmelzende Harmonien bei ihren Serenaden, der Sprache des Herzens, unter dem Balkon ihrer Donna reden lassen, und dieses melodische Pathos soll in Liebesdeklarationen des Zwecks nicht leicht verfehlen und nach dem Geständnis der Damen herzanfassender und hinreißender sein als weiland die Wohlredenheit des ehrwürdigen Vaters Chrysostomus oder die Beredsamkeit des schulgerechten Cicero und Demosthenes. Aber davon hatte der schlichte Bremer nie ein Wort gehöret, folglich war die Erfindung, seine Herzgefühle in musikalische Akkorde überzutragen und sie der geliebten Meta vorzulautenieren, ganz die seinige.

In einer empfindsamen Stunde ergriff er sein Instrument, ließ es jedoch nicht wie sonst bei dem bloßen Stimmen bewenden, sondern lockte rührende Melodien aus den harmonischen Saiten hervor, und in minder als einem Monat schuf die Liebe den musikalischen Stümper zum neuen Amphion um. Die ersten Versuche schienen eben nicht bemerkt zu werden; aber bald wurde im engen Gäßchen alles Ohr, wenn der Virtuos einen Akkord anschlug, die Mütter beschwichtigten die Kinder, die Väter wehrten den lärmenden Knaben vor den Türen, und er hatte das Vergnügen, durch den Spiegel zu bemerken, daß Meta mit ihrer alabasternen Hand zuweilen das Fenster öffnete, wenn er anfing zu präludieren. War's ihm gelungen, sie herbeizuziehen, daß sie ihm das Ohr lieh, so rauschten seine Phantasien im frohen Allegro oder hüpften in scherzenden Tanzmelodien daher; hielt sie aber der Umtrieb der Spindel oder die geschäftige Mutter ab, sich sehen zu lassen, so walzte ein schwerfälliges Andante sich über den Steg der seufzenden Laute, welches in schmachtenden Modulationen ganz das Gefühl des Kummers ausdrückte, den Liebesqual in seine Seele goß.

Meta war keine ungelehrige Schülerin und lernte bald diese ausdrucksvolle Sprache verstehen. Sie machte verschiedene Versuche zu prüfen, ob sie sich alles recht verdolmetscht hätte, und fand, daß sie nach ihrer Willkür die Virtuosenlaune des unsichtbaren Lautenschlägers regieren konnte: Denn die stillen sittsamen Mädchen haben, wie bekannt, einen ungleich schärfern Gefühlsblick als die raschen flatterhaften Mädchen, die mit schmetterlingsartigem Leichtsinn von einem Gegenstand zum andern forteilen und an keinen ihre Aufmerksamkeit heften. Sie fand ihre weibliche Eitelkeit dadurch geschmeichelt, und es behagte ihr, durch eine geheime Zaubermacht die nachbarliche Laute bald in den Ton der Freude, bald in den wimmernden Klageton stimmen zu können. Mutter Brigitta aber hatte mit dem Erwerb im Kleinen immer den Kopf so voll, daß sie nicht darauf achtete, und die schlaue Tochter hütete sich wohl, ihr die gemachte Entdeckung mitzuteilen, und dachte vielmehr darauf, eine Gelegenheit auszuspähen, diese harmonischen Apostrophen an ihr Herz aus einem gewissen Wohlwollen gegen den girrenden Nachbarn oder aus Eitelkeit, um ihren hermeneutischen Scharfsinn zu offenbaren, durch eine symbolische Gegenrede zu erwidern. Sie äußerte ein Verlangen, Blumentöpfe vor dem Fenster zu haben, und dieses unschuldige Vergnügen ihr zu gestatten, fand bei der Mutter keine Schwierigkeit, die nichts mehr von dem lauersamen Nachbar fürchtete, nachdem sie ihn nicht mehr vor Augen sah.

Nun hatte Meta einen Beruf, ihre Blumen zu warten, zu begießen, vor den Sturmwinden sie zu sichern und anzubinden, auch ihr Wachstum und Gedeihen zu beobachten. Mit unaussprechlichem Entzücken erklärte der glückliche Liebhaber diese Hieroglyphen ganz zu seinem Vorteil, und die beredte Laute ermangelte nicht, seine frohen Empfindungen in das horchsame Ohr der schönen Blumenfreundin über das enge Gäßchen hinüberzumodulieren. Das tat in dem zarten jungfräulichen Herzen Wunder. Es fing an, sie heimlich zu kränken, wenn Mutter Brigitta bei ihren weisen Tischreden, wo sie mit der Tochter zuweilen ein Stündchen zu plaudern pflegte, den musikalischen Nachbarn in die Zensur nahm, ihn einen Taugenichts und Lungerer schalt oder mit dem verlornen Sohne verglich. Sie nahm immer seine Partei, wälzte die Schuld seines Verderbens auf die leidige Verführung und legte ihm nichts zur Last, als daß er das goldne Sprüchlein nicht erwogen hätte: Junges Blut, spar dein Gut! Indessen verteidigte sie ihn mit schlauer Vorsicht, daß es schien, es sei damit mehr auf die Unterhaltung des Gesprächs abgesehen, als daß sie an der Sache selbst Anteil nähm.

Während daß Mutter Brigitta innerhalb ihrer vier Wände gegen den jungen Wildfang eiferte, hegte dieser für sie gleichwohl die besten Gesinnungen und machte die ernsthafteste Spekulation, wie er nach Vermögen ihre dürftigen Umstände verbessern und die wenige Habe, die ihm noch übrig war, mit ihr teilen möchte, so, daß es ihr doch gänzlich verborgen blieb, daß ein Teil seines Eigentums in das ihrige übergegangen sei. Eigentlich war's mit dieser milden Spende freilich nicht auf die Mutter, sondern auf die Tochter abgesehen. Unterderhand hatte er vernommen, daß der schönen Meta nach einem neuen Leibrock gelüste, welchen zu kaufen die Mutter ihr abschlug, unter dem Vorwand schwerer Zeiten. Er urteilte aber ganz recht, daß ein Geschenk oder ein Stück Zeug von unbekannter Hand wohl schwerlich dürfte angenommen werden oder die Tochter sich darein kleiden möchte und daß er alles verderben würde, wofern er sich als der Geber zu der Spende legitimieren wollte. Unversehens führte der Zufall eine Gelegenheit herbei, diesen guten Willen auf die schicklichste Art zu realisieren.

Mutter Brigitta beklagte sich gegen eine Nachbarin, der Flachs sei nicht geraten und koste mehr im Einkauf, als die Abnehmer dafür bezahlen wollten, daher sei dieser Nahrungszweig vorderhand nichts anders als ein dürrer Ast. Horcher Franz ließ sich das nicht zweimal sagen, er lief alsbald zum Goldschmied und

vermakelte die Ohrenspangen seiner Mutter, kaufte einige Strän-
ge Flachs ein und ließ sie durch eine Unterhändlerin, die er gewann, seiner Nachbarin für einen geringen Preis anbieten. Der
Handel wurde geschlossen und wucherte so reichlich, daß die
schöne Meta auf Allerheiligentag in einem neuen Leibrock prang-
te. Sie leuchtete in diesem Prunk dem spähenden Nachbarn dergestalt in die Augen, daß er an den heilgen elftausend Jungfrau-
en samt und sonders würde vorbeigegangen sein, wenn ihm
vergönnt gewesen wär, sich ein Herzgespiel darunter zu suchen,
um die reizende Meta zu wählen.

Doch eben da er sich über den guten Erfolg seiner unschuldigen List in der Seele freute, wurde das Geheimnis verraten. Mutter Brigitta wollte der Flachströdlerin, die ihr so reichlichen Erwerb eingebracht hatte, zur Vergeltung auch eine Güte
tun und bewirtete sie mit einem wohlgezuckerten Reisbrei und
einem Viertelchen spanischem Sekt. Diese Näscherei setzte nicht
nur den zahnlosen Mund, sondern auch die geschwätzige Zunge der Alten in Bewegung, sie verhieß den Flachshandel fortzusetzen, wenn ihr Kommittent sich ferner geneigt dazu finden
ließe, wie sie aus guten Gründen vermute. Ein Wort gab's andere. Mutter Evas Töchter forschten mit der ihrem Geschlechte eigenen Neugier so lange nach, bis sie das morsche Siegel
der weiblichen Verschwiegenheit auflösten. Meta erbleichte vor
Schrecken über diese Entdeckung, die sie würde entzückt haben, wenn nicht die Mutter Teilhaberin derselben gewesen wäre. Aber sie kannte ihre strengen Begriffe von Sittlichkeit und
Anstand, und die machten ihr für den Verlust des neuen Leibrocks
bange. Die ernste Frau geriet nicht minder in Bestürzung über
diese Novelle und wünschte ihrerseits gleichfalls, daß sie allein
Notiz von der eigentlichen Beschaffenheit ihres Flachshandels
möchte erhalten haben, denn sie fürchtete, die nachbarliche
Großmut möchte auf das Herz der Tochter einen Eindruck machen, der ihren ganzen Plan verrückte. Daher beschloß sie, den
noch zarten Keim des Unkrautes auf frischer Tat aus dem jungfräulichen Herzen zu vertilgen. Der Leibrock wurde, aller Bit-

ten und Tränen der lieblichen Besitzerin ungeachtet, vorerst in Beschlag genommen und des folgenden Tages auf den Trödelmarkt geschickt, das daraus gelöste Geld mit dem übrigen aufs gewissenhafteste berechneten Gewinn von dem Flachshandel zusammengepackt und als eine alte Schuld unter der Aufschrift: an Herrn Franz Melcherson, seßhaft in Bremen, durch Beihilfe des Hamburger Boten zurückspediert. Der Empfänger nahm auf guten Glauben das Päckchen Geld als einen unvermuteten Segen an, wünschte, daß alle Schuldner seines Vaters in Abzahlung der alten Reste so gewissenhaft sein möchten als dieser biedere Unbekannte, und ahnte nichts von dem wahren Zusammenhang der Sache; die schwatzhafte Maklerin hütete sich auch wohl, von ihrer Plauderei ihm Confidence zu machen, sie begnügte sich nur, ihm zu sagen, Mutter Brigitta habe den Flachshandel aufgegeben.

Unterdessen belehrte ihn der Spiegel, daß gegenüber die Aspekte in einer Nacht sich gar sehr verändert hatten. Die Blumentöpfe waren insgesamt verschwunden, und die Schleierwolken bedeckten wieder den freundlichen Horizont der gegenseitigen Fenster. Meta war selten sichtbar, und wenn sie ja einmal auf einen Augenblick zum Vorschein kam, wie der Silbermond in einer stürmischen Nacht aus dem Gewölke, so erschien sie mit gar trübseligem Gesicht, das Feuer ihrer Augen war verloschen, und ihm bedünkte, sie zerdrücke zuweilen ein perlendes Tränlein mit dem Finger. Das griff ihm gewaltsam ans Herz, und die Laute hallte schwermutsvolle Mitempfindung in weichen lydischen Tönen. Er quälte sich und sann, die Ursache des Trübsinns seiner Liebschaft zu erforschen, ohne mit seinem Dichten und Denken etwas zu enden. Nach Verlauf einiger Tage bemerkte er mit großer Bestürzung, daß sein liebster Hausrat, der große Spiegel, ihm völlig unbrauchbar sei. Er lagerte sich an einem heitern Morgen in den gewöhnlichen Hinterhalt und wurde gewahr, daß die Wolken gegenüber alle wie nächtliche Nebel verschwunden waren, welches er anfangs einer großen Wäsche zuschrieb; aber bald sah er, daß inwendig im Zimmer alles öd und ledig war: Die angenehme Nachbarschaft war abends zuvor in aller Stille dekampieret und hatte das Quartier verändert.

Nun konnte er mit aller Muße und Bequemlichkeit wieder der freien Aussicht genießen, ohne zu befürchten, irgend jemandem durch sein Ausschauen lästig zu fallen; allein für ihn war's ein peinlicher Verlust, des wonnigen Anblicks seiner platonischen Liebschaft entbehren zu müssen. Stumm und fühllos stand er da wie ehemals sein Kunstgenosse, der harmonische Orpheus, als der geliebte Schatten seiner Eurydike wieder zum Orkus hinabschwand, und wenn zu seiner Zeit das Tollhäuslergefühl unserer Kraftmänner, die im abgewichenen Jahrzehnt tosten, nun aber, wie die Hummeln beim ersten Froste, verschwunden sind, zur Existenz wär gediehen gewesen – so würde diese Windstille in einen plötzlichen Orkan übergegangen sein. Das wenigste, was er hätte tun können, wäre gewesen, sich die Haare auszuraufen, auf der Erde sich herumzuwälzen oder den Kopf gegen die Wand zu rennen, den Ofen und die Fenster einzuschlagen und seiner als ein Unsinniger zu gebärden. Alles das unterblieb, aus dem ganz einleuchtenden Grund, weil wahre Liebe nie Toren macht, sondern das Universale ist, kranke Gemüter von Torheit zu heilen, der Ausschweifung sanfte Fesseln anzulegen und jugendliche Unbesonnenheit von dem Weg des Verderbens auf die Bahn der Vernunft zu leiten: Denn der Wüstling, welchen die Liebe nicht wieder zurechtbringt, ist unwiederbringlich verloren.

Sobald sich sein Geist wieder gesammelt hatte, stellte er über das unerwartete Phänomen am nachbarlichen Horizont mancherlei lehrreiche Betrachtungen an. Er vermutete allerdings, daß er der Hebel gewesen sein möchte, der die Bewegung im engen Gäßchen veranlaßt und die Auswanderung der weiblichen Kolonie bewirkt habe; der Geldempfang, der eingestellte Flachshandel und die darauf erfolgte Emigration dienten einander zu wechselseitigen Exponenten, ihm alles aufzuklären. Er merkte, daß Mutter Brigitta hinter seine Geheimnisse gekommen sei, und sah aus allen Umständen, daß er nicht ihr Held war, und diese Entdeckung munterte eben seine Hoffnung nicht sehr auf. Die

77

symbolische Rücksprache der schönen Meta hingegen, welche sie, mittels der Blumentöpfe, auf seine harmonischen Liebesanträge mit ihm genommen hatte, ihr Trübsinn und die Zähre, die er kurz vor der Auswanderung aus dem engen Gäßchen in ihren schönen Augen bemerkt hatte, belebten seine Hoffnung wieder und erhielten ihn bei gutem Mute. Sein erstes Geschäfte war, auf Kundschaft auszugehen und in Erfahrung zu bringen, wo Mutter Brigitta ihre Residenz hinverlegt habe, um das geheime Einverständnis mit der zärtlichen Tochter auf irgendeine Weise zu unterhalten. Es kostete ihn wenig Mühe, ihren Aufenthalt zu erfahren, gleichwohl war er zu bescheiden, ihr mit wesentlicher Wohnung zu folgen, und begnügte sich nur, die Kirche auszuspähen, wo sie nun Messe hörten, um sich das Vergnügen des Anblicks seiner Geliebten täglich einmal zu verschaffen. Er verfehlte nie, ihr auf dem Heimwege zu begegnen, bald da, bald dort in einem Laden oder in einer Haustür, wo sie vorübergehen mußte, ihr aufzupassen und sie freundlich zu grüßen, welches so viel galt als ein Billett doux und auch die nämliche Wirkung tat.

Wär Meta nicht allzu klostermäßig erzogen und von der strengen Mutter wie ein Schatz von den Augen eines Geizigen bewacht worden, so hätte Nachbar Franz mit seiner verborgenen Werbung auf ihr Herz ohne Zweifel wenig Eindruck gemacht. Aber sie war in dem kritischen Alter, da Mutter Natur und Mutter Brigitta, mit ihrer guten Lehr und Unterricht, immer in Kollision kamen. Jene lehrte sie durch geheimen Instinkt Empfindungen kennen und pries ihr solche als die Panazee des Lebens an, für die sie keinen Namen hatte; diese warnte sie vor den Überraschungen einer Leidenschaft, die sie nicht mit dem wahren Namen benennen wollte, die aber, ihrer Sage nach, für junge Mädchen schädlicher und verderblicher sein sollte als Blattergift. Jene belebte im blühenden Lenz des Lebens, nach Beschaffenheit der Jahreszeit, ihr Herz mit wohltätiger Wärme; diese wollte, daß es immer so frostig und kalt als ein Eiskeller bleiben sollte. Dieses ganz entgegengesetzte pädagogische System zweier guten Mütter gab dem lenksamen Herzen der Tochter die Richtung eines

Schiffs, das gegen den Wind gesteuert wird und weder dem Winde noch dem Ruder folgt, sondern ganz natürlich eine dritte Direktion nimmt. Sie behielt die Sittsamkeit und Tugend bei, die ihr durch die Erziehung von Jugend an war eingeprägt worden, und ihr Herz war aller zärtlichen Empfindungen empfänglich. Weil nun Nachbar Franz der erste Jüngling war, der diese schlafenden Gefühle aufgeweckt hatte – so empfand sie ein gewisses Behagen an ihm, das sie sich kaum selbst gestand, das aber jedes minder unerfahrne Mädchen würde für Liebe erklärt haben. Darum ging ihr der Abschied aus dem engen Gäßchen so nahe, darum zitterte ein Tränlein von ihren schönen Augen, darum dankte sie dem lauersamen Franz so freundlich, wenn er sie auf dem Kirchweg grüßte, und wurde rot dabei bis an die Ohren. Beide Liebende hatten zwar nie ein Wort miteinander gesprochen; aber er verstand sie, sie verstand ihn so vollkommen, daß sie unter vier Augen sich gegeneinander nicht deutlicher würden haben erklären können, und beide Kontrahenten schwuren, jeder Teil für sich im Herzen, unter dem Siegel der Verschwiegenheit, dem andern den Bund der Treue.

In dem Viertel, wo Mutter Brigitta eingemietet hatte, gab's auch Nachbarschaften und unter diesen auch Mädchenspäher, denen die Wohlgestalt der reizenden Meta nicht verborgen bleiben konnte. Gerade ihrer Behausung gegenüber wohnte ein wohlhabender Brauherr, den die Scherztreiber, weil er sehr bei Mitteln war, nur den Hopfenkönig nannten. Er war ein junger flinker Witwer, dessen Trauerjahr eben zu Ende lief und der nun, ohne die Gesetze des Anstandes zu übertreten, berechtiget war, sich nach einer anderweiten Gehilfin der Wirtschaft umzusehen. Er hatte gleich nach dem Hinscheiden der selgen Frau mit seinem Schutzpatron, dem heilgen Christoph, in aller Stille den Kontrakt gemacht, ihm eine Wachskerze zu opfern, so lang als eine Hopfenstange und so dick als ein Schürbaum, wenn er es ihm mit der zweiten Wahl, nach dem Wunsch seines Herzens, würde gelingen lassen. Kaum hatte er die schlanke Meta erblickt, so träumte ihm, der heilige Christoph sähe im zweiten Geschoß des

Hauses zum Fenster des Schlafgemachs herein und mahne seine Schuld ein. Das dünkte dem raschen Witwer ein himmlischer Aufruf zu sein, unverzüglich das Netz auszuwerfen. Am frühen Morgen berief er die Makler der Stadt und gab ihnen Kommission auf gebleicht Wachs, drauf putzte er sich heraus wie ein Ratsherr, sein Heiratsgewerbe zu betreiben. Er hatte keine musikalischen Talente, und in der geheimen Symbolik der Liebe war er ein roher Idiot; aber er hatte ein reiches Brauerbe, ein bares Kapital auf der Stadtkämmerei, ein Schiff auf der Weser und einen Meierhof vor der Stadt. Unter diesen Empfehlungen hätte er auch wohl ohne Beistand des heiligen Christophels auf einen

erwünschten Erfolg seiner Werbung rechnen können, besonders bei einer Braut ohne Heiratsgut.

Er ging, dem alten Herkommen gemäß, gerade vor die rechte Schmiede und entdeckte der Mutter freundnachbarlich seine christliche Absicht auf ihre tugendliche und ehrsame Tochter. Keine Engelerscheinung hätte die gute Frau mehr entzücken können als diese frohe Botschaft. Sie sah jetzt die Frucht ihres klugen Plans und die Erfüllung ihrer Hoffnung reifen, aus der bisherigen Dürftigkeit zu ihrem ersten Wohlstand zurückzukehren; segnete den guten Gedanken, aus dem Winkelgäßchen weggezogen zu sein, und in der ersten Aufwallung der Freude, da sich tausend heitere Ideen in ihrer Seele aneinanderreihten, dachte sie auch an den Nachbar Franz, der die Veranlassung dazu gegeben hatte. Ohngeachtet er eben nicht ihr Schoßjünger war, gelobte sie ihm doch, als dem zufälligen Werkzeug ihres aufgehenden Glückssterns, eine heimliche Freude mit irgendeiner Spende zu machen und dadurch zugleich Abtrag für den wohlgemeinten Flachshandel zu leisten.

In dem mütterlichen Herzen waren die Heiratspräliminarien so gut als unterzeichnet, doch erlaubte der Anstand nicht, in einer so wichtigen Sache zu rasch zu Werke zu gehen, daher nahm sie den Antrag ad referendum, um nebst ihrer Tochter die Sache mit Gebet zu überlegen, und bestimmte eine achttägige Frist, nach deren Verlauf sie den ehrsamen Brautwerber, wie sie sagte, mit genüglicher Antwort zufriedenzustellen verhoffte, welches er sich, als die gewöhnliche Prozedur, gar gern gefallen ließ und sich empfahl. Kaum hatte er den Rücken gewendet, so wurden Spindel und Weife, Schwingstock und Hechel, ohne Rücksicht auf ihre treugeleisteten Dienste und so unverschuldet als zuweilen die Pariser Parlamentsherren, ins Elend verwiesen und als unnütze Gerätschaften in die Rumpelkammer gestellt. Wie Meta aus der Messe zurückkam, erstaunte sie über die plötzliche Katastrophe in dem Wohnzimmer, es war alles aufgeputzt wie an einem von den drei hohen Festen im Jahr. Sie begriff nicht, wie die emsige Mutter an einem Werkeltage ihre tätige

Hand so lässig in den Schoß legen konnte; doch ehe sie noch Zeit gewann, über diese Reform im Hause die freundlich-lächelnde Mutter zu befragen, kam ihr diese schon mit Aufklärung des Rätsels entgegen. Die Suada saß auf ihren Lippen, und es ergoß sich ein Strom von weiblicher Wohlredenheit aus ihrem Munde, das bevorstehende Glück mit den lebhaftesten Farben abzuschildern, die ihre Einbildungskraft nur immer auftreiben konnte. Sie erwartete von der keuschen Meta das sanfte Erröten der jungfräulichen Verschämtheit, welches das Noviziat in der Liebe ankündigt, und dann eine völlige Resignation in den mütterlichen Willen. Denn bei Heiratspropositionen waren ehedem die Töchter in dem Fall unserer Fürstentöchter, sie wurden nicht um ihre Neigung befragt und hatten keine Stimme bei der Wahl ihres legalen Herzgespiels als das Jawort vor dem Altar.

Allein Mutter Brigitta irrte sich in diesem Punkte gar sehr: Die schöne Meta wurde bei dieser unvermuteten Notifikation nicht rot wie eine Rose, sondern totenblaß wie eine Leiche. Ein hysterischer Schwindel umnebelte ihre Sinne, und sie sank ohnmächtig in den mütterlichen Arm. Nachdem ihre Lebensgeister mit kaltem Wasser wieder waren aufgefrischt worden und sie sich in etwa erholt hatte, flossen ihre Augen von Tränen, als wenn ihr groß Unglück begegnet wäre. Daraus merkte die verständige Mutter bald ab, daß ihr das Heiratsgewerbe nicht zu Sinne sei, worüber sie sich denn höchlich verwunderte und weder Bitten noch Ermahnungen sparte, die Gelegenheit, durch eine gute Heirat ihr Glück zu machen, nicht aus Eigensinn und Widerspenstigkeit zu verscherzen. Aber Meta war nicht zu überreden, daß ihr Glück von einer Heirat abhinge, wozu ihr Herz nicht seinen Assent gäbe. Die Debatten zwischen Mutter und Tochter dauerten verschiedene Tage, vom frühen Morgen bis in die späte Nacht, der Termin zum Bescheid rückte heran, die gigantische Wachskerze für den heilgen Christoph, deren sich der König Og von Basan nicht würde geschämt haben, wenn sie als hochzeitliche Fackel bei seinem Beilager ihm vorgeleuchtet hätte, war auch bereits fertig und gar herrlich mit lebendigen Blumen bemalt wie ein buntes Licht, ob der Heilige sich gleich so untätig für seinen Klienten die ganze Zeit über bewiesen hatte, daß diesem das Herz der schönen Meta verriegelt und verschlössert blieb.

Indessen hatte sie sich die Augen ausgeweint, und die mütterliche Überredungskunst hatte so gewaltsam gewirkt, daß sie, wie eine Blume von schwüler Sonnenhitze, zusammenwelkte und sichtbarlich abzehrte. Geheimer Kummer nagte an ihrem Herzen, sie hatte sich ein strenges Fasten auferlegt und seit drei Tagen keinen Mundbissen genossen, auch mit keinem Tropfen Wasser ihre trocknen Lippen benetzt. Des Nachts kam ihr kein Schlaf in die Augen, und darüber wurde sie zum Sterben krank, daß sie die Letzte Ölung begehrte. Da die zärtliche Mutter die Stütze ihrer Hoffnung wanken sah und bedachte, daß sie Kapital und Zinsen auf einmal verlieren könnte, fand sie nach genauer Überlegung, daß es ratsamer sei, die letztern schwinden zu lassen, als beide zu entbehren, und bequemte sich nach der Tochter Willen mit freundlicher Nachgiebigkeit. Es kostete sie zwar große Überwindung und manchen schweren Kampf, eine so vorteilhafte Partie von der Hand zu weisen; doch gab sie sich endlich, wie es die Ordnung des Hausregiments mit sich bringt, ganz in den Willen ihres lieben Kindes und machte der Kranken deshalb weiter keine Vorwürfe. Da auf den bestimmten Tag der flinke Witwer sich anmeldete, in dem guten Vertrauen, daß sein himmlischer Geschäftsträger alles nach Wunsch zur Richtigkeit würde gebracht haben, erhielt er ganz gegen seine Erwartung abschlägige Antwort, die jedoch mit so vielem Glimpf versüßt war, daß sie ihm einging wie Wermutwein mit Zucker. Er fand sich indessen leicht in sein Schicksal und beunruhigte sich so wenig darüber, als wenn sich ein Malzhandel zerschlagen hatte. Im Grunde war auch keine Ursache vorhanden, warum er sich hätte kränken sollen: Seine Vaterstadt hat nie Mangel gehabt an liebenswürdigen Töchtern, die der Salomonschen Skizze gleichen und sich zu vollkommnen Gattinnen qualifizieren; überdies verließ er sich, ungeachtet der mißlungenen Ehewerbung, mit festem Vertrauen auf seinen Schutzpatron, der ihn auch anderweit so gut bediente, daß er, ehe ein Monat verlief, mit großem Pomp die gelobte Kerze vor den Altar des Heiligen pflanzte.

Mutter Brigitta bequemte sich nun, die exilierte Spinngerät-schaft aus der Rumpelkammer zurückzuberufen und wieder in Aktivität zu setzen. Alles ging wieder seinen gewöhnlichen Gang. Meta blühte bald von neuem auf, war tätig zur Arbeit und ging fleißig in die Messe, die Mutter hingegen konnte den heimlichen Gram über fehlgeschlagne Hoffnung und die Vernichtung ihres Lieblingsplans nicht verbergen, sie war mürrisch, mißmutig und kleinlaut. Besonders quälte sie an dem Tage üble Laune, da der Nachbar Hopfenkönig Hochzeit hielt. Als der Brautzug in die Kirche begann, und voraus von den Stadtpfeifern trompetet und schalmeiet wurde, wimmerte und seufzete sie wie in der Un-glücksstunde, da ihr die Hiobspost gebracht wurde, die wütige See habe ihren Mann mit Schiff und Gut verschlungen. Meta sah das Brautgepränge mit großer Gleichmütigkeit vorüberziehen, selbst der herrliche Schmuck, die Edelgesteine in der Myrten-krone und die neun Reihen Zahlperlen um den Hals der Braut machten auf ihre Gemütsruhe keinen Eindruck, welches zu ver-wundern war, da eine neue Pariser Haube oder sonst ein Mete-or des modischen Flitterputzes doch so oft die Zufriedenheit und häusliche Glückseligkeit eines ganzen Kirchspiels stört. Nur der herznagende Kummer ihrer Mutter beunruhigte sie und umne-belte den heitern Blick ihrer Augen. Sie war bemüht, durch tau-send Liebkosungen und kleine Aufmerksamkeiten sich ihr an-zuschmeicheln; es gelang ihr damit nur insoweit, daß die gute Mutter doch wieder etwas gesprächig wurde.

Auf den Abend, als der Brautreihen anhub, sprach sie: „Ach, Kind! Diesen frohen Reihen könntest du jetzt anführen. Welche Wonne, wenn du die Mühe und Sorgen deiner Mutter mit dieser Freude belohnt hättest! Aber du hast dein Glück verschmäht, und nun erleb ich's nimmer, dich zum Altar zu geleiten."

„Liebe Mutter", sprach Meta, „ich vertrau dem Himmel, wenn's droben angeschrieben steht, daß ich zum Altar geführt werden soll, so werdet Ihr mich mit dem Kranz wohl schmücken:

Denn wenn der rechte Freier kommt, wird mein Herz bald ja sagen." – „Kind, um Mädchen ohne Heiratsgut ist kein Drang, müssen nehmen, wer sie nehmen will. Die jungen Gesellen sind heutzutage gar kehrisch, freien, um glücklich zu werden, aber nicht, um glücklich zu machen. Zudem weissagt dir dein Planet nicht viel Gutes, du bist im April geboren. Laß sehen, wie steht im Kalender geschrieben? Ein Mägdlein, in diesem Monat geboren, ist holdseligen freundlichen Angesichts und schlanken Leibes, aber veränderlichen Gemüts, hat Belieben zum Mannsvolk. Mag ihr Ehrkränzlein wohl in acht nehmen, und so ein lachender Freier kommt, mag sie ihr Glück nicht verpassen. Das trifft zu aufs Haar! Der Freier ist dagewesen und kommt nicht wieder: Du hast ihn verpaßt." – „Ach, Mutter, was der Planet sagt, laßt Euch nicht kümmern, mein Herz sagt mir, daß ich den Mann, der mich zum ehelichen Gemahl begehrt, ehren und lieben soll, und wenn ich den nicht finde oder der mich nicht sucht, will ich mich nähren von meiner Hände Arbeit bei heiterm Mute, Euch beistehn und Euer pflegen dereinst im Alter, als einer frommen Tochter ziemt. Kommt aber der Mann meines Herzens, so segnet meine Wahl, auf daß es Eurer Tochter wohlgehe auf Erden, und fraget nicht, ob er sei vornehm, reich oder geehrt, sondern ob er sei gut und bieder, ob er liebe und geliebt werde." – „Ach, Tochter, die Liebe hat gar eine dürftige Küche und nährt nur kümmerlich bei Salz und Brot." – „Aber doch wohnt Eintracht und Zufriedenheit gern bei ihr und würzt Salz und Brot mit fröhlichem Genuß des Lebens."

Die reichhaltige Materie von Salz und Brot wurde bis in die späte Nacht erörtert, solange sich noch eine Geige auf dem Hochzeitsgelag hören ließ, und die große Begnügsamkeit der bescheidenen Meta, die bei Schönheit und Jugend, doch nur auf ein ganz eingeschränktes Glück Anspruch zu machen schien, nachdem sie eine sehr vorteilhafte Partie ausgeschlagen hatte, brachte die Mutter auf die Vermutung, daß sich der Plan zu einem solchen Salzhandel in ihrem jungfräulichen Herzen wohl schon möchte angesponnen haben. Sie erriet auch leicht den Handelskompagnon im engen Gäßchen, von dem sie nie geglaubt hatte, daß er der Baum sein würde, der in dem Herzen der liebenswürdigen Meta wurzeln würde. Sie hatte ihn nur als eine wilde Ranke betrachtet, die sich nach jedem nahgelegnen Stäudchen hinbreitet, um sich daran hinaufzustangeln. Diese Entdeckung machte ihr wenig Freude, sie ließ sich gleichwohl nicht merken, daß sie solche gemacht habe. Nach ihrer strengen Moral aber verglich sie ein Mädchen, das vor der priesterlichen Einsegnung Liebe im Herzen hatte einnisten lassen, einem wurmstichigen Apfel, der nur fürs Auge tauge, nicht aber für den Genuß, und den man irgendwo auf einen Schrank stelle, ohne seiner weiter zu achten: Denn der schädliche Wurm zehre am innern Mark und sei nicht herauszubringen. Sie verzagte nun ganz daran, in ihrer Vaterstadt jemals wieder emporzukommen, ergab sich in ihr Geschick und ertrug schweigend, was sie meinte, das nicht mehr zu ändern stehe.

Unterdessen lief das Gerücht in der Stadt um, die stolze Meta habe dem reichen Hopfenkönig den Korb gegeben, und erscholl auch bis ins enge Gäßchen. Franz war außer sich vor Freude, als er diese Sage bestätigen hörte, und die geheime Sorge, daß ein bemittelter Nebenbuhler ihn aus dem Herzen des lieben Mädchens verdrängen möchte, quälte ihn nicht mehr. Er war nun seiner Sache gewiß und wußte sich das Rätsel, welches der ganzen Stadt ein unauflösliches Problem blieb, ganz leicht zu erklären. Die Liebe hatte zwar aus dem Wüstling einen Virtuosen gebildet: Doch dieses Talent war für einen Brautwerber damals gerade die kleinste Empfehlung, welches in jenen rohen Zeiten weder so geehrt noch genährt wurde wie in unserm üppigen Jahrhundert. Die schönen Künste waren noch nicht Kinder des Überflusses, sondern des Mangels und der Dürftigkeit. Man wußte von keinen reisenden Virtuosen als den Prager Studenten, deren gellende Symphonien vor den Türen der Reichen um einen Zehrpfennig baten; die Aufopferung des lieben Mädchens war auch zu groß, um sie mit einer Serenade zu vergelten. Jetzt wurde ihm das Gefühl seiner jugendlichen Unbesonnenheit ein Stachel in der Seele. Manch herziges Monodrama fing er mit einem O und Ach an, das seinen Unsinn beseufzete: „Ach, Meta", sprach er zu sich selbst, „warum hab ich dich nicht früher gekannt? Du wärst mein Schutzengel gewesen und hättest mich vom Verderben errettet. Könnt ich meine verlornen Jahre wieder zurückleben und sein, der ich war, so wär mir jetzt die Welt Elysium, und dir wollt ich sie zu einem Eden machen! Edles Mädchen, du opferst dich einem Elenden, einem Bettler auf, der nichts im Besitz hat als ein Herz voll Liebe und Verzweiflung, daß er dir kein Glück, wie du es verdienst, anbieten kann." Unzählige Male schlug er sich bei den Anwandlungen solcher empfindsamen Launen voll Unmut vor die Stirn, mit dem reuvollen Ausruf: „O Unbesonnener! Tor! Zu spät wirst du klug."

Die Liebe ließ indessen ihre Schöpfung nicht unvollendet, sie hatte bereits in seinem Gemüt eine heilsame Gärung hervorgebracht, das Verlangen nämlich, Tätigkeit und Kräfte anzuwenden, sich aus seinem gegenwärtigen Nichts hervorzustreben: Sie reizte ihn nun zum Versuch, diesen guten Willen auszuführen. Unter mancherlei Spekulationen, die er gemacht hatte, seinen zerrütteten Finanzen aufzuhelfen, war die vernünftigste, welche einen guten Erfolg zu verheißen schien, diese, daß er die Handelsbücher seines Vaters durchging und die Fälligkeiten, die als Verlust eingetragen waren, notierte, in der Absicht, das Land zu durchziehen und eine Ährenlese anzustellen, um zu versuchen, ob aus diesen verlornen Halmen sich noch ein Maß Weizen sammeln ließ. Diesen Ertrag wollte er anlegen, einen kleinen Handel zu beginnen, welchen seine Einbildungskraft bald in alle Teile der Welt ausbreitete. Es dünkte ihn, er sähe schon Schiffe in der See, die mit seinem Eigentum befrachtet waren. Er ging rasch dran, sein Vorhaben auszuführen, machte das letzte goldne Nestei aus der Erbschaft, das Stundenei[4] seines Vaters, zu Geld und kaufte dafür einen Reitklepper, der ihn, als einen Bremer Kaufmann, in die weite Welt tragen sollte.

Nur die Trennung von der schönen Meta ging ihm schwer ein. „Was wird sie", sprach er zu sich, „von dieser plötzlichen Verschwindung denken, wenn ich ihr nicht mehr auf dem Kirchweg begegne? Wird sie mich nicht für treulos halten und aus ihrem Herzen verbannen?" Dieser Gedanke beunruhigte ihn außerordentlich, und er wußte lange keinen Rat, wie er sie von seinem Vorhaben verständigen sollte. Aber die erfindungsreiche Liebe gab ihm den glücklichen Einfall ein, von öffentlicher Kanzel seine Abwesenheit und deren Absicht ihr kundmachen zu lassen. Er erkaufte deswegen in der Kirche, welche bisher das geheime Verständnis der Liebenden begünstigt hatte, eine Fürbitte für einen jungen Reisenden zu glücklicher Ausrichtung seiner Geschäfte, diese sollte so lange dauern, bis er den Groschen für die Danksagung erlegen würde.

Bei der letzten Begegnung hatte er sich reisefertig gekleidet und strich ganz nahe an seinem Liebchen vorbei, grüßte sie bedeutsam und mit mindrer Vorsicht als sonst, daß sie darüber errötete und Mutter Brigitta zu mancherlei Randglossen Gelegenheit bekam, ihr Mißfallen über die Zudringlichkeit des unbesonnenen Laffen, der ihre Tochter noch ins Gerede bringen würde, zu erkennen zu geben und letztere damit den lieben langen Tag, eben nicht auf die angenehmste Weise, zu unterhalten. Von der Zeit an wurde Franz in Bremen nicht mehr gesehen und von dem schönsten Augenpaar seiner Vaterstadt vergeblich gesucht. Oft hörte Meta die Fürbitte verlesen, aber sie achtete nicht darauf, denn sie war äußerst bekümmert, daß sich ihr Geliebter verunsichtbart hatte. Diese Verschwindung war ihr unerklärbar, und sie wußte nicht, was sie davon denken sollte. Nach Verlauf einiger Monate, da die Zeit ihren geheimen Unmut etwas gemildert hatte und ihr Gemüte ruhiger seine Abwesenheit ertrug, fiel ihr erstmals, als ihr eben die letzte Erscheinung ihres Herzgespiels vorschwebte, die Fürbitte sonderbar auf. Sie reimte und erriet den Zusammenhang der Sache und die Absicht dieser Notifikation. Ob nun gleich kirchliche Bitte, Gebet und Fürbitte eben nicht im Geruch großer Wirksamkeit stehen und für die andächtigen Seelen, die sich darauf steuern, nur ein schwacher Stab sind, indem das Feuer der Andacht in der christlichen Gemeinde beim Schluß der Predigt zu verlöschen pflegt: So fachte bei der frommen Meta das Verlesen der Fürbitten solches erst recht an, und sie unterließ nie, den jungen Reisenden seinem Schutzengel bestens zu empfehlen.

Unter dieser unsichtbaren Geleitschaft und den guten Wünschen seiner Geliebten setzte Franz die Reise nach Brabant fort, um in Antwerpen einige beträchtliche Summen einzumahnen. Eine Reise von Bremen nach Antwerpen war zu der Zeit, da es noch Wegelagerungen gab und jeder Grundherr einen Reisenden, der keinen Geleitbrief gelöst hatte, zu plündern und im Verlies seines Raubschlosses verschmachten zu lassen sich berechtiget hielt, mit mehr Gefahren und Schwierigkeiten verknüpft als jetziger Zeit von Bremen bis nach Kamschatka: Denn der Landfriede, den Kaiser Maximilian hatte ausrufen lassen, galt durchs Reich zwar als Gesetz, an vielen Orten aber noch nicht als Regel. Demungeachtet gelang es dem einsamen Ritter, das Ziel seiner Wallfahrt zu erreichen, ohne daß ihm mehr als ein einziges Abenteuer aufstieß.

Tief in dem öden Westfalen ritt er an einem schwülen Tag bis in die sinkende Nacht, ohne eine Herberge zu erreichen. Es türmten sich gegen Abend Gewitterwolken auf, und ein heftiger Platzregen durchnäßte ihn bis auf die Haut. Das fiel dem Zartling, der von Jugend an aller ersinnlichen Bequemlichkeiten gewohnt war, sehr beschwerlich, und er befand sich in großer Verlegenheit, wie er die Nacht in diesem Zustand hinbringen sollte. Zum Trost erblickte er, nachdem das Ungewitter vorübergezogen war, ein Licht in der Ferne, und bald darauf langte er vor einer dürftigen Bauernhütte an, die ihm wenig Trost gewährte. Das Haus glich mehr einem Viehstall als einer Menschenwohnung, und der unfreundliche Wirt versagte ihm Wasser und Feuer wie einem Geächteten, denn er war eben im Begriff, neben seine Stiere sich auf die Streu zu wälzen, und zu träge, um des Fremdlings willen das Feuer auf dem Herd wieder anzufachen. Franz intonierte aus Unmut ein klägliches Miserere und verwünschte die westfälischen Steppen mit emphatischen Flüchen. Der Bauer ließ sich das wenig anfechten, blies mit großer Gelassenheit das Licht aus, ohne von dem Fremdling weiter Notiz zu nehmen, denn er war der Gesetze des Gastrechts ganz unkundig. Weil aber der Wandersmann vor der Tür nicht aufhörte, ihm mit seinen Lamentos Überlast zu machen, die ihn nicht einschlafen ließen, suchte er mit guter Art, seiner los zu werden, bequemte sich zum Reden und sprach: „Landsmann, so Ihr Euch wollt gütlich tun und Euer wohl pflegen, so findet Ihr hier nicht, was Ihr sucht. Aber reitet dort, linker Hand, durch den Busch, dahinter liegt die Burg des ehrenfesten Ritters Eberhard Bronkhorst, der herbergt jeden Landfahrer wie ein Hospitalier die Pilger vom Heilgen Grabe. Nur hat er einen Tollwurm im Kopf, der ihn bisweilen zwickt und plagt, daß er keinen Wandersmann ungerauft von sich läßt.

So Euchs's nicht irret, ob er Euch das Wams bleuet, wird's Euch bei ihm baß behagen."

Für eine Suppe und einen Schoppen Wein die Rippen einer Bastonade preiszugeben, ist freilich nicht jedermanns Ding, obwohl die Schmarotzer und Tellerlecker sich rupfen und zausen lassen und alle Kalamitäten der Übermütler willig dulden, wenn ihnen der Gaumen dafür gekitzelt wird. Franz bedachte sich eine Weile und war unschlüssig, was er tun sollte, endlich entschloß er sich dennoch, das Abenteuer zu bestehen. „Was liegt daran", sprach er, „ob mir hier auf einer elenden Streu der Rücken geradebrecht wird oder vom Ritter Bronkhorst? Die Abreibung vertreibt wohl gar das Fieber, das im Anzug ist und mich wacker schütteln wird, wofern ich die nassen Kleider nicht trocknen kann." Er gab dem Gaul die Sporen und langte bald vor der Pforte eines Schlosses von altgotischer Bauart an, klopfte ziemlich deutlich an das eiserne Tor, und ein ebenso vernehmliches „Wer da?" hallte ihm von innen entgegen. Dem frostigen Passagier kam das lästige Passagezeremoniell der Torwächterinquisition so ungelegen als unsern Reisenden, die mit Recht über Wächter- und Mautamtsdespotismus bei Toren und Schlagbäumen seufzen und fluchen. Gleichwohl mußte er sich dem Herkommen unterwerfen und duldsam abwarten, ob der Menschenfreund im Schlosse bei Laune sei, einen Gast zu prügeln, oder geruhen würde, ihm ein Nachtlager unter freiem Himmel anzuweisen.

Der Eigentümer der alten Burg hatte von Jugend an, als ein rüstiger Kriegsmann im Heere des Kaisers, unter dem wackern Georg von Fronsberg gedient und ein Fähnlein Fußvolk gegen die Venediger angeführt, sich nachher in Ruhe gesetzt und lebte auf seinen Gütern, wo er, die Sünden der ehemaligen Feldzüge abzubüßen, viele gute Werke verrichtete, die Hungrigen speiste, die Durstigen tränkte, die Pilger herbergte und die Beherbergten wieder aus dem Hause prügelte. Denn er war ein roher wüster Kriegsmann, der des martialischen Tons sich nicht wieder entwöhnen konnte, ob er gleich seit vielen Jahren in stillem Frieden lebte. Der neue Ankömmling, der bereitwillig war, gegen gute Bewirtung sich der Sitte des Hauses zu unterwerfen, verzog nicht lange, so rasselten von innen die Riegel und Schlösser am Tor, die keuchenden Türflügel taten sich auf, als wenn sie durch den Jammerton, den sie hören ließen, den eintretenden Fremdling warnten oder beseufzeten. Dem bangen Reiter überlief's mit einem kalten Schauer nach dem andern den Rücken herab, als er durch das Tor einritt, demungeachtet wurde er wohl empfangen: Einige Bediente eilten herbei, ihm aus dem Sattel zu helfen, erzeigten sich geschäftig, das Gepäck abzuschnallen, den Rappen in den Stall zu ziehen und den Reiter zu ihrem Herrn in ein wohlerleuchtetes Zimmer einzuführen.

Das kriegerische Ansehn des athletischen Mannes, der seinem Gaste entgegenkam und ihm so nachdrücklich die Hand schüttelte, daß er hätte laut aufschreien mögen, auch ihn mit stentorischer Stimme willkommen hieß, als wenn der Fremdling taub gewesen wär, übrigens ein Mann in seinen besten Jahren, voll Feuer und Tatkraft, setzte den scheuen Wanderer in Furcht und Schrecken also, daß er seine Zagheit nicht verbergen konnte und am ganzen Leibe erbebte. „Was ist Euch, junger Gesell“, frug der Ritter mit einer Donnerstimme, „daß Ihr zittert wie ein Espenlaub und erbleichet, als woll Euch eben der Tod schütteln?“ Franz ermannte sich, und weil er bedachte, daß seine Schultern nun einmal die Zeche bezahlen müßten, ging seine Feigheit in eine Art Dreistigkeit über. „Herr“, antwortete er traulich, „Ihr seht, daß mich der Platzregen durchweicht hat, als sei ich durch die Weser geschwommen. Schaffet, daß ich meine Kleider mit trocknen wechseln kann, und lasset zum Imbiß ein wohlgewürztes Biermus auftragen, das den Fieberschauer vertreibe, der an meinen Nerven zuckt: So wird mir wohl ums Herz sein.“ – „Wohl“, gegenredete der Ritter, „heischt, was Euch not tut, Ihr seid hier zu Hause.“

Franz ließ sich bedienen wie ein Pascha, und weil er nichts anders als Prügel zu erwarten hatte, so wollte er sie verdienen, foppte und neckte die Diener, die um ihn geschäftig waren, auf mancherlei Weise, es kommt, dacht er bei sich, doch alles auf eine Rechnung. „Das Wams", sprach er, „ist für einen Schmerbauch, bringt mir eins, das genauer auf den Leib paßt; dieser Pantoffel brennt wie Feuer auf dem Hühnerauge, schlagt ihn über den Leisten; diese Krause ist steif wie ein Brett und würgt mich wie ein Strick, schafft eine herbei, die mir sanfter tue und durch keinen Stärkebrei gezogen sei."

Der Hausherr ließ über diese bremische Freimütigkeit sowenig einen Unwillen spüren, daß er vielmehr seine Diener antrieb, hurtig auszurichten, was ihnen befohlen war, und sie Pinsel schalt, die keinen Fremden zu bedienen wüßten. Als der Tisch bereitet war, setzten sich Wirt und Gast und ließen sich beide das Biermus wohl behagen. Bald darauf frug jener: „Begehret Ihr auch etwas zur Nachkost?" Dieser erwiderte: „Laßt auftragen, was Ihr habt, daß ich sehe, ob Eure Küche wohlbestellt sei." Alsbald erschien der Koch und besetzte den Tisch mit einer herrlichen Mahlzeit, die kein Graf würde verschmäht haben. Franz langte fleißig zu und wartete nicht, bis er genötigt wurde. Als er sich gesättigt hatte, sprach er: „Eure Küche, seh ich, ist nicht übel bestellt, wenn's um den Keller auch so stehet, so muß ich Eure Wirtschaft fast rühmen." Der Ritter winkte dem Kellner, dieser füllte flugs den Willkommen mit dem gewöhnlichen Tischwein und kredenzte ihn seinem Herrn, der ihn auf die Gesundheit des Gastes rein ausleerte. Drauf tat Franz dem Junker ehrlichen Bescheid, welcher sprach: „Lieber, was sagt Ihr zu diesem Weine?" – „Ich sage, daß er schlecht sei", antwortete Franz, „wenn's vom besten ist, den Ihr auf dem Lager habt, und daß er gut sei, wenn's Eure geringste Nummer ist." – „Ihr seid ein Schmecker", entgegnete der Ritter: „Kellner, zapf uns aus dem Mutterfasse!" Der Schenke brachte einen Schoppen zum Kostetrunk, und als ihn Franz versucht hatte, sprach er: „Das ist echter Firnewein, dabei wollen wir bleiben."

Der Ritter befahl, einen großen Henkelkrug zu bringen, und trank sich mit seinem Gast heiter und froh, fing an, von seinen Kriegszügen zu reden, wie er gegen die Venediger zu Felde gelegen, die feindliche Wagenburg durchbrochen und die welschen

Scharen wie die Schafe abgewürgt habe. Bei dieser Erzählung geriet er in einen solchen kriegerischen Enthusiasmus, daß er Flaschen und Gläser niedersäbelte, das Tranchiermesser wie eine Lanze schwang und seinem Tischgenossen dabei so nahe auf den Leib rückte, daß diesem für Nase und Ohren bange war.

Es wurde spät in die Nacht, gleichwohl kam dem Ritter kein Schlaf in die Augen, er schien recht in seinem Element zu sein, wenn er auf den Kriegszug gegen die Venediger zu reden kam. Die Lebhaftigkeit der Erzählung mehrte sich mit jedem Becher, den er ausleerte, und Franz fürchtete, daß dieses der Prolog zu der Haupt- und Staatsaktion sein möchte, bei welcher er die interessanteste Rolle spielen sollte. Um zu erfahren, ob er innerhalb oder außerhalb des Schlosses pernoctieren werde, begehrte er einen vollen Becher zum Schlaftrunk. Nun, meinte er, werde man ihm den Wein erst einnötigen, und wenn er nicht Bescheid tät, ihn unter dem Scheine eines Weinzwistes, nach der Sitte des Hauses, mit der gewöhnlichen Wegzehrung fortschicken. Gegen seine Erwartung wurde ihm ohne Widerrede gewillfahrt, der Ritter riß augenblicklich den Faden seiner Erzählung ab und sprach: „Zeit hat Ehre, morgen mehr davon!" – „Verzeiht, Herr Ritter", antwortete Franz, „morgen, wenn die Sonne aufgeht, bin ich über Berg und Tal, ich ziehe einen fernen Weg nach Brabant und kann hier nicht weilen. Darum beurlaubt mich heut, daß mein Abschied morgen Eure Ruhe nicht störe." – „Tut, was Euch gefällt", beschloß der Ritter; „aber scheiden sollt Ihr nicht von hinnen, bis ich aus den Federn bin, daß ich Euch noch mit einem Bissen Brot und einem Schluck Danziger zum Imbiß labe, dann bis an die Tür geleite und nach Gewohnheit des Hauses verabschiede."

Franz bedurfte zu diesen Worten keiner Auslegung. So gern er dem Hauspatron die letzte Höflichkeit der Geleitschaft bis in die Haustür entlassen hätte, sowenig schien dieser geneigt, von dem eingeführten Ritual abzuweichen. Er befahl den Dienern, den Fremden auszukleiden und ins Gastbett zu legen, wo es sich Franz wohl sein ließ und auf elastischen Schwanenfedern eine köstliche Ruhe genoß, daß er sich, ehe ihn der Schlaf übermannte, selbst gestand, eine so herrliche Bewirtung sei, um eine mäßige Bastonade, nicht zu teuer erkauft. Bald umflatterten seine Phantasie angenehme Träume. Er fand die reizende Meta in einem Rosengehege, wo sie mit ihrer Mutter lustwandelte und Blumen pflückte. Flugs verbarg er sich hinter einer dichtbelaubten Hecke, um von der strengen Domina nicht bemerkt zu werden; wiederum versetzte ihn die Einbildungskraft in das enge Gäßchen, wo er durch den Spiegel die schneeweiße Hand des lieben Mädchens mit ihren Blumen beschäftigt sah; bald saß er neben ihr im Gras, wollte ihr seine heiße Liebe erklären, und der blöde Schläfer fand keine Worte dazu. Er würde bis in den hellen Mittag geträumt haben, wenn ihn nicht die sonore Stimme des Ritters und das Geklirr seiner Sporen aufgeweckt hätten, der bei Anbruch des Tages schon in Küch und Keller Revision hielt, ein gutes Frühstück zuzurichten befahl und jeden Diener auf den ihm zugeteilten Posten stellte, um bei Händen zu sein, wenn der Gast erwachen würde, ihn anzukleiden und zu bedienen.

Es kostete den glücklichen Träumer viel Überwindung, sich von dem sichern gastfreundlichen Bett zu scheiden, er wälzte sich hin und her; doch die grelle Stimme des gestrengen Junkers engte ihm das Herz ein, und einmal mußte er in den sauren Apfel beißen. Also erhob er sich von den Federn, und sogleich waren ein Dutzend Hände geschäftig, ihn anzukleiden. Der Ritter führte ihn ins Speisegemach zu einer kleinen, wohl zugeschickten Tafel; aber da es jetzt zum Abdrücken kam, fühlte der Reisende wenig Eßlust. Der Hauswirt ermunterte ihn: „Warum langt Ihr nicht zu? Genießt etwas für den bösen Nebel." – „Herr Ritter", antwortete Franz, „mein Magen ist noch zu voll von Eurem Abendmahl; aber meine Taschen sind leer, die mag ich wohl füllen für den künftigen Hunger." Er räumte nun wacker auf und bepackte sich mit dem Niedlichsten und Besten, was transportabel war, daß alle Taschen strotzten. Wie er sah, daß sein Gaul wohl gestriegelt und aufgezäumt vorgeführt wurde, trank er ein Gläslein Danziger zum Valet, in der Meinung, das werde die Losung sein, daß ihn der Wirt beim Kragen fassen und sein Hausrecht werde fühlen lassen.

Aber zu seiner Verwunderung schüttelte er ihm, wie beim Empfang, traulich die Hand, wünschte ihm Glück auf die Reise, und die Riegeltür wurde aufgetan. Er säumte nun nicht, den Rappen anzustechen, und zack zack war er zum Tor hinaus, ohne daß ihm ein Haar gekrümmt wurde.

Jetzt fiel ihm ein schwerer Stein vom Herzen, da er sich in völliger Freiheit befand und sah, daß er so mit heiler Haut davongekommen war. Er konnte nicht begreifen, warum ihm der Wirt die Rechnung kreditiert hatte, die seinem Bedünken nach hoch an die Kreide lief, und umfaßte nun den gastfreien Mann mit warmer Liebe, dessen faust- und kolbengerechten Arm er gefürchtet hatte; trug aber noch groß Verlangen, Grund oder Ungrund des ausgestreuten Gerüchtes an der Quelle selbst zu erforschen. Darum wendete er flugs den Gaul und trabte zurück. Der Ritter stand noch im Tor und glossierte mit seinen Dienern zur Beförderung der Pferdekunde, die sein Lieblingsstudium war, über Abkunft, Gestalt und Bau des Rappen und seines harten Trabes, wähnte, der Fremdling vermisse etwas von seinem Reisegepäck, und sah die Diener wegen ihrer vermeinten Unachtsamkeit scheel an. „Was gebricht Euch, junger Gesell", rief er dem Kommenden entgegen, „daß Ihr umkehrt, da Ihr wolltet förder ziehen?" – „Ach, noch ein Wort, ehrenfester Ritter!" antwortete der Reisige. „Ein böses Gerücht, das Euch Anstand und Namen bricht, sagt, daß Ihr jedes Fremdlings wohl pflegt, der bei Euch einspricht, um ihn, wenn er wieder davon scheidet, Eure starken Fäuste fühlen zu lassen. Dieser Sage hab ich vertraut und nichts gespart, die Zeche Euch abzuverdienen: Ich gedachte bei mir, der Junker wird mir nichts schenken, so will ich ihm auch nichts schenken. Nun laßt Ihr mich in Frieden ziehen, sonder Strauß und Gefährde, das nimmt mich wunder. Lieber, sagt mir darum, ist einiger Grund oder Schein an der Sache; oder soll ich das faule Geschwätz Lügen strafen?" Der Ritter entgegnete: „Das Gerücht hat Euch keinesweges mit Lügen berichtet; es treibt sich keine Rede im Volk um, es liegt ein Körnlein Wahrheit darinnen. Vernehmt den eigentlichen Bericht, wie die Sache steht. Ich beherberge jeden Fremdling, der unter mein Dach eingeht, und teile meinen Mundbissen mit ihm, um Gottes willen. Nun bin ich ein schlichter deutscher Mann von alter Zucht und Sitte, rede, wie mir's ums Herz ist, und verlange, daß auch mein Gast herzig und zuversichtlich sei, mit mir genieße, was ich habe, und frei sage, was er bedarf. Aber da gibt's einen Schlag Leute, die mir mit allerlei Faxen Verdruß tun, foppen und äffen mich mit Kniebeugen und Bücklingen, stellen all ihre Worte auf Schrauben, machen viel Redens ohne Sinn und Salz; vermeinen mit glatten Worten mich zu hofieren, gebärden sich bei der Mahlzeit wie die Weiber beim Kindtaufschmause. Sag ich: ‚Langt zu!', so erwischen sie aus Reverenz ein Knöchlein von der Schüssel, das ich meinem Hunde nicht böt; sprech ich: ‚Tut Bescheid!', so netzen sie kaum die Lippen aus dem vollen Becher, als wenn sie Gottes Gabe verschmähten; lassen sich zu jedem Ding lang nötigen, tät schier not, auch zum Stuhlgang. Wenn mir's nun das leidige Gesindel zu bunt und kraus macht und ich nimmer weiß, wie ich mit meinem Gaste dran bin: So werd ich endlich wild und brauche mein Hausrecht, fasse den Tropf beim Fell, balge ihn weidlich und werf ihn zur Tür hinaus. Das ist bei mir so Sitt und Brauch, und so halt ich's mit jedem Gast, der mir Überlast macht. Aber ein Mann von Eurem Schlag ist mir stets willkommen: Ihr sagtet rund und deutsch heraus, was Euch zu Sinne war, wie's der Bremer Art ist. Sprecht getrost bei mir ein, wenn Euch der Weg wieder vorbeiträgt. Damit Gott befohlen."

Franz trabte nun, mit heiterm frohem Mut, nach Antwerpen zu und wünschte, allenthalben eine so gute Aufnahme zu finden als bei dem Ritter, Eberhard Bronkhorst genannt. Beim Einzug in die ehemalige Königin der flämischen Städte schwellte ein günstiger Wind das Segel seiner Hoffnung auf. In allen Straßen begegneten ihm Reichtum und Überfluß, und es schien, als wenn Not und Mangel aus der betriebsamen Stadt des Landes verwiesen seien. Wahrscheinlicherweise, dacht er bei sich, ist mancher von den alten Schuldnern meines Vaters wieder emporgekommen und wird mir bereitwillig gute Zahlung leisten, wenn ich ihm meine rechtmäßige Forderung dokumentiere. Nachdem er sich von der Ermüdung der Reise erholt hatte, zog er in dem Gasthof, wo er eingekehrt war, vorläufige Nachricht von dem Zustand seiner Schuldleute ein. „Wie steht's mit Peter Martens", frug er eines Tages seine Tischgenossenschaft bei der Mahlzeit, „lebt er noch, und macht er viele Geschäfte?" – „Peter Martens ist ein solider Mann", antwortete einer aus der Gesellschaft, „treibt Speditionshandel und zieht viel reinen Gewinn davon." – „Ist Fabian von Plürs noch in gutem Zustand?" – „Oh! Der weiß seines Reichtums kein Ende, sitzt im Rat, und seine Wollmanufakturen geben reiche Ausbeute." – „Hat Jonathan Frischkier guten Vertrieb mit seinem Gewerbe?" – „Ei, der wär jetzt ein Kapitalmann, wenn sich Kaiser Max nicht hätte von den Franzosen die Braut weghaschen lassen. Ihm war die Lieferung der Kanten zum Brautputz verdungen; aber der Kaiser hat den Kauf, wie ihm die Braut den Handel, aufgesagt. Wenn Ihr ein Liebchen habt, das Ihr mit den Kanten bedenken wollt, so läßt er sie Euch ums halbe Geld." – „Ist das Handelshaus op de Bütekant gesunken oder hält sich's noch?" – „Dort hat's vor einigen Jahren im Gesparre geknackt; aber die spanischen Karavellen haben eine neue Strebemauer drangesetzt, daß es nun wohl halten wird."

Franz erkundigte sich nach mehrern Handelsleuten, an die er Forderungen hatte, erfuhr, daß die meisten sich in blühenden Umständen befanden, die zu seines Vaters Lebzeiten bonis zediert hatten, und merkte daraus ab, daß ein verständiger Bankerott von jeher die Fundgrube zukünftigen Erwerbs gewesen sei. Diese Nachrichten heiterten sein Gemüt sehr auf, er säumte nicht, seine Papiere in Ordnung zu bringen und bei der Behörde die alten Schuldscheine zu produzieren. Aber es erging ihm mit den Antwerpern wie seinen wandernden Landsleuten mit den Krämern in den deutschen Städten, sie genießen allenthalben einer freundlichen Aufnahme und werden an keinem Ort gern gesehen, wenn sie kommen, Schulden einzutreiben. Einige wollten von den alten Sünden nichts wissen und meinten, sie wären aus der Konkursmasse, mit fünf Prozent, judizialiter rein abgetan. Es sei des Gläubigers Schuld, daß er die Zahlung nicht akzeptiert hätte. Andere wußten sich keines Melchiors von Bremen zu entsinnen, schlugen ihre unfehlbaren Bücher auf, fanden keine Schuldpost für diesen unbekannten Namen angemerkt; noch andere brachten eine starke Gegenberechnung zum Vorschein, und es vergingen keine drei Tage, so saß Franz im Schuldturm, um für den väterlichen Kredit zu haften, wo er nicht eher herauskommen sollte, bis er den letzten Heller bezahlen würde.

Das waren nicht die besten Aspekte für den jungen Mann, der Hoffnung und Vertrauen auf die Antwerper Beförderer seines Glücks gesetzt hatte und nun die schöne Seifenblase verschwinden sah. Er befand sich in seinem engen Gewahrsam in dem qualenvollen Zustand einer Seele im Fegfeuer, nachdem sein Schifflein auf den Strand gelaufen und mitten im Hafen, wo er gegen die Stürme Sicherheit zu finden vermeinte, gescheitert war. Jeder Gedanke an Meta war ihm ein Dorn im Herzen; es war kein Schatten von Möglichkeit mehr vorhanden, jemals aus dem Strudel, in welchen er versunken war, wieder emporzukommen, um seine Hand nach ihr auszustrecken; und gesetzt, er hätte den Kopf auch wieder über Wasser gebracht, so war sie, ihrerseits, doch außerstande, ihn aufs Trockene zu heben. Er fiel in eine stumme Verzweiflung, hegte keinen Wunsch als den zu sterben, um mit einem Male der Marter abzukommen, und machte wirklich den Versuch, sich durch Hunger zu töten. Aber das ist eine Todesart, die nicht jedermann zu Gebot steht, wie dem abgezehrten Pomponius Attikus, dem seine Verdauungswerkzeuge den Dienst bereits versagt hatten; ein gesunder rüstiger Magen ergibt sich nicht so leicht in die Beschlüsse des Kopfs und des Herzens. Nachdem der Sterbenslustige zwei Tage der Speise sich enthalten hatte, bemächtigte sich ein despotischer Heißhunger plötzlich der Herrschaft über den Willen und verrichtete alle Operationen, die sonst der Seele zukommen; er gebot der Hand, in die Schüssel zu greifen, dem Mund, die Speise anzunehmen, den Kinnladen, sich in Bewegung zu setzen, und er selbst verrichtete die gewöhnliche Funktion der Verdauung ungeheißen. Also scheiterte auch dieser Entschluß an einer harten Brotrinde, der im siebenundzwanzigsten Lebensjahr in der Tat etwas Heroisches hat, das im siebenundsiebenzigsten ganz daraus verschwunden ist.

Im Grunde war's der hartherzigen Antwerper Meinung nicht, Geld von dem angeblichen Schuldner zu erpressen, sondern nur keins an ihn zu bezahlen, da sie seine Forderungen nicht als liquid anerkannten. Es sei nun, daß die kirchliche Fürbitte in Bremen wirklich zu den Vorhöfen des Himmels gelangt war oder daß die vermeinten Gläubiger nicht Lust hatten, einen überlästigen Kostgänger auf Lebenszeit zu verpflegen – genug, nach Verlauf von drei Monaten wurde Franz seiner Gefangenschaft unter dem Beding entledigt, innerhalb vierundzwanzig Stunden die Stadt zu räumen und der Antwerper Grund und Boden nie wieder zu betreten. Zugleich empfing er fünf Gulden Reisegeld aus den getreuen Händen der Justiz, die sich seines Rappens und Gepäcks bemächtigt und den Ertrag des daraus gelösten Geldes für Gerichts- und Atzungskosten gewissenhaft berechnet hatte. Mit schwermütigem Herzen verließ er, mit dem Pilgerstab in der Hand, ganz demütig die reiche Stadt, in die er vor einiger Zeit voll hochfliegender Hoffnung eingeritten war. Mutlos und unschlüssig, was er nun beginnen sollte, oder vielmehr gedankenlos wankte er durch die Straßen zum nächsten Tor hinaus, ohne sich darum zu bekümmern, wo der Weg hinführe, den der Zufall ihn hatte nehmen lassen. Er grüßte keinen Wanderer und fragte nach keiner Herberge, bis ihn Ermüdung oder Hunger nötigten, die Augen aufzuheben und sich nach einer Kirchturmspitze oder sonst einem Merkzeichen von Menschenwohnung umzusehen, wenn er von Menschen Beistands bedurfte. Viele Tage war er ohne Zweck und Ziel in der Irre herumgeschweift, und ein verborgner Instinkt hatte ihn unvermerkt, vermöge seiner gesunden Füße, geraden Weges nach seiner Heimat hinwärts geführt, als er gleichsam aus einem schweren Traum erwachte und inneward, auf welcher Straße er sich befand.

Er stand augenblicklich stille, um zu überlegen, ob er förder gehen oder wieder umkehren sollte. Scham und Verwirrung bemächtigten sich seiner Seele, wenn er bedachte, daß er als ein Bettler, mit dem Stempel der Verachtung gebrandmarkt, in seiner Vaterstadt herumgehen und die Wohltätigkeit seiner Mitbürger, denen er es ehedem an Reichtum und Wohlstand allen zuvorgetan, nun in Anspruch nehmen sollte. Und wie konnte er der schönen Meta, ohne die Wahl ihres Herzens zu beschämen, in dieser Gestalt unter die Augen treten? Er ließ seiner Einbildungskraft nicht Zeit, dieses traurige Gemälde zu vollenden, sondern nahm den Rückweg mit solcher Eile, als wenn er schon vor dem hohen Tore in Bremen stünd und die Gassenbuben sich versammelten, ihn mit Hohn und Spott durch die Straßen zu begleiten. Sein Entschluß war gefaßt, er wollte einen Seehafen in den Niederlanden zu erreichen suchen, Matrosendienste auf einem spanischen Schiffe nehmen, nach der Neuen Welt segeln und nicht eher nach seinem Vaterlande zurückkehren, bis er, in dem goldreichen Peru, die Reichtümer wieder erwerben würde, die er so unachtsam verschleudert hatte, ehe er den Wert des Geldes kannte. Bei Anlegung dieses neuen Plans kam die schöne Meta zwar weit im Hintergrunde zu stehen, daß sie auch dem schärfsten Seherauge nur als ein dämmernder Schatten in der Ferne vorschwebte; doch begnügte sich der wandernde Projektant damit, daß sie nun wieder in den Plan seines Lebens eingewebt war, und machte große Schritte, als wenn er, durch diese Eilfertigkeit, sie desto eher zu erreichen vermeint hätte.

Schon befand er sich wieder an der niederländischen Grenze und langte unfern von Rheinberg, bei Sonnenuntergang, in einem kleinen Flecken an, Rummelsburg genannt, welcher nachher im Dreißigjährigen Kriege ganz ist zerstört worden. Eine Karawane Lyker Fuhrleute hatten bereits das Wirtshaus angefüllt, also, daß der Wirt keinen Platz hatte, ihn zu herbergen, und ihn aufs nächste Dorf verwies; besonders, weil er wegen seiner jetzigen Landstreicherphysiognomie zu ihm eben nicht das beste Vertrauen hegte und ihn für einen Diebsspion hielt, der auf das

Lyker Fuhrmannsgut eine Absicht habe. Er mußte sich, der großen Ermüdung ungeachtet, zur weitern Wallfahrt rüsten und sein Reisebündel wieder auf den Rücken nehmen.

Indem er beim Abzuge einige bittere Klagen und Verwünschungen über die Hartherzigkeit des Wirtes zwischen den Zähnen hervormurmelte, schien dieser mit dem Zustand des Fremdlings einiges Mitleiden zu empfinden und rief ihm aus der Tür nach: „Hört doch, junger Gesell, was ich Euch sagen mag, wenn Ihr hier zu rasten begehret, will ich Euch wohl unterbringen. Hier oben im Schlosse sind der ledigen Zimmer gnug, wenn's Euch da nicht zu einsam ist, es wird nicht bewohnt, und ich habe die Schlüssel dazu." Franz nahm den Vorschlag mit Freuden an, rühmte ihn als ein Werk der Barmherzigkeit, bat nur um Dach und Fach und um ein Abendbrot, sei's gleich in einem Schloß oder in einer Bauernhütte. Der Wirt war aber ein heimlicher Schalk, den es wurmte, daß der Fremdling einige halblaute Schmähungen gegen ihn sich hatte entfallen lassen, und wollte sich dafür durch einen Plagegeist rächen, der in der alten Bergfeste hauste und die Einwohner seit langen Jahren daraus vertrieben hatte.

Das Schloß lag nahe am Flecken auf einem schroffen Felsen, gerade dem Gasthof gegenüber, so daß es nur durch die Fahrstraße und einen kleinen Forellenbach davon geschieden wurde. Der angenehmen Lage halber wurde es noch immer im baulichen Stande erhalten, war auch mit allem Hausgerät wohl versehen und diente dem Eigentümer zum Jagdschloß, der oft darin den Tag über bankettierte; aber, sobald die Sterne am Himmel funkelten, mit seinem Hofgesinde davonzog, um den Insulten des Poltergeistes, der die Nacht über darinnen toste, zu entweichen, denn am Tage ließ das Gespenst sich nicht vermerken. So unangenehm für den Grundherrn der Teilbesitz seines Schlosses mit dem nächtlichen Ungetüm war, so vorteilhaft war ihm der Spukgeist, in Rücksicht der großen Sicherheit für Diebe. Der Graf hätte keinen treuern und wachsamern Hüter des Schlosses bestellen können, als eben das Nachtgespenst, das die verwegensten Diebesbanden in Respekt hielt. Daher wußte er keinen sichrern Ort zur Aufbewahrung seiner Kostbarkeiten als dieses alte Bergschloß, in dem Flecken Rummelsburg bei Rheinberg gelegen.

Hinunter war der Sonnenschein, die finstre Nacht brach stark herein, als Franz, mit einer Laterne in der Hand, vor der Pfortentür des Schlosses unter Geleitschaft des Wirtes anlangte, der in einem Korb Lebensmittel trug, nebst einer Flasche Wein, die, wie er sagte, nicht in Rechnung kommen sollte. Auch hatte er ein Paar Leuchter und zwo Wachskerzen mitgenommen: Denn im ganzen Schlosse war weder Licht noch Leuchter, weil man nämlich nie länger des Abends als bis zum Zwielichten daselbst verweilte.

Unterwegs bemerkte Franz den knisternden, schwer beladenen Korb und die Wachslichter, deren er nicht zu bedürfen und sie doch bezahlen zu müssen glaubte. Darum sprach er: „Wozu dieser Überfluß und Unrat als bei einem Gastmahl? Das Licht in der Leuchte ist hinreichend, dabei zu sehen, bis ich mich aufs Lager strecke, und wenn ich erwache, wird die Sonne hoch herauf sein; denn ich fühle große Ermüdung und werde auf beiden Ohren schlafen." – „Ich will Euch nicht verhehlen", antwortete der Wirt, „daß sich ein Gerücht umtreibt, es gehe irre im Schlosse und wohne ein Spukgeist darinnen. Ihr dürft Euch das gleichwohl nicht irren lassen, wir sind, wie Ihr sehet, nahe genug, daß Ihr uns errufen könnt, wenn Euch etwas Unnatürliches zustoßen sollte; ich werde mit meinem Gesinde flugs bei der Hand sein, Euch Beistand zu leisten. Unten im Hause wird's die ganze Nacht nicht ruhig, und es bleibt immer jemand wach. Ich wohne nun seit dreißig Jahren hier im Orte, kann gleichwohl nicht sagen, daß ich je was gesehen hätte. Wenn's ja zuweilen in der Nacht Gepolter gibt, so sind's Katzen und Marder, die auf dem Kornboden rasaunen. Aus Vorsorge hab ich Euch mit Licht versehen: Die Nacht ist doch keines Menschen Freund, und die Kerzen sind geweiht, deren Schimmer die Gespenster, wenn welche im Schlosse vorhanden sind, gewiß scheuen werden."

103

Der Wirt sagte daran keine Unwahrheit, daß er nie von einem Gespenste im Schlosse was innneworden sei, bei Nacht hatte er sich wohl in acht genommen, jemals einen Fuß hineinzusetzen, und bei Tage ließ sich der Geist nicht sehen; auch jetzt wagte der Schalk sich nicht über die Grenze. Nachdem er die Tür geöffnet hatte, reichte er dem Wandrer den Korb mit den Viktualien, wies ihn zurecht und wünschte gute Nacht. Franz trat ohne Furcht und Scheu in das Vorhaus, vermeinte, die Spukgeschichte sei leeres Geschwätz oder eine mißverstandene Tradition irgendeines wirklichen Ereignisses, woraus die Phantasie ein unnatürlich Abenteuer gebildet hätte. Er gedachte an die Sage von dem wackern Ritter Eberhard Bronkhorst, vor dessen schwerem Arm ihm so bange war gemacht worden und bei welchem er dennoch einer so gastfreien Aufnahme genoß. Darum hatte er sich's aus seinen Reiseerfahrungen zur Regel gemacht, von der gemeinen Sage gerade das Gegenteil zu glauben, und ließ das Körnlein Wahrheit, das nach der Meinung des weisen Junkers darin verborgen liegen sollte, ganz aus der acht.

Nach Anweisung des Wirts stieg er die steinerne Wendeltreppe hinauf und kam vor eine verschlossene Tür, die er mit dem Schlüssel öffnete. Eine lange düstre Galerie, wo sein Fußtritt widerhallte, führte ihn in einen großen Saal und aus diesem eine Seitentür in eine Reihe Gemächer, die mit allen Gerätschaften, zur Zierde und Bequemlichkeit, reichlich versehen waren. Er wählte sich eins darunter zum Schlafgemach, das ihm am freundlichsten schien, wo er ein wohlgepolstertes Ruhebette fand und aus dessen Fenstern er, gerade unter sich, in den Gasthof sah, auch jedes laute Wort, das daselbst geredet wurde, vernehmen konnte. Er zündete die Wachskerzen an, beschickte seine Tafel und speiste mit solcher Gemächlichkeit und Wohlgeschmack als ein Nobili von Otaheite. Die gebauchte Flasche ließ ihn dabei keinen Durst leiden. Solange die Zähne in voller Arbeit waren, hatte er nicht Zeit, an die angebliche Spukerei im Schlosse zu gedenken; wenn sich auch zuweilen etwas in der Ferne regte und ihm die Furchtsamkeit zurief: Horch auf, horch auf! Jetzt kommt der Poltergeist, so antwortete die Herzhaftigkeit: Possen! Es sind Katzen und Marder, die sich beißen und balgen. Aber in dem Verdauungsviertelstündchen nach der Mahlzeit, da der sechste Sinn, die Empfindung des Hungers und Dursts, die Seele nicht mehr beschäftigte, richtete sie ihre Aufmerksamkeit, unter den fünf übrigen, allein auf das Gehör, und da flüsterte die Furcht schon immer drei bängliche Gedanken dem Horcher ins Ohr, ehe die Herzhaftigkeit einmal drauf antwortete.

Vor den ersten Anlauf schloß er die Tür ab, schob den Nachtriegel vor und nahm seine Retirade auf den gemauerten Sitz des gewölbten Fensters. Er öffnete solches, sah, um sich etwas zu zerstreuen, an den gestirnten Himmel, blickte in den genarbten Mond und zählte, wie oft sich die Sterne putzten. Auf der Straße unter ihm wurd's öde, und ungeachtet der ihm angerühmten nächtlichen Lebhaftigkeit im Gasthofe, wurden die Türen verschlossen, die Lichter ausgetan, und es wurde darinnen so still als in einer Totengruft. Dagegen stieß der Nachtwächter ins Horn und ließ sein: „Hört ihr Herren", über den ganzen Flecken erschallen, intonierte auch, zur Beruhigung des bangen Astronomen, der seine Augen noch immer an den funkelnden Sternen weidete, ein gellendes Abendlied gerad unter dem Fenster, daß Franz leicht mit ihm Unterredung hätte pflegen können, welches er, um der Geselligkeit willen, auch gern getan hätte, wenn er vermuten können, daß ihm der Wächter zur Rede stehen würde.

In einer volkreichen Stadt, mitten unter einer zahlreichen Hausgenossenschaft, wo des Getümmels so viel ist als in einem Bienenkorbe, mag's für den Denker eine angenehme Erholung sein, über die Einsamkeit zu philosophieren, sie als die lieblichste Gespielin des menschlichen Geistes zu gestalten, ihr alle vorteilhaften Seiten abzugewinnen und nach ihrem Genusse zu verlangen. Aber da, wo sie einheimisch ist, auf der Insel Juan Fernandez, wo ein einzelner dem Schiffbruch entronnener Eremit lange Jahre mit ihr verlebt; oder bei schauervoller Nacht, in einem tiefen Walde; oder in einem unbewohnten alten Schlosse, wo öde Mauern und Gewölbe Grausen erwecken und nichts Leben atmet außer die traurige Eule in dem zerfallnen Turme – da ist sie, in Wahrheit, nicht die angenehmste Gesellschafterin für den scheuen Anachoreten, der darinnen übernachtet, besonders wenn er sich alle Augenblicke der Erscheinung eines Poltergeistes gewärtigen muß. Da kann's leicht der Fall sein, daß eine Unterredung mit dem Nachtwächter zum Fenster heraus eine bessere Unterhaltung gewährt für Geist und Herz als die anziehendste Lektür eines Panegyrikus über die Einsamkeit. Wenn Freund Zimmermann in Freund Franzens Stelle sich befunden hätte, auf dem Schloß Rummelsburg an der westfälischen Grenze, so würde er ohne Zweifel in dieser Situation die Grundideen zu einer ebenso interessanten Schrift über die Geselligkeit ausgesponnen haben, als ihn, allem Vermuten nach, eine lästige Assemblee bestimmt hat, aus der Fülle des Herzens der Lobredner der Einsamkeit zu werden.

Mitternacht heißt die Stunde, da die intellektuelle Welt Leben und Tätigkeit gewinnt, wenn die vergröberte animalische Natur in tiefem Schlummer begraben liegt. Franz wünschte um deswillen lieber, diese bedenkliche Stunde zu verschlafen, als zu durchwachen, darum tat er das Fenster zu, ging nochmals die Runde im Zimmer, durchspähte Winkel und Ecken, zu sehen, ob alles geheuer sei; schneuzte die Lichter, daß sie heller brannten, und streckte sich flugs aufs Ruhebett, welches seinem ermüdeten Körper gar sanft tat. Dennoch konnt er nicht so bald, als er wünschte, in Schlaf kommen. Ein kleines Herzpochen, welches er einer Wallung im Blute von der Hitze des Tages zuschrieb, erhielt ihn noch eine Zeitlang wach, und er unterließ nicht, diese Frist zu benutzen und einen so kräftigen Abendsegen zu beten, als er seit vielen Jahren nicht gebetet hatte, dieser tat die gewöhnliche Wirkung, daß er sanft dabei einschlief. Nach Verlauf einer Stunde, seinem Bedünken nach, erwachte er mit einem plötzlichen Schreck, welches bei einem unruhigen Blute eben nichts Ungewöhnliches ist. Dadurch wurde er ganz munter, horchte, ob alles ruhig sei, und hörte nichts als die Glocke, die eben zwölf schlug, welche Neuigkeit der Nachtwächter bald darauf, im ganzen Flecken, mit lautem Gesange ankündigte. Franz lauschte noch eine Weile, legte sich aufs andre Ohr und war eben im Begriff, wieder einzuschlafen, da war's ihm, als knarre von fern eine Tür, und gleich darauf schlug sie mit dumpfem Getöse zu. O wehe, wehe! raunte die Furcht ihm ins Ohr, das ist fürwahr der Poltergeist! Es ist der Wind und weiter nichts, tröstete die Herzhaftigkeit. Doch bald kam's näher, immer näher, wie ein schwerer Mannestritt. Geklingel hier, Geklingel dort, als rasselte ein Delinquent mit schweren Ketten; oder als ging der Pförtner, mit seinem Schlüsselbund, im Schloß umher. Das war kein Windesspiel, die Herzhaftigkeit verstummte, die bange Furcht trieb alles Blut dem Herzen zu, daß es pochte wie ein Schmiedehammer.

Jetzt war die Sache außerm Spaß. Wofern die Furcht die Herzhaftigkeit noch einmal hätte lassen zu Worte kommen, so würde diese den Verzagten an den Subsidien-Traktat mit dem Wirt erinnert und ihn angetrieben haben, die stipulierte Hilfe laut aus dem Fenster zu reklamieren; aber da gebrach's an Entschließung. Der ängstlich Zagende nahm seine Zuflucht zur Matratze, der letzten Schutzwehr der Furchtsamen, und zog sie dicht übern Kopf, wie Vogel Strauß das Haupt hinter ein Sträuchlein birgt, wenn er dem Jäger nicht mehr entrinnen kann. Draußen ging's Tür auf, Tür zu, mit gräßlichem Gepolter, und nun kam's auch ans Schlafgemach. Es drehte rasch am Schloß, versuchte viele Schlüssel, bis es den rechten fand; doch hielt der Riegel noch die Tür fest, bis sie ein harter Schlag, gleich einem Donnerschlag, eröffnete, daß Niet und Riegel sprang. Da trat herein ein langer hagrer Mann mit einem schwarzen Bart, in alter Tracht und finsterm Angesicht, die Augenbrauen senkten sich zu tiefem Ernst von der Stirn herab. Um seine linke Schulter schlug er einen Scharlachmantel, und auf dem Haupt trug er einen spitzen Hut. Er zog, mit schwerem Tritt, dreimal das Zimmer schweigend auf und ab, besah die geweihten Kerzen und putzte sie, damit sie heller leuchteten. Drauf ließ er seinen Mantel fallen, schnürte einen Schersack auf, den er darunter barg, und kramte ein Barbierzeug aus, strich flugs ein blankes Schermesser auf dem breiten Riemen, den er am Gürtel trug.

Franz schwitzte Judasschweiß unter der Matratze, befahl sich in den Schutz der Heilgen Jungfrau und spekulierte ängstlich, was dies Manöver sollte, wußte nicht, ob's damit auf die Gurgel oder auf den Bart gemeint sei. Zu seiner Beruhigung goß das Gespenst, aus einer silbernen Flasche, Wasser in ein silbern Becken und schlug, mit beinerner Hand, die Seife zu leichtem Schaum, rückte einen Stuhl zurecht und winkte, mit ernster Miene, den angstvollen Lauerer aus seinem Hinterhalt hervor.

Gegen diesen bedeutsamen Wink galt sowenig eine Einwendung als gegen die strengen Befehle des Großherrn, wenn er einem exilierten Wesir den Engel des Todes, den Capichi Baschi, mit der seidnen Schnur nachschickt, seinen Kopf in Empfang zu nehmen. Das Vernünftigste, was sich in diesem kritischen Falle tun läßt, ist, der Notwendigkeit nachzugeben, zum bösen Spiel gute Miene zu machen und sich, mit stoischer Gelassenheit, die Kehle gemachsam zuschnüren zu lassen. Franz honorierte die empfangne Ordre: Die Matratze begann sich zu heben, er sprang rasch vom Bett auf und nahm den ihm angewiesenen Platz auf dem Schemel ein. So wundersam auch dieser schnelle Übergang von der äußersten Verzagtheit zur kühnsten Entschlossenheit scheinen mag, so natürlich wird dennoch das psychologische Journal uns diese Erscheinung zu erklären wissen.

Der spukende Barbier band seinem zitternden Bartkunden alsbald das Schertüchlein vor, ergriff drauf Kamm und Schere, beschnitt ihm Haar und Bart. Dann seifte er ihn kunstmäßig ein, zuerst den Bart, hernach die Augenbrauen, zuletzt die Schläfe, Scheitel und das Hinterhaupt, und schor ihn von der Gurgel bis zum Nacken so glatt und kahl wie einen Totenkopf. Als er mit dieser Operation zustande war, wusch er ihm das Haupt, trocknete es säuberlich, machte seine Reverenz und schnürte den Schersack zu, hüllte sich in den Scharlachmantel und schickte sich zum Rückzug an. Die geweihten Kerzen brannten vortrefflich hell bei der ganzen Verhandlung, und Franz sah, vermöge ihres Schimmers, im Spiegel, daß ihn der Scherer in einen chinesischen Pagoden verwandelt hatte. Er bedauerte herzlich den Verlust der schönen braunen Locken, gleichwohl schöpfte er nun wieder frischen Atem, da er merkte, es sei mit diesem Opfer alles abgetan und der Geist habe weiter keine Macht an ihm.

So verhielt sich's auch in der Tat, der Rotmantel ging nach der Tür, stillschweigend, wie er gekommen war, ohne Gruß und Valet, und schien ganz das Widerspiel seiner geschwätzigen Professionsverwandten. Kaum war er aber drei Schritte zurück, so stand er stille, sah sich mit trauriger Gebärdung nach seinem wohlbedienten Kunden um und strich mit der flachen Hand über den schwarzen Bart. Eben das tat er zum andern Male und nochmals, als er eben zur Tür hinausschreiten wollte. Franz geriet dadurch auf die Vermutung, daß das Gespenst etwas verlange, und durch eine schnelle Kombination der Ideen riet er darauf, daß es vielleicht den nämlichen Dienst von ihm erwarte, den es ihm vorher geleistet habe, und er traf's damit glücklicher als weiland Geisterseher Oeder, der das renommierte Braunschweiger Gespenst inquirierte wie ein Amtmann den Delinquenten, ohne daß er es zum Geständnis brachte, was es eigentlich mit seiner frivolen Erscheinung wolle.

Da der Geist, ungeachtet seines trübsinnigen Anblicks, mehr zu Schimpf als Ernst aufgelegt schien und seinen Gast geschabernackt, nicht aber mißhandelt hatte – so war bei diesem jetzt fast alle Furcht verschwunden. Also wagte er den Versuch und winkte dem Geist, sich auf den Schemel zu setzen, welchen er eben verlassen hatte. Sogleich gehorchte das Gespenst, warf den roten Mantel ab, legte das Barbierzeug auf den Tisch und setzte sich auf den Stuhl, in die Stellung eines Menschen, der sich will den Bart abnehmen lassen. Franz beobachtete sorgfältig die nämliche Prozedur, die der Geist zuvor mit ihm vorgenommen hatte, stutzte ihm den Bart mit der Schere, schnitt ihm das Haar ab, seifte ihm den ganzen Kopf ein, und das Gespenst hielt still wie ein Haubenstock. Der ungeschickte Gesell wußte das Messer schlecht zu regieren, hatte noch nie eins in der Hand gehabt, schor den Bart gerade gegen den Strich, wobei der Geist ebenso seltsame Grimassen machte wie der Affe des Erasmus, indem er das Bartputzen seines Herrn nachahmte. Dabei wurde dem unkundigen Pfuscher doch nicht wohl zumute, er dachte mehr als einmal an die sinnreiche Sentenz: Was deines Amts nicht ist, laß deinen Vorwitz; indessen zog er sich, so gut er konnte, aus der Affäre und schor das Gespenst so kahl, als er selbst war.

Bisher war die Szene zwischen dem Geiste und dem Wandrer pantomimisch abgehandelt worden, jetzt wurde die Handlung dramatisch. „Fremdling", sprach jener mit freundlicher Gebärde,

„habe Dank für den Dienst, den du mir geleistet hast: Durch dich bin ich der langen Gefangenschaft nun ledig, die mich dreihundert Jahre in diese Mauern gekerkert hat und zu welcher meine abgeschiedene Seele so lange, einer Übeltat halber, verdammt ward, bis ein Sterblicher das Vergeltungsrecht an mir üben und tun würde, was ich bei meinen Lebzeiten andern tat.

Wisse, daß hier ehemals ein frecher Übermütler wohnte, der sein Gespött mit Pfaffen und mit Laien trieb. Graf Hartmann hieß sein Name, war keines Menschen Freund, erkannte kein Gesetz und keinen Oberherrn, übte eitel Mutwillen und Schälkelei und schändete des Gastrechts Heiligkeit. Den Fremdling, der unter sein Dach einging; den Dürftigen, der ihn um eine milde Gabe bat, entließ er nie, ohne einen bösen Tück ihm zu beweisen. Ich war sein Schloßbarbier, trieb Liebedienerei und tat, was ihm gefiel. So manchen frommen Pilger, der vorüberging, lockt ich mit Freundlichkeit ins Schloß, bereitete das Bad für ihn, und wenn er meinte, seiner wohl zu pflegen, schor ich ihn glatt und kahl und wies mit Hohn und Spott ihn aus der Tür. Da schaute Graf Hartmann aus dem Fenster und sah mit Lust, wie sich die Otternzucht der Knaben, aus dem Flecken, versammelt hatte, den Geschändeten zu höhnen und über ihn, wie über den Propheten einst die freche Knabenrotte, Kahlkopf! Kahlkopf! schrie. Des freute sich der Schadenfroh und lachte teuflisch drüber, daß er den Speckwanst hielt und ihm die Augen tränten.

Einst kam ein heilger Mann aus fernen Landen, er trug, gleich einem Büßenden, ein schweres Kreuz auf seiner Schulter und hatte sich fünf Nägelmal, an Händen, Füßen und der Seite, aus Andacht eingenarbt; auf seinem Haupte stand ein Kranz von Haaren, gleich der Dornenkrone. Er sprach hier an, begehrte Wasser, seine Füße zu waschen, und einen Bissen Brot. Flugs bracht ich ihn ins Bad, um ihn nach meiner Weise zu bedienen, und respektierte nicht die heilge Glatze, schor ihm die Krone rein vom Haupte weg. Da sprach der fromme Pilger einen schweren Bannfluch über mich: ,Verruchter, wisse, daß nach dem Tode der Himmel und die Hölle und des Fegfeuers eherne Pforte deiner armen

111

Seele verschlossen ist. Sie soll als Plagegeist so lang in diesen Mauern tosen, bis ungefordert, ungeheißen, ein Wandrer das Vergeltungsrecht an dir verüben wird.'

Von Stund an wurd ich siech, das Mark in den Gebeinen vertrocknete, und ich verging gleichwie ein Schatten. Mein Geist verließ den abgezehrten Leichnam und blieb an diesen Ort gebannt, wie ihm vom heiligen Mann ward auferlegt. Vergebens harrt ich der Erlösung aus diesen qualenvollen Fesseln, die mich noch an die Erde ketteten: Denn du sollst wissen, daß, wenn die Seele von dem Körper scheidet, sie nach dem Ort der Ruh verlangt, und diese heiße Sehnsucht macht ihr die Jahre zu Aeonen, solange sie in einem fremden Elemente schmachtet. Zu eigner Qual setzt ich das traurige Geschäfte fort, das ich bei Leibesleben trieb. Ach, bald verödete mein Tosen dieses Haus! Nur sparsam kam ein Pilger, hier zu übernachten. Ob ich gleich allen tat wie dir, so wollte keiner dennoch mich verstehn und mir, wie du, den Dienst erweisen, der meinen Geist aus dieser Sklaverei befreite. Hinfort wird sich kein Poltergeist in diesem Schloß mehr regen, ich gehe nun zur langgewünschten Ruhe ein. Nun, junger Fremdling, nochmals meinen Dank, daß du mich nun erlöset hast. Wär ich der Hüter tiefverborgner Schätze, sie wären alle dein; doch Reichtum war im Leben nie mein Los, es liegt in diesem Schlosse auch kein Schatz vergraben. Hör aber guten Rat. Verweile hier, bis Bart und Haupthaar Kinn und Glatze wieder decken, dann ziehe heim in deine Vaterstadt und harre auf der Weserbrücke daselbst, zur Zeit wenn Tag und Nacht im Herbst sich gleichen, auf einen Freund, der dir begegnen wird, der wird dir sagen, was du tun sollst, daß dir's wohl ergeh auf Erden. – Wenn aus dem güldnen Horn des Überflusses dir Segen und Gedeihen quillt, alsdann sei meiner eingedenk und laß, sooft der Jahrstag wiederkehrt, an welchem du mich des Verwünschungsflüchs entbandest, zu meiner Seelenruh mir jedesmal drei Messen lesen. – Nun fahre wohl, ich scheide jetzt davon."

Mit diesen Worten verschwand der Geist, nachdem er, durch seine Geschwätzigkeit, seine ehemalige Existenz als Hofbarbier im Schlosse Rummelsburg sattsam dokumentiert hatte, und ließ seinen Befreier voll Verwunderung über das seltsame Abenteuer. Er stand lange unbeweglich und war zweifelhaft, ob sich die ganze Geschichte wirklich begeben oder ob ihn nur ein schwerer Traum getäuscht habe; allein sein kahlgeschorner Kopf überzeugte ihn bald von der Wahrheit der Begebenheit. Er legte sich drauf zur Ruhe und schlief auf den überstandenen Schrecken bis in die Mittagsstunde. Der betrügliche Wirt hatte schon von frühem Morgen an gelauert, wenn der Wanderer mit der Glatze zum Vorschein kommen würde, um ihn mit heimlichem Hohngelächter, unter dem Anschein der Verwunderung über das nächtliche Abenteuer, zu empfangen. Da ihm dieser aber zu lang zögerte und schon der Mittag herannahte, wurde ihm die Sache bedenklich, und er fing an zu fürchten, das Gespenst möchte etwas unsanft mit dem fremden Gaste gefahren sein, ihn erdrosselt oder in so übermäßige Furcht versetzt haben, daß er vor Entsetzen gestorben sei; und seine mutwillige Rache so weit zu treiben, war gleichwohl seine Absicht nicht. Er schellte dem Gesinde, lief mit Knecht und Magd in aller Eile auf die Burg und kam vor das Zimmer, in welchem er des Abends Licht bemerkt hatte. Er fand einen unbekannten Schlüssel an der Tür; aber diese war von innen verriegelt; denn nach der Verschwindung des Geistes hatte Franz sie wieder verwahrt. Er pochte mit ängstlicher Heftigkeit an, daß die heiligen Siebenschläfer von dem Getöse würden aufgewacht sein. Franz wurde munter und meinte in der ersten Bestürzung, der Geist stünd wieder vor der Tür und habe ihm einen nochmaligen Besuch zugedacht. Da er aber des Wirts Stimme vernahm, der nichts mehr verlangte, als daß sein Gast ein Zeichen des Lebens von sich geben sollte, raffte er sich auf und öffnete das Gemach.

Mit scheinbarem Entsetzen sprach der Wirt, indem er die Hände zusammenschlug: „Bei Gott und allen Heiligen! Der Rotmantel ist hier gewesen (unter diesem Namen war das Gespenste den Einwohnern bekannt) und hat Euch zum Kahlkopf geschoren, nun ist's vor Augen, daß die alte Sage kein Märchen ist. Aber berichtet mir, wie sah der Poltergeist aus, was hat er geredt, und wie hat er getan?" Franz, der den Frager vollkommen ausgemerkt hatte, antwortete: „Der Geist glich einem Mann in einem roten Mantel, wie er getan hat, ist Euch nicht verborgen, und was er sprach, des bin ich wohl eingedenk: ‚Fremdling‘, sprach er, ‚trau keinem Wirte, der den Schalk im Schilde führt: Was dir begegnen sollte, war ihm wohl bewußt. Gehab dich wohl, ich ziehe fort aus diesem alten Aufenthalte, denn meine Zeit ist aus. Hinfort wird hier kein Poltergeist mehr spuken; ich werde nun zum stillen Alp, will baß den Gastwirt plagen, ihn kneifen, zwicken, drücken, wofern er seine Schuld nicht büßt, dir Dach und Fach und freie Zehrung gibt, bis um dein Haupt sich wieder braune Locken krümmen.‘"

Der Wirt erbebte bei diesen Worten, schlug ein großes Kreuz vor sich und gelobte, bei der Heiligen Jungfrau, dem Abenteurer freie Zeche, solang er bei ihm verharren wollte, führte ihn in sein Haus und bediente ihn aufs beste. Es fehlte wenig, daß der Fremdling nicht in den Ruf eines Geisterbanners kam, da sich das Gespenst von nun an nicht mehr sehen ließ. Er übernachtete oft in der alten Burg, und ein Waghals aus dem Ort hatte den Mut, ihm Gesellschaft zu leisten, ohne daß er zum Kahlkopf geschoren wurde. Da der Gutsherr erfuhr, daß der fürchterliche Rotmantel nicht mehr in Rummelsburg spuke, ward er darüber sehr froh und erteilte Befehl, des Fremdlings wohl zu pflegen, der ihn seiner Meinung nach weggebannt habe.

Um die Zeit, als sich der Wein färbte und der herannahende Herbst die Äpfel an den Bäumen rötete, kräuselten sich die braunen Locken wieder, der Wandrer schnürte sein Reisebündel: Seine Sinne und Gedanken waren auf die Weserbrücke gerichtet, um den Freund aufzusuchen, der ihm, nach der Verheißung des nächtlichen Barbiers, Anweisung geben sollte, wie er sein Glück machen könnte. Indem er sich vom Wirt verabschiedete, zog dieser ein Pferd, mit Sattel und Zeug, aus dem Stall, womit der Gutsherr aus Dankbarkeit ihn beschenkte, daß er sein Schloß wieder wohnbar gemacht hatte; auch ließ er ihm einen nachhaltigen

Zehrpfennig reichen, und so kam Franz flink und wohlgemut in seiner Vaterstadt wieder angeritten, wie er vor Jahresfrist daraus gezogen war. Er suchte sein altes Quartier im engen Gäßchen auf, hielt sich aber gar still und eingezogen und forschte nur unterderhand, wie's mit der schönen Meta stünd, ob sie noch lebe und unvermählt sei. Auf diese Frage erhielt er eine befriedigende Antwort und begnügte sich vorderhand daran – denn er wagte es nicht, ehe sein Schicksal entschieden wäre, ihr unter die Augen zu treten oder seine Ankunft in Bremen ihr vermerken zu lassen.

Mit heißer Sehnsucht erwartete er die Tag- und Nachtgleiche, seine Ungeduld machte ihm bis dahin jeden Tag zu einem Jahr. Endlich erschien der langgewünschte Termin. Die Nacht vorher konnte er vor Erwartung der Dinge, die da kommen sollten, kein Auge zutun; das Blut wallte und pochte in den Adern wie im Schlosse Rummelsburg, da er des Besuchs von einem Poltergeiste sich versah. Um den unbekannten Freund nicht zu verfehlen, stand er schon vor Tagesanbruch auf und begab sich in der ersten Morgendämmerung auf die Weserbrücke, die noch leer und ledig von Passanten war. Er ging verschiedenemal einsam darauf hin und wider, mit einem Vorgefühl freudiger Ahnung, das den eigentlichen Genuß aller irdischen Glückseligkeit in sich faßt, denn nicht die erreichten Wünsche, sondern die unbezweifelte Hoffnung, sie zu erreichen, gewährt dem menschlichen Geist das volle Maß des höchsten und innigsten Vergnügens. Er machte eine Menge Entwürfe, wie er sich im Besitz seines zu erwartenden Glücks bei der geliebten Meta produzieren wollte; ob es ratsamer sei, sich ihr in vollem Glanze zu zeigen oder nur im ersten Schimmer des Morgenlichtes aus seiner bisherigen Dunkelheit hervorzugehen und sie nach und nach die glückliche Veränderung seiner Lage wahrnehmen zu lassen. Die Neugierde tat bei dieser Gelegenheit tausend Fragen an den Verstand: Wer mag der Freund sein, der mir auf der Weserbrücke begegnen soll? Ob's wohl einer meiner alten Bekannten ist, bei denen ich, seit meinem Verfall, ganz vergessen bin? Wie wird er mir den Weg zum Glücke bahnen? Und wird dieser Weg kurz oder lang, bequem oder mühsam sein? Auf alles das wußte der Verstand, seines Sinnens und Spekulierens ungeachtet, keine Antwort.

Nach Verlauf einer Stunde fing's an, auf der Brücke lebhaft zu werden, es wurde darüber geritten, gefahren und gegangen, auch viel Kaufmannsgut hin und her gebracht. Die gewöhnliche Tagwache von Bettlern und preßhaften Personen besetzte nach und nach diesen zu ihrem Gewerbe wohlgelegnen Posten, um die Wohltätigkeit der Vorübergehenden in Kontribution zu setzen: An Armenanstalten und Arbeitshäuser hatte die weise Polizei damals noch nicht gedacht. Der erste von der zerfetzten Kohorte, der den jovialischen Spaziergänger, welchem frohe Hoffnung aus den Augen lachte, um eine milde Gabe ansprach, war ein verabschiedeter Kriegsmann, der mit dem militärischen Ehrenzeichen eines hölzernen Stelzfußes versehen war, das ihm, als er weiland fürs Vaterland focht, zum Lohn seiner Tapferkeit verliehen wurde, mit der Gerechtsame, zu betteln, wo er wollte, und der nun, als Physiognomist, das Studium der Menschenkunde auf der Weserbrücke mit so gutem Erfolg trieb, daß er selten eine Fehlbitte um ein Almosen tat. Auch diesmal irrte sich sein Beschauungsblick keinesweges, indem ihm Franz, in der Freudigkeit seines Herzens, einen blanken Engelgroschen in den Hut warf.

Zur Zeit der ersten Morgenstunden, da nur der arbeitsame Handwerker tätig ist, der vornehmere Städter aber noch der trägen Ruhe pflegt, erwartete er die Erscheinung des verheißenen Freundes eigentlich noch nicht: Er suchte ihn nicht in den niedrigsten Volksklassen und nahm daher von den Passanten nur wenig Notiz. Um die Stunde der Gerichtszeit aber, als die Proceres von Bremen in stattlichen Amtskleidern zu Rat fuhren, und um die Börsenzeit war er ganz Auge und Ohr, spähte die Kommenden von ferne, und wenn ein rechtlicher Mann über die Brücke kam, geriet sein Blut in Bewegung, und er vermeinte an ihm den Schöpfer seines Glücks zu finden. Es verging indessen eine Stunde nach der andern, die Sonne rückte hoch herauf; bald machte

die Mittagszeit einen Stillstand in den Geschäften; das Getümmel
verlor sich, und der erwartete Freund zögerte noch immer mit
seiner Ankunft. Franz promenierte jetzt ganz allein die Brücke
auf und nieder, hatte keine andre Gesellschaft neben sich als die
Bettler, die sich ihre kalte Küche servierten, ohne den Platz zu
verlassen. Er trug ebenfalls Bedenken, dieses zu tun, und weil

er nicht mit Lebensmitteln versehen war, kaufte er einiges Obst und nahm sein Mittagsmahl ambulando ein.

Dem ganzen Klub, der auf der Weserbrücke tafelte, fiel der junge Mann auf, der vom frühen Morgen an bis an den Mittag hier gelauret hatte, ohne mit jemandem Unterredung zu pflegen oder ein Geschäft auszurichten. Sie hielten ihn für einen Müßiggänger, und ungeachtet sie alle seine Mildtätigkeit erfahren hatten, entging er ihrem Spotte doch nicht: Sie nannten ihn scherzweise den Brückenvogt. Der Physiognomist mit dem Stelzfuß aber bemerkte, daß seine Miene nicht mehr so heiter war als in der Morgenstunde, er schien einer Sache ernstlich nachzudenken, hatte den Hut tief ins Gesichte gedrückt, seine Bewegung war langsam und bedächtlich, er nagte lange Zeit an einem Apfelgehäuse, ohne daß er dieses selbst zu wissen schien. Aus dieser Beobachtung vermeinte der Menschenspäher Vorteil zu ziehen, darum setzte er sein natürliches und sein hölzernes Bein in Bewegung, begab sich an das andre Ende der Brücke und lauerte dem Denker auf, um unter dem Anschein eines neuen Ankömmlings ihn nochmals um eine Beisteuer anzugehen, und dieser Fund gelang ihm aufs beste. Der tiefsinnige Philosoph richtete keine Aufmerksamkeit auf den Bettler, griff mechanisch in die Tasche und warf ihm ein Sechsgrotstück in den Hut, um seiner loszuwerden.

Nach der Mittagszeit kamen wieder tausend neue Gesichter zum Vorschein, der Harrende war nun des Verzugs seines unbekannten Freundes müde, demungeachtet hielt die Hoffnung noch immer seine Aufmerksamkeit gespannt; er trat jedem Vorübergehenden unter die Augen, hoffte, daß ihn einer freundschaftlich umarmen sollte; aber alle gingen kaltsinnig ihres Weges, die meisten bemerkten ihn gar nicht, und wenige erwiderten seinen Gruß mit einem kleinen Kopfnicken. Die Sonne neigte sich bereits zum Untergang, die Schatten wurden länger, die Frequenz auf der Brücke nahm ab, und das Bettlerpikett zog nach und nach heim in seine Kasernen auf der Mattenburg. Eine tiefe Schwermut überfiel den Hoffnungslosen, da er seine Erwartung getäuscht und die herrliche Aussicht, die er des Morgens vor Augen hatte, am Abend nun verschwinden sah. Er geriet in eine Art mißmutige Verzweiflung, war nahe dabei, über Bord zu springen und sich von der Brücke herab in die Weser zu stürzen. Aber ein Gedanke an Meta hielt ihn zurück und bewog ihn, dieses Vorhaben so lange aufzuschieben, bis er sie noch einmal gesehen hätte; er beschloß, den folgenden Tag sie zu belauschen, wenn sie gehen würde, Messe zu hören, zum letzten Mal aus ihrem reizenden Anblick Wonne zu trinken und dann flugs die heiße Liebe in dem kalten Weserstrom auf ewig abzukühlen.

Indem er sich anschickte, die Brücke zu verlassen, begegnete ihm der verabschiedete Lanzknecht mit dem Stelzfuß, der mancherlei Spekulationen zum Zeitvertreib gemacht hatte, was des jungen Mannes Absicht sei, daß er, vom frühen Morgen bis zum Abend, die Brücke bewacht hätte. Er hatte um seinetwillen länger als gewöhnlich verzogen, um ihn auszuharren. Weil er's ihm aber zu lange machte, reizte ihn die Neugierde, sich an ihn selbst zu wenden und ihn darum zu befragen. „Nichts für ungut, lieber Herr", redete er ihn an, „vergönnt mir eine Frage." Franz, der eben nicht bei gesprächiger Laune war und die Ansprache, die er von einem Freunde so sehnlich erwartet hatte, nun aus dem Munde eines Krüppels vernahm, antwortete etwas mürrisch: „Nun, was ist's? Alter Graubart, rede!"– „Wir zwei beide", fuhr jener fort, „sind heut die ersten hier auf dieser Brücke gewesen und sind nun auch die letzten. Was mich und andere meines Gelichters betrifft, uns führt der Beruf hierher, Almosen einzusammeln; aber Ihr seid doch, wahrlich, nicht von unsrer Gilde und habt gleichwohl hier den ganzen Tag gelauret. Lieber, sagt mir, wenn's kein Geheimnis ist, welche Ursach bringt Euch hierher oder welcher Stein liegt Euch auf dem Herzen, den Ihr hier abwälzen wolltet?" – „Was kann's frommen, Alter", sprach Franz launisch, „ob du weißt, wo mich der Schuh drückt oder welch Anliegen ich auf dem Herzen habe, dich wird's wenig kümmern." – „Herr, ich will Euch wohl, darum daß Ihr Eure Hand gegen mich aufgetan und mir zweimal Almosen gegeben habt, das Euch

Gott belohne! Aber Euer Angesicht war am Abend nicht so heiter wie am Morgen, und das frißt mirs Herz." Diese gutmütige Teilnehmung des alten Kriegsknechtes gefiel dem Misanthropen, daß er nun das Gespräch gern unterhielt. „Ei nun", antwortete er, „wenn dir daran gelegen ist, zu erfahren, warum ich mich hier die Langeweile habe plagen lassen, so wisse, daß ich einen Freund suchte, der mich hierher beschied und nun vergeblich auf sich warten läßt." – „Mit Verlaub", entgegnete der Stelzfuß, „daß ich frei reden mag. Euer Freund, sei er auch, wer er sei, ist 'n Schurke, daß er Euch so am Narrenseile führt. Tät er mir das, so sollt er, wahrlich, meine Krücken fühlen, wo er mir unter die Augen trät. War er verhindert, Wort zu halten, sollt er es kundtun und Euch nicht wie einen Knaben äffen." – „Ich kann ihm", entschuldigte Franz, „sein Ausbleiben gleichwohl nicht verargen, er hat mir nichts versprochen; es war nur ein Traum, der mir verhieß, hier meinen Freund zu treffen." Die Gespenstergeschichte war ihm zu erzählen zu weitläufig, darum hüllte er sie in einen Traum. „Das ist ein andres", sprach der Alte, „wenn Ihr auf Träume baut, so wundert's mich nicht, daß Euch Eure Hoffnung betrügt. Mich hat in meinem Leben viel tolles Zeug geträumet; aber ich bin nie ein solcher Tor gewesen, darauf zu achten. Hätt ich all die Schätze, die mir im Traume sind beschert gewesen, die Stadt Bremen wollt ich damit kaufen, wo sie feilgeboten würde. Aber ich habe nie an Träume geglaubt, auch weder Hand noch Fuß geregt, ihren Wert oder Unwert zu prüfen, ich wußte wohl, daß es vergebne Mühe damit sei. Ha, ich muß Euch ins Gesichte lachen, daß Ihr um eines leeren Traumes willen einen schönen Lebenstag verschleudert, den Ihr bei einem fröhlichen Gelag besser zugebracht hättet." – „Der Erfolg beweist, daß du recht hast, Alter, und daß Träume öfters trügen. Aber", verteidigte sich Franz, „ich träumte so lebhaft und umständlich vor länger als drei Monden, daß ich an eben diesem Tage und an diesem Orte einen Freund antreffen sollte, der mir Dinge von großer Wichtigkeit zu sagen habe, daß es wohl der Mühe lohnte, zu erfahren, ob der Traum zutreffen würde." – „Oh", versetzte der

Stelzfuß, „niemand träumt lebhafter als ich! Einen Traum vergeß ich doch in meinem Leben nicht. Träumte mir, weiß nicht vor wieviel Jahren, mein Schutzengel stünd an meinem Bette, in Gestalt eines Jünglings mit goldgelockten Haaren, und zwei silberfarbenen Fittichen auf dem Rücken, und sprach zu mir: ‚Berthold, vernimm die Worte meiner Rede, daß keins verlorengehe aus deinem Herzen. Es ist dir ein Schatz beschieden, den du heben sollst, um dir davon gütlich zu tun die übrige Zeit deines Lebens. Morgen abend, wenn die Sonne zum Untergang sich neiget, nimm Schippe und Spaten auf deine Schulter, gehe aus von der Mattenburg, über die Tieber rechter Hand, nach der Balgenbrücke, an dem Johanniskloster hin, bis zum großen Roland. Dann nimm deinen Weg über den Domhof durch den Schüsselkorb, daß du gelangest außer der Stadt an einen Garten, der das Merkzeichen hat, daß eine Steige von vier steinernen Stufen von der Straße hinunter zu dessen Eingang führet. Harre hier abseits im Verborgnen, bis die Mondssichel dir leuchtet: Dann stemme dich mit Mannskraft gegen die leicht verwahrte Tür, die dir nur schwach widerstehen wird. Tritt getrost ein in den Garten und wende dich nach dem Traubengeländer, das den Bogengang beschattet, hinter demselben linker Hand überragt ein hoher Apfelbaum das niedrige Gebüsch, tritt an den Stamm dieses Baums, das Angesicht gerade gegen den Mond gekehret, schaue drei Ellen breit vor dich auf die Erde, so wirst du zwei Zimtrosensträuche erblicken, dort schlage ein und grabe drei Spannen tief, bis du eine steinerne Platte findest, darunter liegt der Schatz begraben, in einer eisernen Truhe voll Gold und Geldeswert. Ob sie wohl schwer und unbehilflich ist, so scheue doch die Arbeit nicht, sie aus der Gruft zu heben, sie wird deiner Mühe wohl lohnen, wenn du den Schlüssel suchest, der unter der Truhe verwahrt ist.‘“

Vor Verwunderung starrte und staunte Franz den Träumer an über das, was er hörte, und würde seine Verwirrung nicht haben verbergen können, wo nicht die nächtliche Dämmerung ihm zustatten gekommen wär. Er erkannte aus allen angegebenen Merkzeichen seinen eignen vom Vater ererbten Garten, der des guten Mannes Steckenpferd bei seinem Leben gewesen war; um deswillen aber dem Sohn nicht behagte, vermöge der Erfahrungsregel, daß selten Vater und Sohn in einer Lieblingsneigung, wenn sie kein Laster ist, sympathisieren; denn im letztern Fall fällt der Apfel, wie man spricht, selten weit vom Stamme. Vater Melchior hatte den Garten ganz in seinem eignen Geschmacke angelegt, so bunt und seltsam wie sein Urenkelssohn, der sein Elysium durch eine originelle Beschreibung verewiget hat[5]. Er hatte zwar keine gemalte Menagerie darinnen zur Schau ausgestellt; aber er unterhielt gleichwohl eine sehr zahlreiche daselbst von springenden Rossen, geflügelten Löwen, Adlern, Greifen, Einhörnern und andern Wundertieren, allesamt von reinem Gold geprägt, die er aber für jedermanns Augen sorgfältig verhehlte und unter die Erde verbarg. Diesen väterlichen Hain hatte der verschwenderische Sohn, zur Zeit seiner Wildfangsepoche, um ein Spottgeld verschleudert.

Jetzt wurde ihm der Stelzfuß auf einmal höchst interessant, da er merkte, daß eben dieser der Freund war, an den ihn das Nachtgespenst im Schlosse Rummelsburg adressiert hatte. Gern hätt er ihn umarmen und im ersten Entzücken Freund und Vater nennen mögen; doch hielt er sich zurück und fand ratsamer, sich gegen ihn über die mitgeteilte Nachricht nicht weiter auszulassen. Darum sprach er: „Das laß ich mir einen umständlichen Traum sein! Aber, Alter, was tatest du am Morgen beim Erwachen? Befolgtest du nicht, wozu der Schutzengel dich anmahnte?" – „Ei, wie sollt ich", antwortete der Träumer, „vergebne Arbeit tun? Es war ja nichts als ein leidiger Traum. Wenn mir mein Schutzengel erscheinen wollte, so hab ich der schlaflosen Nächte in meinem Leben gar viele gehabt, da er mich wachend hätte finden können; aber er hat sich wohl nie sehr um mich bekümmert, sonst würde ich nicht, zu seiner Schande, auf diesem Stelzfuß hinken." Franz zog sein letztes Silberstück hervor, das er bei sich trug. „Nimm", sprach er, „alter Vater, diese Gabe noch von mir zu einem Schoppen Wein für den Abendtrunk, dein Gespräch hat meine üble Laune verscheucht. Verabsäume nicht, dich fleißig auf dieser Brücke einzufinden, wir sprechen, hoff ich, uns hier wieder." Der lahme Greis hatte seit langer Zeit kein so reiches Almosen eingeerntet als an diesem Tag, er segnete dafür seinen Wohltäter, krückte sich in ein Wirtshaus und tat sich eine Güte; Franz aber eilte, von neuer Hoffnung belebt, seiner Wohnung im engen Gäßchen zu.

Am folgenden Tage setzte er alles in Bereitschaft, was zum Schatzgraben erforderlich ist. Die außerwesentlichen Requisita, Beschwörungsformeln, Zaubersegen, Zaubergürtel, hieroglyphische Charaktere und dergleichen, mangelten ihm gänzlich; sie sind aber auch entbehrlich, wenn nur die drei Haupterfordernisse nicht fehlen, Schippe, Spaten und vor allen Dingen der Schatz unter der Erde. Das nötige Arbeitszeug schaffte er kurz vor Sonnenuntergang an Ort und Stelle und verbarg es einstweils in einer Hecke; was aber den Schatz selbst betraf, so hatte er den festen Glauben, daß der Geist im Schlosse und der Freund auf der Brücke an ihm nicht würden zu Lügnern werden. Mit sehnlichem Verlangen erwartete er nun den Aufgang des Mondes, und als dieser seine Silberhörner durchs Gebüsch streckte, begab er sich frisch an die Arbeit, beobachtete alles genau, was ihm der alte Invalid gelehrt hatte, und hob den Schatz glücklich, ohne ein Abenteuer dabei zu bestehen; ohne daß ihn ein schwarzer Hund erschreckt oder ein blaues Flämmlein dazu geleuchtet hätte.

Vater Melchior, der aus weiser Vorsicht diesen Notpfennig hier vergrub, hatte keineswegs die Absicht, seinem Sohne diesen beträchtlichen Teil der Erbschaft zu entziehen, der Verstoß lag nur darin, daß Freund Hein auf eine andre Manier den Erblasser aus der Welt geleitete, als dieser vermutet hatte. Er war gänzlich überzeugt, daß er alt und lebenssatt, mit allen Formalitäten eines ordentlichen Krankenlagers, das Zeitliche segnen würde, wie ihm in der Jugend war prophezeit worden. Da wollte er nun, wenn er nach Kirchengebrauch die Letzte Ölung empfangen hätte, seinen geliebten Sohn ans Sterbebette zu sich rufen, nachdem er alle Umstehenden zuvor entlassen hätte, ihm den väterlichen

Segen erteilen und zum Valet den im Garten vergrabenen Schatz nachweisen. Es wäre auch alles in seiner Ordnung gegangen, wenn das Lebenslicht des guten Alten ausgelöscht wär wie ein brennender Docht, dem es an Öl gebricht; da es aber der Tod hinterlistigerweise auf einem Gastmahl ausputzte, so nahm er, wider Willen, sein Mammonsgeheimnis mit ins Grab, und es waren beinahe soviel glückliche Konkurrenzen erforderlich, ehe das verscharrte Patrimonium an den rechten Erben kam, als wenn es durch die Hand der Gerechtigkeit an die Behörde wäre befördert worden.

Mit unermeßlicher Freude nahm er die unförmlichen spanischen Matten in Empfang, die der eiserne Kasten, nebst einer großen Anzahl anderer Sorten von feinerm Gepräge, getreulich verwahrt hatte. Nachdem der Taumel der ersten Wonnetrunkenheit etwas verraucht war, überlegte er, wie der Schatz unbemerkt und sicher ins enge Gäßchen zu transportieren sein möchte. Die Bürde war zu schwer, sie ohne Gehilfen fortzubringen, daher wachten mit dem Besitz des Reichtums auch alle damit verknüpften Sorgen auf. Der neue Krösus wußte sich nicht anders zu raten, als sein Kapital einem hohlen Baum, der hinterm Garten auf einer Wiese stand, auf Treu und Glauben anzuvertrauen; den ausgeleerten Kasten vergrub er wieder in dem Rosengebüsch und ebnete den Platz, so gut er konnte. In Zeit von drei Tagen war der Schatz aus dem hohlen Baum wohlbehalten ins enge Gäßchen eingelotst, und nun glaubte der Inhaber, mit Ehren sein strenges Inkognito ablegen zu können. Er kleidete sich aufs beste, ließ die Fürbitte in der Kirche abstellen und begehrte dagegen eine christliche Danksagung für einen Reisenden bei der Wiederkehr in seine Vaterstadt, nach glücklicher Ausrichtung seiner Geschäfte. Er verbarg sich in der Kirche in einem Winkel, wo er unbemerkt die schöne Meta beobachten konnte, verwendete von ihr kein Auge und trank aus ihrem Anblick alles das Entzücken, dessen Vorempfindung ihn von dem Hallorumsprung von der Weserbrücke zurückhielt. Wie's an die Danksagung kam, blickte frohe Teilnehmung aus allen ihren Gesichtszügen, und die jungfräulichen Wangen glühten vor Freude. Die gewöhnliche Begegnung auf dem Heimweg war so sprechend, daß sie auch dem dritten Mann, der darauf gemerkt hätte, wäre verständlich gewesen.

Franz erschien nun wieder auf der Börse, fing ein Gewerbe an, das in wenigen Wochen schon ins Große ging, und da sein Wohlstand täglich mehr in die Augen fiel, urteilte Freund Neidhard, der Lästerzüngler, er müsse bei Einkassierung der alten Schulden mehr Glück als Verstand gehabt haben. Er mietete ein großes Haus, dem Roland gegenüber auf dem Markte, nahm Buchhalter und Handelsdiener an und trieb seine Geschäfte unverdrossen. Da handhabe das leidige Völklein der Schmarotzer wieder fleißig die Klingel an der Tür, kamen zuhauf und erdrückten ihn schier mit Freundschaftsversicherungen und Glückwünschen zu erneuertem Wohlergehen; vermeinten, ihn wieder mit ihren räuberischen Klauen zu erfassen. Aber er war durch Erfahrung klug worden, bezahlte sie mit ihrer eignen Münze, speiste ihre falsche Freundlichkeit mit glatten Worten ab und ließ sie mit leerem Magen abziehen, welches souveräne Mittel, das lästige Geschmeiß der Gutschmecker und Schranzen zu vertreiben, die beabsichtete Wirkung tat, daß sie wegblieben.

In Bremen war der neu emporschwebende Franz das Märchen des Tages, die Fortüne, die er auf eine unbegreifliche Art in der Fremde, wie man glaubte, gemacht hatte, war der Inhalt aller Gespräche auf Ehrengelagen, vor den Gerichtsschranken und auf der Börse. Doch in dem Maße, wie der Ruf von seinem Glück und Wohlstand wuchs, nahm die Zufriedenheit und Gemütsruhe der schönen Meta ab. Der Freund in petto war, ihrer Meinung nach, jetzt wohl dazu qualifiziert, ein lautes Wort zu sprechen. Demungeachtet blieb seine Liebe noch immer stumm, und außer der Begegnung auf dem Kirchweg ließ er nichts von sich hören. Selbst diese Art von Aufwartung wurde sparsamer, und dergleichen Aspekte deuteten nicht auf warme, sondern auf kalte Witterung in der Liebe. Die traurige Harpyie Celäno Eifersucht umflatterte, zur Nachtzeit, ihr Kämmerlein und girrte, wenn der goldne Schlaf ihr kaum die blauen Augen zugedrückt hatte, manche bange Ahnung der Erwachenden ins Ohr. „Laß die süße Hoffnung schwinden, einen Unbeständigen zu fesseln, der als ein leichter Ball von jedem Winde umgetrieben wird. Er liebte dich und war dir treu, solang sein Glück dem deinigen die Waage hielt: Nur gleich und gleich gesellet sich. Jetzt hebt ein günstger Los den Wankelmütigen weit über dich empor. Ach, nun verschmäht er die reinsten Triebe im dürftigen Gewand, da Prunk und Pracht und Reichtum wieder um ihn braust, und buhlt, wer weiß um welche stolze Schöne, die ihn verstieß, als er im Staube lag, und mit Sirenenruf nun wieder zu sich lockt. Vielleicht hat ihn des Schmeichlers Stimme von dir abgewendet, der zu ihm mit verführerischen Worten sprach: Dir blüht der Garten Gottes in deiner Vaterstadt, Freund, du hast jetzt die Wahl von allen Mädchen, drum wähle mit Verstand, nicht mit den Augen nur. Es gibt der Mädchen viel und viel der Väter, die heimlich auf dich lauren; dir weigert keiner seine Lieblingstochter. Nimm Glück und Ehre mit der Schönsten, auch Sippschaft und Vermögen hin. Die Ratsherrn-Würde kann dir nicht entgehen, wo der Gefreundschaft Stimme viel in der Stadt vermag."

Diese Eingebungen der Eifersucht beunruhigten und quälten ihr Herz unablässig, sie musterte ihre schönen Zeitgenossinnen in Bremen durch und maß den großen Abstand so vieler glänzenden Partien gegen sich und ihre Verhältnisse, und da fiel das Resultat nicht für sie günstig aus. Die erste Nachricht von der Glücksveränderung ihres Geliebten hatte sie im Geheim entzückt, nicht in der eigennützigen Absicht, Teilhaberin eines großen Vermögens zu werden, sondern um der guten Mutter Freude zu machen, die auf alles Erdenglück Verzicht getan, nachdem die Heirat mit dem Nachbar Hopfenkönig sich zerschlagen hatte. Jetzt wünschte Meta, der Himmel möchte die kirchliche Fürbitte nicht erhört und den Verrichtungen des Reisenden keinen so glücklichen Erfolg verliehen, sondern ihn vielmehr bei Salz und Brot erhalten haben, welches er gern mit ihr teilen würde. Die schöne Hälfte der Menschheit ist ganz und gar nicht geschickt, ein geheimes Anliegen zu verhehlen: Mutter Brigitta merkte bald den Trübsinn ihrer Tochter und erriet auch, ohne eben eines Scharfblicks dazu benötigt zu sein, dessen Grund und Ursach vollkommen. Das Gerücht von dem wieder aufgegangenen Glücksstern ihres ehemaligen Flachsspediteurs, der jetzt als ein Muster eines ordentlichen, verständigen und tätigen Handelsmannes gepriesen wurde, war ihr ebensowenig als die Gesinnung der holden Meta gegen ihn verborgen, und sie urteilte, wenn es mit seiner Liebe auf Ernst gemeint sei, so war's unnötig, so lange zu zaudern, ohne sich deutlich zu erklären. Doch zur Schonung ihrer Tochter erwähnte sie nie etwas davon; bis dieser endlich das Herz so voll war, daß sie die gute Mutter zur Vertrauten ihres Kummers machte und ihr die wahre Ursache desselben offenbarte. Die kluge Frau erfuhr dadurch wenig mehr, als sie bereits wußte. Aber dieses freie Geständnis gab Gelegenheit, daß sich Mutter und Tochter gegeneinander über diese Herzensangelegenheit aussprachen. Jene machte dieser diesfalls keine Vorwürfe weiter, sie glaubte, zu geschehenen Dingen müsse man das Beste reden; sie wendete vielmehr alle ihre Beredsamkeit an, die Niedergeschlagne zu trösten und anzumahnen, fehlgeschlagne Hoffnung mit standhaftem Mute zu ertragen.

In dieser Absicht buchstabierte sie ihr das sehr vernünftige moralische a-b-ab vor: „Kind, du hast a gesagt", sprach sie, „nun mußt du auch b sagen; du hast dein Glück verschmäht, da es dich suchte, nun mußt du dich auch drein ergeben, wenn es dir nicht wieder begegnet. Die Erfahrung hat mich gelehrt, daß die zuversichtlichste Hoffnung am ersten trügt. Darum folge meinem Beispiel, entsage der schönen Gleisnerin, so wird sie deine Zufriedenheit nicht stören. Rechne nicht auf eine Verbesserung deines Schicksals, so wirst du dich mit deinem Zustande begnügen. Ehre die Spindel, die dich nährt, was kümmern dich Glück und Reichtum, wenn du ihrer entraten kannst?" Auf diese herzige Oration folgte eine rauschende Symphonie der Schnappweife und des Spinnrads, um die durch das Gespräch verlorne Zeit wieder beizubringen. Mutter Brigitta philosophierte in der Tat aus dem Herzen heraus: Sie hatte den Plan ihres Lebens, nachdem sich die Anlage zu Wiederherstellung ihres ehemaligen Wohlstandes verschoben hatte, so vereinfacht, daß das Schicksal darin nichts mehr verwirren konnte; aber Meta war noch weit von diesem philosophischen Ruhepunkt entfernt. Daher wirkten diese Lehre, Vermahnung und Trost ganz anders, als sie gemeinet waren: Die gewissenhafte Tochter betrachtete sich jetzt als die Zerstörerin der süßen mütterlichen Hoffnung und machte sich tausend Vorwürfe deswegen. Ob sie gleich den mütterlichen Heiratsplan nie adoptiert und nur auf Salz und Brot in der zukünftigen Ehe gerechnet hatte – so waren ihre Küchenprojekte, nachdem sie von der wieder aufblühenden Handlung und dem Reichtum ihres Herzgespiels Kundschaft erhalten hatte, schon auf sechs Schüsseln gestiegen, und es war für sie ein entzückender Gedanke, durch ihre Wahl den Wunsch der guten Mutter dennoch zu realisieren und sie wieder in den ehemaligen Wohlstand versetzt zu sehen.

Dieser schöne Traum verschwand nun allgemach, da Franz nichts mehr von sich hören ließ, dazu kam noch eine Sage, die in der ganzen Stadt umlief, er lasse sein Haus, zu seiner bevorstehenden Vermählung mit einer reichen Antwerperin, aufs herrlichste ausschmücken und die Braut sei schon im Anzug. Diese Hiobspost brachte das liebevolle Mädchen ganz aus der Fassung: Sie sprach von Stund an dem Abtrünnigen das Verbannungsurteil aus ihrem Herzen, gelobte sich, nicht mehr an ihn zu gedenken, und netzte dabei den ausgezognen Faden mit Tränen. In einer der schwermutsvollen Stunden, da sie dies Gelübde brach und wider Willen an den Treulosen dachte – denn sie hatte eben einen angelegten Rocken abgesponnen, und von der Mutter war ihr ehemals ein Sprüchlein gelehrt, zu Fleiß und Arbeit sie zu ermuntern, das lautete:

Spinn, Töchterlein, spinn,
der Freier sitzt drin!

An dieses Sprüchlein dachte sie, sooft sie einen Rocken aufgesponnen hatte, und dabei mußte ihr notwendig der Wankelmütige einfallen – in einer solchen schwermutsvollen Stunde pochte ein Finger gar zierlich an die Tür. Mutter Brigitta sah hinaus, da stand der Freier davor. – Und wer war's? – Wer anders als Freund Franz aus dem engen Gäßchen! Er hatte sich mit einem prächtigen Feierkleid herausgeputzt, und seine wohlgekämmten lichtbraunen Locken dufteten Wohlgeruch. Dieser stattliche Aufzug ominierte allerdings eine andere Absicht als einen Flachshandel; Mutter Brigitta bestürzte; sie wollte reden, aber die Worte versagten ihr. Meta erhob sich beklommen vom Sessel, glühte wie eine Purpurrose und schwieg. Franz aber war der Sprache mächtig, legte dem zärtlichen Adagio, das er ihr ehemals vorlauteniert hatte, nun einen schicklichen Text unter und erklärte ihr seine stumme Liebe mit deutlichen Worten. Hierauf tat er um sie bei der Mutter feierliche Anwerbung und legitimierte sich dadurch, daß die Zubereitungen in seinem Haus zum Empfang einer Braut auf die reizvolle Meta wären gemeint gewesen.

Die umständliche Frau wollte, nachdem sie ihre Sensationen wieder ins Gleichgewicht gestellt hatte, den Antrag, nach Gewohnheit, in achttägige Überlegung ziehen; ob ihr gleich die Freudentränen über die Wangen rollten, die auf kein Hindernis ihrerseits, sondern vielmehr auf beifällige Resolution deuteten. Franz war aber so dringend in seinem Gewerbe, daß sie zwischen dem mütterlichen Kostum und dem Verlangen des Freiwerbers einen Mittelweg suchte und die holde Meta bevollmächtigte, die Entscheidung in der Sache nach ihrem Gutbefinden zu fällen. In dem jungfräulichen Herzen hatte sich seit Franzens Eintritt ins Zimmer eine merkliche Revolution ereignet. Seine Erscheinung war der redendste Beweis seiner Unschuld, und da sich während der Unterredung deutlich ergab, daß der scheinbare Kaltsinn nichts anders als Eifer und Betriebsamkeit gewesen war, teils Handelsgeschäfte in Gang zu bringen, teils das Nötige zur bevorstehenden Eheverbindung zu veranstalten – so lag der geheimen Wiederaussöhnung kein Stein des Anstoßes im Wege. Sie verfuhr mit dem Verbannten, wie Mutter Brigitta mit der außer

Aktivität gesetzten Spinngerätschaft oder der erstgeborne Sohn der Kirche mit einem exilierten Parlament, berief ihn mit Ehren in ihr hochklopfendes Herz zurück und verlieh ihm darin alle vormalige Gerechtsame. Das entscheidende biliteralische Wörtlein, das das Glück der Liebe bestätigt, glitt mit unaussprechlicher Anmut von ihren sanften Lippen, daß der erhörte Liebhaber sich nicht enthalten konnte, solches mit einem feurigen Kusse aufzufangen.

Das zärtliche Paar hatte nun Zeit und Gelegenheit, alle Hieroglyphen seiner geheimnisvollen Liebe zu entziffern und zu paraphrasieren, welches die angenehmste Unterhaltung gab, die jemals zwei Liebende miteinander gepflogen haben. Sie fanden, was sich unsre Exegeten wünschen sollten, daß sie den Grundtext immer richtig verstanden und interpretiert hatten, ohne jemals den wahren Sinn ihrer wechselseitigen Unterhandlungen zu verfehlen. Es kostete dem entzückten Bräutigam beinahe ebensoviel Überwindung, sich von der reizenden Braut zu scheiden, als an dem Tage, da er seinen Kreuzzug nach Antwerpen antrat. Er hatte aber noch einen notwendigen Gang zu tun, den er in Person zu verrichten sich nicht entbrechen wollte, daher wurd's endlich Zeit, sich zu beurlauben.

Dieser Gang war auf die Weserbrücke gerichtet, zum Freund Stelzfuß, der ihm noch unvergessen war, ob er gleich lange verzogen hatte, demselben Wort zu halten. So scharf der spähende Graukopf seit der Entrevue mit dem freigebigen Pflastertreter alle Passanten aufs physiognomische Korn genommen hatte, sowenig konnte er seiner doch wieder ansichtig werden, ob er ihm gleich einen anderweiten Besuch verheißen hatte. Seine Gestalt war ihm indessen noch nicht aus dem Gedächtnis verschwunden. Sobald er den schöngeputzten Mann von fern erblickte, kam er auf ihn zu und bewillkommnete ihn freundlich. Franz erwiderte des Alten Gruß und sprach: „Freund, kannst du mit mir wohl einen Gang in die Neustadt tun, um ein Gewerbe auszurichten? Deine Mühe soll nicht unvergolten bleiben." – „Warum das nicht?" antwortete der Altvater. „Ob ich gleich ein hölzern Bein habe, so kann ich doch damit so rüstig schreiten als der lahme Zwerg, der die Stadtflur umkrochen hat[6]: Denn der hölzerne Fuß, sollt Ihr wissen, hat die Eigenschaft, daß er niemals ermüdet. Aber verzieht noch kurze Zeit, bis das Grauröcklein vorüber ist, das zwischen Tag und Nacht nicht verfehlt, über die Brücke zu wandeln." – „Was ist's mit dem Grauröcklein?" frug Franz. „Laß mich wissen, welche Beschaffenheit es damit habe!" – „Das Grauröcklein bringt mir täglich einen Silbergroschen um die Abendzeit, weiß nicht von wannen. Es frommt auch nicht, jedem Dinge viel nachzugrübeln, drum laß ich's bleiben. Fällt mir bisweilen ein, das Grauröcklein sei gar der Teufel, der meine Seele mit dem Geld erkaufen wolle. Doch sei er's, oder sei er's nicht, was kümmert's mich? Ich bin den Kauf nicht eingegangen, so kann er auch nicht gelten." – „Ich denke wohl", sprach Franz mit lachendem Munde, „dem Grauröcklein läuft der Schalk hinterdrein. Folge du mir, der Silbergroschen soll dir drum nicht fehlen."

Der Stelzfuß machte sich auf, hinkte seinem Geleitsmanne nach, und dieser führte ihn straßauf, straßab in eine entlegne Gegend der Stadt nahe am Wall, blieb vor einem kleinen neuerbauten Hause stehen und klopfte an die Tür. Da solche aufgetan wurde, sprach er: „Freund, du hast mir einen heitern Abend im Leben gemacht, es ist billig, daß ich dir den Abend deines Lebens auch heiter mache. Dieses Haus mit allem Zubehör und dem Garten, worauf es steht, ist dein Eigentum; Küch und Keller ist gefüllt, ein Aufwärter bestellt, dein zu pflegen, und den Silbergroschen obendrein wirst du jeden Mittag unter deinem Teller finden. Es soll dir daneben unverhalten bleiben, daß das Grauröcklein mein Diener ist, den ich sandte, dir täglich ein ehrliches Almosen zu reichen, bis ich diese Wohnung für dich zubereiten ließ. Willst du, so magst du mich für deinen guten Engel halten, weil's dein Schutzengel dir nicht zu Danke gemacht hat."

Er führte den Alten drauf in seine Wohnung ein, wo der Tisch bereitet und alles zu seiner Bequemlichkeit und Leibespflege angeordnet war. Der Graukopf war von seinem Glück so überrascht, daß er's nicht fassen konnte. Es war ihm unbegreiflich, wie ein Reicher des Armen sich also erbarmen sollte, und es fehlte wenig, daß er die ganze Begebenheit für Blendwerk hielt; Franz aber benahm ihm allen Zweifel. Ein Strom dankbarer Zähren floß von des Greises Angesicht, und sein Wohltäter begnügte sich daran, ohne abzuwarten, daß sich dieser von seiner Bestürzung erholte, um ihm mit Worten zu danken, schwand nach dieser ausgerichteten Engelbotschaft dem Altvater aus den Augen, wie die Engel pflegen, und überließ ihm, die Sache zu reimen, wie er konnte.

Am folgenden Morgen war's in der Wohnung der lieblichen Braut wie Jahrmarkt. Franz schickte Kaufleute, Juwelier, Putzmacherinnen, Spitzenhändler, Schneider, Schuster und Näherinnen zu ihr, teils allerlei Waren, teils ihre guten Dienste ihr anzubieten. Sie brachte den ganzen Tag damit zu, Stoffe, Spitzen und andere Erfordernisse zum Brautstaat auszuwählen und sich das Maß zu neuen Kleidungsstücken nehmen zu lassen. Ihr niedlicher Fuß, der schöngestaltete Arm und die schlanke Taille wurden so oft und so sorgfältig ausgemessen, als wenn ein kunstreicher Bildner das Modell zu einer Liebesgöttin von ihr hätte nehmen sollen. Der Bräutigam ging indessen, das Aufgebot zu bestellen, und ehe drei Wochen verliefen, führte er die Braut zum Altar, mit einer Feierlichkeit, die das glänzende Hochzeitgepränge des reichen Hopfenköniges verdunkelte. Mutter Brigitta genoß die Wonne, der tugendsamen Meta den Brautkranz aufzuschmücken, erreichte den Wunsch vollkommen, ihren Weibersommer bei gutem Wohlstand zu verleben, und sie verdiente diese Zufriedenheit als eine Belohnung um einer lobenswürdigen Eigenschaft willen, die sie besaß: Sie war die leidlichste Schwiegermutter, die jemals ist erfunden worden.

[1] Davon schreibt sich, der Sage nach, die an einigen Orten noch gewöhnliche scherzhafte Gesundheit her: Des Alten Sohn soll leben!

[2] Was wird die Welt dazu sagen?

[3] Eins der ansehnlichsten Gebäude in Bremen, worinnen die Konvente der Kaufleute gehalten werden.

[4] Die ältesten Taschenuhren wurden von der Form, welche man ihnen zuerst gab, Stundeneier genannt.

[5] In Hirschfelds Gartenkalender vom Jahr 1783 auf der 126. u.f.S.

[6] Laut einer alten Sage verhieß eine benachbarte Gräfin, den

Bremern scherzweise so viel Land zu schenken, als ein Krüppel, der sie eben um ein Almosen bat, in einem Tage würde um-
kriechen können. Man hielt sie beim Wort, und der Krüppel
kroch so gut, daß die Stadt die große Bürgerweide dadurch bekam.

Ulrich mit dem Bühel

Nahe dem Fichtelberge an der böhmischen Grenze lebte zu Kaiser Heinrich des Vierten Zeiten ein wackrer Kriegsmann mit Namen Egger Genebald auf seinem Lehn, das ihm für den welschen Heerszug zuteil ward, hatte im Dienst des Kaisers viele Städte und Flecken geplündert und großes Gut erbeutet, davon er drei Raubschlösser erbaute in einem düstern Wald; Klausenburg auf der Höhe, Gottendorf im Tal und Salenstein am Flusse. In diesen Schlössern zog er mit vielen Reitern und Knechten aus und ein, mochte sich des Raubens und Plünderns nicht entwöhnen und übte das Faust- und Kolbenrecht, wo er konnte. Oft überfiel er mit seinen Gewappneten, aus einem Hinterhalt, die Kaufleute und Reisenden, Christen oder Juden, das galt ihm gleich, wenn er ihrer nur mächtig zu werden vermeinte; oft brach er eine liederliche Ursach vom Zaun, seine Nachbarn zu befehden. Ob es ihm gleich vergönnt war, in den Armen einer liebenswürdigen Gemahlin zu rasten, um nach dem Ungemach des Krieges das Glück der Liebe zu schmecken, so hielt er doch die Ruhe für Weichlichkeit; denn nach der Denkungsart seines ehernen Zeitalters waren Schwert und Speer in der Hand des deutschen Adels, was Spaten und Sense in der Hand des friedlichen Landmannes sind, die Werkzeuge eines ehrlichen Gewerbes. Und traun, der Ritter nährte sich seines anmaßlichen Berufs unverdrossen.

Da er aber mit diesem Unfug allen seinen Grenznachbarn Überlast machte und keiner sein Eigentum vor ihm sichern konnte, beschlossen sie einen Rat über ihn und verschworen sich, Gut und Blut dranzusetzen, den räuberischen Falken aus dem Nest zu vertreiben und seine Feste zu zerstören. Sie sandten ihm einen Fehde- und Absagebrief, rüsteten ihre Mannschaft und belagerten, auf einen Tag, seine drei Schlösser, da er im freien Feld gegen die Verbündeten nicht bestehen konnte. Hugo von Kotzau zog mit seinem Volk vor Klausenburg auf der Höhe; der Ritter Rudolph von Rabenstein lagerte sich vor Gottendorf im Tal, und

Ulrich Spareck, der Tummler genannt, legte sich mit seinen Bogenschützen vor Salenstein am Flusse.

Als Egger Genebald von allen Seiten sich beängstigt sah und hart bedrängt wurde, faßte er den Anschlag, mit dem Schwert sich freie Bahn durch die feindlichen Haufen zu machen und ins Gebirge zu fliehen. Er sammelte sein Volk um sich her, und nachdem er die Kriegsleute angemahnt hatte, sich hurtig zu halten, um entweder zu siegen oder zu sterben, setzte er seine Gemahlin, die sich der Entbindung versah, auf ein wohlzugerittnes Roß und bestellte einen seiner Leibdiener zu ihrer Aufwartung. Ehe aber noch die Zugbrücke niedergelassen und das eherne Tor auftgetan wurde, rief er ihn beiseits und sprach: „Hüte meines Weibes im Nachzug als deines Augapfels, so lange mein Panier wehet und der Federbusch auf meinem Helm emporstehet; sofern ich aber erliege im Streit, so wende dich nach dem Walde und verbirg sie daselbst in der Felsenkluft, die dir wohlbekannt ist. Dort erwürge sie in der Nacht mit dem Schwert, daß sie nicht weiß, wie ihr geschieht. All mein Gedächtnis soll vertilget werden auf Erden, daß mein ehelich Gemahl oder die Frucht ihres Leibes nicht der Spott meiner Feinde werde." Nachdem er das gesagt hatte, tat er einen mutigen Ausfall aus dem Schlosse, also daß die Feinde in großen Schrecken gerieten und sich schon nach der Flucht umsahen. Da sie aber das geringe Häuflein gewahr wurden, das sich ermächtigte, gegen ein ganzes Heer zu streiten, schöpften sie frischen Mut, stritten als mannliche Helden, umringten die feindliche Schar, erschlugen den Ritter samt seinen Knechten, daß nicht einer davonkam außer dem Leibdiener, der im Getümmel des Kampfes die edle Frau davonführte und sie in der Waldhöhle verbarg.

Als sie hineintrat, benahmen ihr Kummer und Angst den Odem, daß ihr eine Ohnmacht zuzog und sie sichtlich dahinstarb. Da gedachte der Diener an das Wort seines Herrn, wollte schon das Schwert zücken und seiner holden Gebieterin das Herz damit durchbohren. Doch jammerte ihn des schönen Weibes, und sein Herz wurde in heißer Liebe gegen sie entzündet. Wie sie wieder zur Besonnenheit kam, beweinte sie mit einem Strom von Zähren ihr Unglück und den Tod ihres Gemahls, rang die Hände und wimmerte laut. Da trat der Versucher zu ihr und sprach: „Edle Frau, so Ihr wüßtet, was Euer Gemahl über Euch beschlossen hat, so würdet Ihr Euch nicht so traurig gebärden. Er tat mir Befehl, Euch in dieser Höhle zu ermorden, aber Eure schönen Augen haben mir verwehrt, ihm zu gehorchen. So Ihr mich nun hören wollt, weiß ich guten Rat für mich und Euch. Vergesset, daß Ihr meine Gebieterin waret: Das Geschick hat uns jetzt gleich gemacht. Ziehet mit mir gen Bamberg in meine Heimat, dort will ich Euch zu meiner Hausfrau nehmen, Euch ehrlich halten und auch des Kindleins, das Ihr unterm Herzen traget, als des meinen pflegen. Entsaget dem Stande, worin Ihr geboren waret: Hab und Gut ist dahin; die Feinde Eures Herrn würden nur stolzen Spott mit Euch treiben, so Ihr in ihre Hände fielet, und was wolltet Ihr, als eine verlaßne trostlose Wittib, ohne mich beginnen?"

Der edlen Frau stieg das Haar zu Berge, und ein Totenschauer lief ihr längs dem Rücken herab, über das, was sie zu hören bekam. Sie entsetzte sich ebensosehr über den grausamen Befehl ihres Gemahls als über die Vermessenheit des Dieners, der sich erfrechte, ihr seine unwürdige Liebe zu erklären. Gleichwohl stand ihr Leben jetzt in der Hand eines Knechtes, der seines Herrn Willen tat und seiner Pflicht Gnüge zu leisten vermeinte, wenn er sie dessen beraubte. Sie wußte keinen andern Rat, als ihren Schergen und deklarierten Liebhaber bei Gutem zu erhalten. Darum tat sie sich Gewalt an, eine verschämte falschfreundliche Miene anzunehmen, und sprach: „Loser Schalk, hast du mir das Geheimnis meines Herzens aus den Augen gelesen, daß du weißt, nach welchem Buhlen es verlangt? – Ach, du weckst den Funken zur lodernden Flamme auf, der unter der Asche meines zerstörten Glücks für dich glimmt! Aber laß mich jetzt im Winkel meinem erschlagnen Gemahl ein Tränlein weinen, morgen alles Unglück vergessen und mein Schicksal mit dir teilen."

Der verliebte Diener, der sich eines so leichten Sieges bei der schönen Frau nicht versehen hatte, war vor Freude außer sich, da er hörte, daß sie ihm mit heimlicher Liebe bereits zugetan sei, er umfaßte ihre Knie, sich der großen Gunst zu bedanken, und überließ sie ungestört ihrer stillen Traurigkeit. Er bereitete ihr ein Lager von Moos und legte sich zu ihrer Hut quer vor den Eingang der Höhle. Der schönen Witwe kam kein Schlaf in die Augen, wiewohl sie sich stellte, als ob sie sanft schlummere. Sobald sie den frechen Wicht schnarchen hörte, sprang sie hurtig

von dem Lager auf, zog gemachsam sein Schwert aus der Scheide, schnitt ihm flugs damit die Gurgel und zugleich den schönsten Traum seines Lebens entzwei. Er hatte kaum zu ihren Füßen die Seele ausgezappelt, so schritt sie hurtig über den Leichnam aus der Höhle und irrte durch den düstern Wald, ohne zu wissen, wo sie der Zufall hinführen würde. Sie vermied sorgfältig das freie Feld, und wenn sich etwas regte oder wenn sie in der Ferne Menschen erblickte, verbarg sie sich tief im Gebüsche.

Drei Tage und drei Nächte war sie also in großer Betrübnis herumgeirrt, ohne etwas anders zur Erquickung zu genießen als einige Walderdbeeren, und war sehr ermattet. Ach, da vermerkte sie, daß die Zeit herannahe, daß sie gebären sollte. Sie setzte sich unter einen Baum, fing bitterlich an zu weinen und über ihren Zustand laut zu wehklagen. Da stand unversehens ein altes Mütterlein vor ihr, als wenn es aus der Erde herausgewachsen wär, das tat seinen Mund auf und frug: „Edle Frau, was weinet Ihr, und womit steht Euch zu helfen?" Die Bekümmerte empfand großen Trost, daß sie eine menschliche Stimme vernahm. Als sie aber aufschaute und ein häßliches altes Weib mit zitterndem Haupt, auf einen hainbüchenen Stab gelehnt, neben sich erblickte, die selbst Hilfe zu bedürfen schien und unter ihren roten Augen ein lederfarbenes Wackelkinn ihr entgegenstreckte, mißbehagte ihr der Anblick so sehr, daß sie das Angesicht von ihr wandte und mutlos antwortete: „Mutter, was begehrest du meine Leiden zu erfahren, es stehet doch nicht in deiner Macht, mir Hilfe zu leisten." – „Wer weiß", versetzte die Alte, „ob ich Euch nicht helfen kann, offenbaret mir Euren Kummer." – „Du siehest", sprach die Witwe, „wie es mit mir ist, die Zeit meiner Entbindung nahet heran, und ich irre in diesem wilden Gebirge einsam und verlassen." – „Wenn dem also ist", erwiderte die Alte, „so findet Ihr bei mir freilich schlechten Trost. Ich bin eine Jungfrau meines Zeugnisses, weiß um die Notdurft kreißender Weiber keinen Bescheid, habe mich nie darum gekümmert, wie der Mensch in die Welt eingehet, sondern nur, wie ich mit Ehren herausgehen mag. Folget mir indes in mein Haus, daß ich Euer pflege, so viel ich kann."

Die hilflose Frau nahm den guten Willen für die Tat an und gelangte, unter der Geleitschaft der Oberältesten ihrer jungfräulichen Zeitgenossenschaft, in einer dürftigen Hütte an, wo sie etwas weniger Bequemlichkeit fand als unter freiem Himmel. Doch genas sie, unter dem Beistande der Sybille, glücklich eines Töchterleins, welches die Mutter selbst nottaufte und es der keuschen Wirtin zu Ehren Lukrezia nannte. Ungeachtet dieser Politesse mußte die Wöchnerin doch mit so frugaler Kost vorliebnehmen, daß die strenge Diät, welche eigensinnige Ärzte den Kindbetterinnen zu verordnen pflegen, sardanapalische Mahlzeiten dagegen genannt zu werden verdienen. Sie lebte bloß von Kräutersuppen, die ohne Salz und Schmalz gekocht waren, und dabei wurde ihr von dem zähen Mütterlein das schwarze Brot so kümmerlich zugeschnitten, als wenn's Marzipan gewesen wär. Dieser Fastenspeisen wurde die Wöchnerin, die sich wohlauf befand und, nachdem die Milchschauer vorüber waren, große Eßlust verspürte, bald überdrüssig, sie sehnte sich nach einem nahrhaften Fleischgericht oder wenigstens nach einem Eierkuchen, und der letztere Wunsch schien ihr nicht unerreichbar: Denn sie hörte jeden Tag, in der Morgenstunde, eine Henne gackern, die ihr frisch gelegtes Ei laut rezensierte.

Die ersten neun Tage unterwarf sie sich jedoch der magern Kost ihrer Pflegerin standhaft; nachher gab sie ihr aber das Verlangen nach einer kräftigen Hühnerbrühe nicht undeutlich zu verstehen, und da die Alte wenig darauf achtete, erklärte sie sich mit deutlichen Worten. „Gutes Weib", sprach sie, „deine Suppen sind so rauh und streng und das Brot so hart, daß mir der Gaumen davon wund ist. Bereite mir ein Süpplein, das glatt eingehe und wohl gefettet sei, ich will dir's lohnen. Es schreit ein Huhn in deinem Hause, das schlachte und richte mir's zu, daß ich durch eine gute Mahlzeit neue Kräfte zum Abzug mit meinem Kindlein gewinne. Siehe, diese Perlenschnur, die ich um den Hals trage, will ich dafür mit dir teilen, wenn ich förderziehe." – „Edle Frau", antwortete die zahnlose Wirtschafterin, „es stehet Euch nicht zu, meine Küche zu meistern, das verträgt keine Hausfrau von einer Fremden. Ich weiß wohl eine Suppe zu kochen und sie niedlich und schmackhaft zu bereiten; hab auch, wie mich bedünken will, die Kochkunst länger getrieben als Ihr. Meine Suppen sind ohne Tadel und schlagen auf die Milch, was verlangt Ihr mehr? Von meinem Hühnlein sollt Ihr nichts schmecken, das ist meine Gespielin und Hausgenossin in dieser Einöde, schläft mit mir in der Kammer und ißt mit mir aus der Schüssel. Behaltet Eure Perlenschnur, ich begehre keinen Teil daran oder Lohn und Gewinn für Eure Pflege."

Die Kindbetterin sah wohl, daß ihre Wirtin Küchenkritiken nicht liebte, sie schwieg und aß, um sie wieder zufriedenzustellen, über Vermögen von der Kräutersuppe, die ihr diese eben auftrug.

Des folgenden Tages nahm die Alte einen Handkorb an den Arm und den hainbüchenen Stab in die Hand und sprach: „Das Brot ist aufgezehrt bis auf dies Ränftlein, das ich mit Euch teile, ich gehe zum Bäcker, neuen Vorrat zu kaufen. Wahret indes das Haus, pfleget meines Hühnleins und hütet Euch, es abzuschlachten. Die Eier sind Euch vergönnt, wenn Ihr sie suchen wollt, es pflegt sie gern zu vertragen. Harret meiner Wiederkehr sieben Tage, das nächste Dorf liegt nur einen Feldweg von hier; für mich sind's aber drei Tagereisen. Wenn ich in sieben Tagen nicht wiederkomme, so sehet Ihr mich nimmer." Mit diesen Worten trippelte sie fort, doch bei ihrem Schneckengang war sie in der Mittagsstunde noch keinen Bogenschuß von der Hütte, und in der Abenddämmerung verlor ihre nachschauende Kostgängerin sie erst aus den Augen.

Jetzt führte diese das Küchenregiment und spähte fleißig nach einem Ei von dem Leghuhn; sie durchsuchte alle Winkel des Hauses, auch alle Gebüsche und Hecken ringsumher, das trieb sie so sieben Tage lang, ohne eins zu finden. Sie harrte hierauf einen Tag und noch einen auf die Alte; da diese aber nicht zum Vorschein kam, verzieh sie sich ihrer Wiederkehr. Die Lebensmittel waren aufgezehrt, darum setzte sie den dritten Tag zum endgültigen Termin, wo sie, im Nichterscheinungsfall der Alten, sich ihrer liegenden und fahrenden Habe, als eines verlassenen Gutes, anzumaßen vornahm. An dem Huhn, das die Eier vertrug, sollte das Eigentumsrecht vorerst ausgeübt werden, welches ohne Gnade zum Topfe verurteilt war. Die neue Besitznehmerin hatte es schon vorläufig in engen Gewahrsam gebracht und unter einen Korb gesperrt. Am frühen Morgen des folgenden Tages schärfte sie ein Messer, das Huhn damit zu schlachten, denn es sollte zur Valetmahlzeit dienen, und setzte Wasser zum Kochen auf den Herd. Indem sie mit diesen Küchenanstalten geschäftig war, verkündigte das eingesperrte Huhn mit großem Geschrei ein frischgelegtes Ei, welches als ein Zuwachs der Verlassenschaft der Erbnehmerin sehr willkommen war. Sie gedachte dadurch ein Frühstück obendrein zu erhalten, ging alsbald es zu holen und fand es unter dem Korb. Ihr Appetit war so lebhaft, daß sie das Abschlachten versparte, bis sie würde das Ei verzehrt haben. Sie sott es hart; aber da sie es aus dem Topf nahm, war es so schwer wie Blei, und nachdem sie die Schale geöffnet hatte, fand sie nichts Eßbares darinnen, sondern zu ihrer großen Verwunderung war das Dotter von gediegenem Golde.

Vor Freude über diesen Fund war ihr alle Eßlust verschwunden, ihre einzige Sorge ging nun dahin, das wunderbare Huhn zu füttern, es zu liebkosen und an sich zu gewöhnen. Sie dankte es dem Glück, daß sie die herrliche Eigenschaft desselben noch zu rechter Zeit entdeckt hatte, ehe der Kochtopf die köstliche Eierfabrik zerstörte. Das alchimistische Huhn brachte ihr auch eine ganz andere Meinung von dem alten Mütterlein bei, als sie vorher von ihr geheget hatte. Bei der ersten Bekanntschaft nahm sie das Weib für eine abgelebte Bäuerin, und als sie ihre ungesalznen Kräutersuppen versucht hatte, hielt sie dieselbe für eine Bettlerin. Nach der gemachten Entdeckung aber war sie ungewiß, ob sie eine wohltätige Fee, die aus Mitleid ihr ein reichliches Almosen verliehen, oder eine Zauberin, die sie durch Blendwerk äffte, aus ihr machen sollte. So viel ergab sich aus allen Umständen, daß etwas Übernatürliches hier mit im Spiele war, daher gebot die Klugheit der bedachtsamen Frau, bei ihrem Abzug aus der Wildnis des Fichtelbergs nicht so rasch zu Werke zu gehen, sondern ihr Vorhaben reiflich zu überlegen, um eine unsichtbare Macht, die ihr wohlzuwollen schien, nicht zu erzürnen. Sie war lange unschlüssig, ob sie sich das wunderbare Huhn zueignen und mit sich nehmen oder solchem die Freiheit wieder schenken sollte. Die Eier hatte ihr die Alte zugestanden, und in drei Tagen war sie die Besitzerin von drei goldnen Eiern; aber was das Leghuhn betraf, war sie zweifelhaft, ob sie einen Diebstahl begehen würde, wenn sie es mit davonnähme; oder ob sie es als eine stillschweigende Schenkung ansehen sollte. Eigennutz und Bedenklichkeit erhoben einen ungleichen Wettstreit gegeneinander, worinnen, wie gewöhnlich, der erste die Oberhand behielt. Also blieb es bei der Adjudikation des Nachlasses der Alten; die reisefertige Dame setzte das Huhn in eine Hühnersteige, band ihr Kindlein in ein Tuch, nach Zigeuner Brauch auf den Rücken, und so verließ das Kleeblatt der Einwohner das kleine einsame Haus in der Wüste, in welchem nun, außer einem Heimchen, das darinnen zirpte, kein Hauch des Lebens mehr übrig war.

Die sorgsame Emigrantin nahm ihren Weg gerade nach dem Walddorfe zu, wohin die Alte zu gehen vorgegeben hatte, und war alle Augenblicke einer Erscheinung von ihr gewärtig, um das Huhn zurückzufordern. Kaum war sie eine Stunde gegangen, so kam sie auf einen gebahnten Weg, der gerade in das Dorf führte. Die Neugierde trieb sie, im Backhause nach dem alten Mütterlein Nachfrage zu halten, welches hier zuweilen Brot einzukaufen pflege. Allein niemand wollte etwas von ihr wissen oder sie jemals gesehen haben. Das bewog ihre Hausgenossin, etwas von dem Aufenthalt in der Einsiedelei der Alten zu erzählen. Die Bäuerinnen verwunderten sich höchlich über diese Begebenheit, keine wußte von dem Haus im Gebirge, und nur ein wohlbetagtes Weib erinnerte sich, von ihrer Großmutter gehört zu haben, daß eine Waldfrau im Gebirge hause, die sich alle hundert Jahre einmal sehen lasse, um ein gutes Werk auszuüben, und dann wieder verschwinde. Dadurch wurde der edlen Frau das Rätsel ziemlich gelöst, sie zweifelte nicht, daß sie gerade den glücklichen Zeitpunkt getroffen habe, da der unbekannten Bewohnerin des Fichtelberges vergönnt gewesen sei, ihre wohltätige Hand gegen sie aufzutun. Sie hielt das Huhn, welches fortfuhr, jeden Tag ein goldnes Ei zu legen, nun zwiefacher Ehren wert, nicht allein um des reichen Gewinns willen, welchen es ihr einbrachte, sondern vornehmlich als ein gutes Andenken an ihre treue Pflegerin in dem hilflosen Zustande, worin sie sich befunden hatte, und sie bedauerte nur, daß sie mit der alten Mutter nicht nähere Bekanntschaft gemacht hatte. Dadurch hätte sich die edle Frau allerdings um die wißbegierige Nachwelt ein unsterbliches Verdienst erwerben können. Wenn sie ihre Wirtin ausgeforscht und von ihrer Natur und Beschaffenheit genaue Kundschaft eingezogen hätte, so wüßten wir zu sagen, ob sie eine Norne oder eine Elfe, eine verwünschte Prinzessin, eine weise Frau oder eine Zauberin und Zunftgenossin der Circe oder der Hexe zu Endor gewesen sei.

Ihre Gastfreundin heuerte in dem Walddorf einen Wagen, mit Ochsen bespannt, und fuhr damit nach Bamberg, wo sie nebst dem zarten Fräulein, dem Hühnlein und einer Mandel Eier wohlbehalten anlangte und sich daselbst häuslich niederließ. Anfangs lebte sie daselbst sehr eingezogen und ließ ihr einziges Geschäft die Erziehung ihres Töchterleins und die Pflege des wundersamen Leghuhns sein. Als sich aber mit der Zeit der Eiersegen mehrte, kaufte sie viele Ländereien und Weinberge, auch Landgüter und Schlösser, und lebte als eine reiche Frau von ihren Renten, tat den Armen Gutes und bedachte die Klöster. Wodurch der Ruf ihrer Frömmigkeit und ihres großen Vermögens sich so ausbreitete, daß sie die Aufmerksamkeit des Bischofs auf sich zog, der ihr wohlwollte und ihr viel Achtung und Freundschaft bewies. Fräulein Lukrezia wuchs heran und wurde wegen ihrer Sittsamkeit und Schönheit von Klerus und Laien bewundert, und den geistlichen Herren dienten ihre Reize nicht minder zur angenehmen Augenweide als den fleischlichen.

Um diese Zeit berief der Kaiser einen Reichstag nach Bamberg[1]. Durch so viele Hofhaltungen der Prälaten und Fürsten wurde die Stadt also eingeengt, daß die Mutter nebst ihrer Tochter, um dem Getümmel auszuweichen, auf eins ihrer Landhäuser sich begab. Der wohlwollende Bischof aber machte bei Gelegenheit der Kaiserin von dem Fräulein eine so vorteilhafte Schilderung, daß sie Verlangen trug, diese junge Schönheit am Hof unter ihre Frauenzimmer aufzunehmen. Kaiser Heinrichs Hofhaltung stand nicht in dem Geruch, daß sie eine Schule strenger Zucht und Tugend sei, daher sträubte sich die sorgsame Mutter gegen dieses Vorhaben, soviel sie konnte, und bedankte sich dieser der Tochter zugedachten Ehre. Die Kaiserin bestand gleichwohl auf ihrem Sinn, und des Bischofs Ansehen vermochte so viel über die bedenkliche Frau, daß sie endlich einwilligte. Die keusche Lukrezia erschien bei Hofe und wurde als eine üppige Hofdame aufgeschmückt, bekam das Nadelkästlein der Kaiserin in Verwahrung und trug, nebst andern Jungfrauen von edler Geburt, ihr an Hoffesten die Schleppe nach. Aller Augen warteten auf sie, wenn die Kaiserin hervorging, denn nach dem einmütigen Geständnisse der Höflinge war sie die Grazie unter den Nymphen des kaiserlichen Gefolges.

Bei Hof ist jeder Tag ein Fest. Dieser Taumel von abwechselnden Vergnügen, die an die Stelle der einförmigen Lebensart unter mütterlicher Aufsicht traten, erfüllten ihre Seele mit unausredbarem Wonnegefühl, sie glaubte, wo nicht in den Schoß der Seligkeit, dennoch in den Vorhof desselben, den empyreischen Himmel, versetzt zu sein. Zum Nadelgelde hatte ihr, außer dem Gehalt vom Hofe, die gutmütige Mutter noch ein Schock Eier von dem magischen Huhn ausgesetzt. Daher fehlte es ihr nicht, sich jeden Wunsch des Herzens gewähren zu können, der für junge Schöne denkbar ist, welche Amors Pfeil noch nicht verwundet hat und die das höchste Ideal ihrer Glückseligkeit, mit kindischem Ergötzen, in dem Flitterglanze des Putzes suchen, den sie nicht um einen Heiligenschein vertauschen würden. Sie tat es an Kleiderpracht allen Jungfrauen ihrer Gebieterin zuvor, die sie zwar heimlich darum neideten und ins Angesicht ihren feinen Geschmack lobten, mit ihr nach Hofes Sitte freundlich plauderten und allen Verdruß und Unwillen tief ins Herz verschlossen: Denn die Kaiserin war ihr mit Huld und Gunsten beigetan. Die Grafen und Herren schmeichelten ihr nicht minder, doch ohne alle Gleisnerei, jedes Wort kam aus dem Herzen: Frauenlob ist glatt wie Öl in der Männer Munde; aber wie Essig scharf und beizend auf der weiblichen Zunge.

Da ihr unaufhörlich des Hofes süßer Weihrauch duftete, war's in Wahrheit ein größer Wunder gewesen als ein güldnes Hühnerei, wenn die helle Politur ihrer reinen weiblichen Seele von dem Roste der Eitelkeit nicht wäre angefressen worden. Die süße Nascherei verwöhnte sie zum immerwährenden Verlangen, sich was Schönes vorsagen zu lassen, und sie forderte, als eine ihr zugehörige Gerechtsame, das Geständnis, sie sei die schönste aller Jungfrauen am Hofe. Diese schmeichelnde Idee wurde bald Mutter und gebar die buhlerische Koketterie, sie ging darauf aus, Fürsten und Grafen und die Edlen des Hofes vor ihren Siegeswagen zu spannen, und wo sie es vermöchte, das gesamte Römische Reich Deutscher Nation im Triumph aufzuführen. Sie wußte diese stolze Absicht unter der Maske der Bescheidenheit zu verbergen, dadurch gelang ihre Freibeuterei nur desto besser: Sie setzte, wenn sie nur wollte, jedes empfindsame Herz in Brand, und diese Sucht, zu sengen und zu brennen, schien das einzige Erbstück, das aus der väterlichen Hinterlassenschaft auf sie gekommen war. Wenn sie ihre Absicht erreicht hatte, zog sie sich mit sprödem Kaltsinn zurück, täuschte die Hoffnung aller, die um ihre Gunst buhlten, und sah mit mutwilliger Schadenfreude, wie geheimer Kummer die Unglücklichen folterte und Gram und Bleichsucht an ihren vollen Wangen zehrte. Sie selbst aber hatte mit der ehernen Mauer der Unempfindsamkeit ihr Herz umschlossen, welche keiner ihrer Champions zu überwältigen vermochte, um sich hineinzustehlen und zur Wiedervergeltung es gleichfalls in Flammen zu setzen. Sie wurde geliebt und liebte nicht wieder, entweder weil ihre Stunde noch nicht gekommen war, oder weil der Ehrgeiz die zärtliche Leidenschaft überwand; oder weil ihre Gemütsart so schwankend und unbeständig war wie die offenbare See, daß der Keim der Liebe in dem hüpfenden unruhigen Herzen nicht anwurzeln konnte. Die versuchtesten Minnesöldner, die wohl merkten, daß dem Terrain nichts abzugewinnen sei, ließen es daher nur immer bei einem blinden Angriff bewenden, schlugen oft Lärm und defilierten bald wieder in aller Stille seitab; machten es bald wie unsre luftigen Herren, die an jedes weibliche Herz anpochen, wenn's in einem schönen Busen schlägt; aber Hymens reine Fackel, wie die Raubtiere in den afrikanischen Wüsteneien das Feuer, scheuen. Die Minderkundigen hingegen, die mit dämischem Zutrauen, in vollem Ernste, den Angriff wagten, wurden mit Verlust ihrer Ruhe und Zufriedenheit, weil das Fräulein ihre Schanze wohl wahrte, abgeschlagen.

Seit mehrern Jahren folgte dem Hoflager des Kaisers ein junger Graf von Klettenberg, der, einen kleinen körperlichen Fehler ausgenommen, der liebenswürdigste Mann bei Hofe war. Er hatte eine verrenkte Schulter und davon den Beinamen Ulrich mit dem Bühel. Seine übrigen Talente und gefälligen Eigenschaften aber machten, daß auch der strenge Areopagus der Damen, die die Wohlgestalt eines Adonis zu meistern wagen, über diese Unvollkommenheit hinwegsah und sie bei ihm durch keinen Tadel rügte. Er stand bei Hof in gutem Ansehen und wußte dem schönen Geschlecht so viel Verbindliches zu sagen, daß ihm alle Damen, die Kaiserin selbst nicht ausgenommen, günstig waren. Sein Witz war unerschöpflich, neue Vergnügen zu ersinnen, und den gewöhnlichen Hoflustbarkeiten neuen Reiz und Hochgeschmack mitzuteilen, daß er sich im Frauen-Zimmer unentbehrlich gemacht hatte. Wenn der Hof bei üblem Wetter oder bei den bösen Launen des Kaisers, deren ihm der Vater Papst gar viele machte, in träger Langeweile schmachtete – so wurde Graf Ulrich berufen, den Geist des Mißmuts zu verscheuchen und Fröhlichkeit und Scherz in die kaiserliche Hofpfalz wieder einzuführen.

Obgleich ein Damenzirkel das eigentliche Element war, worin er lebte und webte – so wußte er doch dem schalkhaften Amor immer auszuweichen, daß ihn dieser nicht mit der Harpune seines unwiderstehlichen Wurfpfeils erreichte und er der Leine hätte folgen müssen. Schäkerhafte Minne war sein Freudenspiel; aber wenn ihm ein Weib Fesseln zugedacht hatte, zerriß er sie wie Simson die sieben neuen Bastseile, womit ihn seine betrügliche Buhlerin band. Er wollte nur, ebenso wie die stolze Lukrezia, Fesseln anlegen, aber keine tragen. Es konnte nicht fehlen, daß zwei so gleichgestimmte Seelen, die der Zufall einander so nahe gebracht hatte, daß sie unter einem Himmel lebten, unter einem Dache wohnten, in einem Gemach tafelten und unter einer Laube Schatten suchten, endlich zusammentreffen und ihre Talente aneinander versuchen mußten.

Lukrezia faßte den Anschlag, an dem Grafen eine Eroberung zu machen, und weil er im Rufe war, daß er der wankelmütigste Liebhaber bei Hofe sei, beschloß sie, ihn fester zu halten als

ihre übrigen Champions, die sie nach den Jahreszeiten wie die Modewelt ihre Kleider zu wechseln pflegte, und ihn nicht eher zu entlassen, bis sie den Ruhm erlangt hatte, den unbeständigen Wandelstern fixiert zu haben. Ihn aber trieb der Ehrgeiz, mit dem schönsten Hoffräulein eine Beziehung anzuspinnen, alle Nebenbuhler auszustechen und sie seine Überlegenheit in der Kunst zu lieben empfinden zu lassen, und wenn sie vor ihm die Segel würden gestrichen haben, dann flugs den Anker zu lichten und auf den Fittichen der Winde in den Hafen eines andern liebevollen Herzens einzulaufen. Beide Mächte rüsteten sich zum wechselseitigen Angriff, und die Operationen gingen auf dem Blumengefilde der Liebe, von der einen und der andern Seite, nach Wunsch vonstatten.

Es schmeichelte dem Fräulein ungemein, daß der Liebling des Hofes, auf den sie schon lange eine geheime Absicht gehabt hatte, jetzt freiwillig kam, ihren Zauberreizen zu huldigen, und daß sie Gelegenheit fand, an ihm Rache zu üben, da er ihr bisher widerstanden hatte. Seine Blicke, die vordem flüchtig vor ihr vorübereilten, waren nun allein auf sie gerichtet; er folgte ihr untrennbar, wie der Tag der Sonne. Alle Feten, die er dem Hofe gab, hatten auf sie Bezug; er zog allein ihren Geschmack bei der Anordnung derselben zu Rate, was sie guthieß, wurde mit großer Pracht und Tätigkeit ins Werk gerichtet, und was nicht ihren Beifall hatte, wenn es auch die Kaiserin selbst proponiert hatte, kam nicht zustande. Die feinen Nasen spürten leicht aus, welcher Gottheit dieser Ambra duftete, und man sagte öffentlich, der Hof sei ein Horn, welches laute, wie Fräulein Lukrezia den Ton angebe. Die blühendsten weiblichen Physiognomien wurden gelb und bleich vor Neide über diese ausgezeichnete Liebschaft, bei welcher alle stumme Zuschauerinnen abgeben mußten, die ihr Herz so gern bei dem Grafen angebracht hätten oder an dem seinigen Anteil zu haben glaubten. Er opferte aber seine Eroberungen samt und sonders der schönen Bambergerin auf, und sie schenkte zur Vergeltung auch ihren Gefangenen die Freiheit wieder, umstellte das Herz keines Höflings mehr mit Netz und Schlingen ihrer entgegenkommenden Zärtlichkeit, und ihr prüfendes Auge forschte nicht mehr nach den lüsternen Blicken verstohlner Anbeter.

Bis hierher schritt die Verbindung des zärtlichen Paares ganz in der systematischen Ordnung fort, an die sich beide Teile gebunden hatten, sie glänzten beide im Vollmond wechselseitigen

Genusses. Nun war es Zeit, daß dieser sich wieder zur Abnahme neigte, und zwar dergestalt, daß die eine Hälfte ganz dem beobachtenden Seherauge verschwand und in Schatten zu stehen kam, indes die andere ihren Schimmer auch noch im letzten Viertel beibehielt. Es kam jetzt darauf an, das Minnespiel durch einen Meisterstreich zu enden, der die eine Partei vor den Augen des Hofes sicherte, daß sie nicht die betrogene sei. Des Grafen Eitelkeit hatte anfangs nichts mehr beabsichtet, als das Übergewicht über alle Nebenbuhler zu gewinnen, um sich damit zu brüsten, und wenn ihm dieses gelungen wäre, seine Eroberung zu verlassen und eine neue zu suchen. Jene Absicht war erreicht; aber unvermerkt hatte der schlaue Amor, der selten ungestraft mit sich scherzen läßt, das Spiel des Stolzes und der Eitelkeit in eine ernsthafte Herzensangelegenheit verwandelt: Die schöne Lukrezia hatte sein Herz erbeutet und ihn an ihren Triumphwagen angekettet. Sie blieb ihrem Plan treu. Da ihr Herz noch nicht Teil genommen hatte, und sie erwog, daß ihre Reputation als Herzensbezwingerin auf dem Spiele stehen würde, wenn ein Insurgent ihr den Gehorsam aufkündigte, ehe sie ihn in Freiheit setzte, und die Lacher nicht auf ihrer Seite sein dürften, wenn ihr Paladin die Fesseln zerbrach, welches sie im geheimen befürchtete: So beschloß sie, ihm den Abschied zu geben, als er am eifrigsten sich um die Fortdauer ihrer Gunst bewarb.

Unversehens ergab sich die Gelegenheit zu dieser Katastrophe. Graf Ruprecht von Kefernburg, ein Landsmann und Grenznachbar Graf Ulrichs von Klettenberg, zog nach Goslar, Kaiser Heinrichs gewöhnlichem Aufenthalt, um eine frische rotwangige Base an den Hof zu führen. Hier sah er die schöne Lukrezia, und sie sehen und lieben war der gewöhnliche Fall aller Ritter und Edeln, die von den vier Winden des vaterländischen Himmels in die altväterische Reichsstadt, welche damals das deutsche Paphos war, einritten. Seine Physiognomie hatte für die Damen wenig Empfehlendes, und die Pflegerin seiner Kindheit hatte der Mutter Natur unbedachtsamerweise ins Amt gegriffen, ihrem Zöglinge mehr verliehen, als ihm jene beschied, und ihn mit einem Auswuchs auf dem Rücken begabt, der so charakteristisch war, daß er, zum Unterschied seiner Namensvettern, Ruprecht mit dem Höcker zubenamet wurde. Körperliche Gebrechen wurden in jenen Zeiten nicht durch Schneiderkunst verhehlt, sondern öffentlich zur Schau ausgestellt, in Ehren gehalten und sogar von den Geschichtsschreibern der Nachwelt sorgfältig aufbewahrt. Die Hinker, die Stammler, die Schielenden, die Einäugigen, die Speckwänste und die Darrsüchtigen sind noch in gutem Andenken, wenn das Gedächtnis ihrer Taten längst erloschen ist. Der Kefernburger besaß ein großes Maß von Dreistigkeit und Selbstheit. Ob ihn gleich seine Gestalt eben nicht zu großen Erwartungen in den Regionen der Liebe berechtigte, so demütigte sie ihn doch so wenig, daß ihm die Bürde auf den Schultern gleichsam zum Schwunggewichte der Eigenliebe diente, wenigstens hielt er sie nicht für eine Klippe, woran die Hoffnung seines Liebesglückes scheitern könnte. Mutig wagte er einen Angriff auf das Herz der schönen Lukrezia, und da sie eben diesen Janustempel, der eine Zeitlang geschlossen war, wieder geöffnet hatte – so nahm sie sein Opfer mit scheinbarem Wohlgefallen an, und unter diesem glücklichen Aspekt war Goslar ihm Elysium. Der gute Graf aus der Provinz wußte freilich nicht, daß die schlaue Hofgrazie ihr Herz nur wie einen Triumphbogen gebrauchte, durch welchen sie die Scharen, die ihre Fesseln trugen, durchpassieren ließ, der aber gar nicht von der Beschaffenheit ist, einen beständigen Aufenthalt darin zu suchen.

Der zeitige Inhaber ihres Herzens ahnte seinen Fall wie ein wankender Minister, der nicht die Entschließung hat, seines Postens zu resignieren, sich hält, solang er kann, und zögert, bis man ihn gehen heißt. Wenn es in seiner Macht gestanden hätte, mit seiner wankelmütigen Gebieterin zu brechen, so wär es ihm vielleicht gelungen, das Spiel noch zu seinem Vorteil zu drehen, den Anschein eines Verstoßenen zu verbergen und das Auge der Lauerer irrezuführen. Er würde sich der ersten besten Liebschaft in die Arme geworfen haben. Die runde rotwangige Thüringerin kam wie gerufen, ihm zu diesem Gaukelspiel die Hand zu

bieten. Allein sein ganzes Minnesystem hatte sich durch die Dazwischenkunft einer ernsten Leidenschaft ganz verschoben, und
er hatte nun gleiches Schicksal mit den Schauspielern auf unsern Liebhabertheatern, die sich in die verliebten Rollen so hin-
einstudieren, daß sie ihre theatralische Laufbahn mit der Hochzeit zu beschließen pflegen. Der Schmetterling, der das Licht
oftmals ungestraft umgaukelt hatte, blieb daran bekleben, und
die heiße Flamme vereitelte die letzten Zuckungen seines Stre-
bens nach Freiheit.

Diesen Verlust der Freiheit nahm er erst wahr, da er an seinem
Landsmann, dem Kefernburger, einen Nebenbuhler entdeckte,
den er zwar eben nicht fürchtete, durch welchen er aber doch belehret wurde, daß seine Geliebte das Gefühl wahrer Zärtlichkeit
mit ihm nicht teile. Zum ersten Mal im Leben empfand er die

Qualen unvergoltner Liebe, umsonst versuchte er's, sich durch rauschende Vergnügen zu zerstreuen und einer Leidenschaft sich zu entschlagen, die ihm das Leben vergällte; er wurde bald inne, daß ihm die Kraft fehle, dies Vorhaben ins Werk zu richten. Er war nicht mehr der Simson, der mit den Locken den Nagel aus der Wand oder den Dorn, der ihn verwundet hatte, aus dem Herzen hervorziehen konnte; er war der Simson, der, seiner Stärke beraubt, in dem Schoße der Tyrischen Buhlschaft ruhte, die ihn überlistet hatte. Ohne Leben und Tätigkeit schlich er trübsinnig umher, erschien selten und so einsilbig bei Hofe, daß er den Damen Langeweile machte, einige bekamen sogar Vapeurs, wenn er sich nur im Vorgemach blicken ließ: Denn tiefe Schwermut hing, wie die Abendwolke, hinter welcher sich die untergehende Sonne verbirgt, ihm von der Stirn herab. Seine Siegesgöttin dagegen schwebte im stolzen Triumph empor, ohne Mitleid mit dem qualenvollen Zustand ihres getreuen Paladins zu empfinden. Sie trieb vielmehr ihre Grausamkeit so weit, daß sie zuweilen in seiner Gegenwart sich nicht scheute, alle ihre Reize auf den scheinbarlich begünstigten Nebenbuhler spielen zu lassen und mit ihm unverhohlen zu liebäugeln.

Um ihren Triumph aufs höchste zu treiben, gab sie im Frauen-Zimmer eines Tages ein großes Mahl, und als bei Sang und Saitenspiel die Heiterkeit des Gastgebotes aufs höchste gestiegen war, traten ihre Gespielinnen zu ihr und sprachen: „Liebe, gib dem Fest einen Namen, daß wir uns des frohen Tages dabei in der Zukunft erinnern." Sie antwortete: „Euch kommt es zu, das Fest mit einem Namen zu krönen, so Ihr es würdig achtet, seiner in der Zukunft zu gedenken." Als aber die frohen Scharen der Gäste in sie drangen, daß sie sich nicht entbrechen konnte, ihrem Verlangen zu willfahren, nannte sie es aus Übermut Graf Ulrichs Kettenfeier.

In der Liebe ist der Zeitgeschmack sowenig dauernd als in jedem andern Ding. Im letzten Viertel unsers Jahrhunderts wär Graf Ulrich mit den Schwermutsgefühlen, mit dem stillen Gram und abgehärmten Wangen an seinem Platz gewesen, keine weichgeschaffne weibliche Seele hätte ihm widerstehen können, das Mitleid würde ihm zum Hebel gedient haben, eine Herzensangelegenheit damit in Gang zu bringen. Allein zu seiner Zeit kam er mit dieser Empfindelei um viele Jahrhunderte zu früh und endete damit nichts, als daß er sich den Spöttereien seiner Zeitgenossen preisgab. Der schlichte Menschenverstand sagte ihm so oft, daß er auf diesem Wege seinen Zweck nicht erreichen würde, daß er endlich dem guten Ratgeber Gehör gab, nicht mehr öffentlich den seufzenden Schäfer machte, wieder Leben und Tätigkeit gewann und den Versuch machte, die unbezwingliche Schöne mit ihren eignen Waffen zu bekämpfen.

„Eitelkeit", sprach er, „ist der anziehende und zurückstoßende Pol dieses Magneten; aus Eitelkeit begünstigt und verstößt die Stolze ihre Buhler, darum will ich diese Leidenschaft also nähren, daß sie laut im Herzen die Stimme erheben und für mich das Wort reden soll." Er trat alsbald wieder in seine alte Laufbahn ein, machte wie vorher der spröden Prinzessin den Hof, kam allen ihren Wünschen zuvor und bestürmte sie mit Opfern, die der weiblichen Eitelkeit zu schmeicheln pflegen. Ein reicher Augsburger, der aus Alexandria übers Meer kam, bot der Kaiserin ein herrliches Kleinod zum Kauf an, das sie von sich wies, weil's ihr zu teuer war. Graf Ulrich handelte es an sich, verschrieb seine halbe Grafschaft dafür und machte seiner Herzgebieterin ein Geschenk damit. Sie nahm das Juwel an, heftete damit, bei einer Hofgala, den Schleier auf die blonden Flechten ihres seidenen Haares, erregte bei allen Putzschwestern am Hofe Herzdrücken und Krämpfe, äugelte dem Ausspender freundlich zu, verwahrte darauf ihre Trophäe in dem Schmuckkästlein, und in wenig Tagen waren der Graf und sein Kleinod vergessen. Er ließ sich gleichwohl nicht irremachen, fuhr fort, durch neue Geschenke die alten bei ihr wieder ins Andenken zu bringen und alles aufzutreiben, ihren eitlen Sinn zu vergnügen. Dieser Aufwand nötigte ihn, die andre Hälfte seiner Grafschaft gleichfalls zu verpfänden, daß ihm davon nichts übrigblieb als Wappen und Titel, worauf kein Wucherer etwas leihen wollte. Indessen fiel seine übermäßige Verschwendung täglich mehr in die Augen, weshalb die Kaiserin ihn selbst darüber zur Rede stellte und ihn abmahnte, sein väterliches Erbgut nicht so unweislich zu vergeuden.

Da offenbarte ihr der Graf sein Anliegen und sprach: „Allergnädigste Frau, Euch ist meine Liebschaft unverborgen, Lukrezia, das zarte Mädchen, hat mir das Herz gestohlen, daß ich ohne sie nicht leben mag. Aber wie sie's mit mir treibt, wie sie mich mit trüglicher Minne neckt, davon weiß Euer ganzer Hof zu sagen. Möchte mir wohl schier die Geduld darüber ausreißen, dennoch kann ich nicht von ihr ablassen. All mein Hab und Gut hab ich darangesetzt, ihre Gunst zu erlangen; aber ihr Herz ist mir verschlossen wie der Freudenhimmel einer abgeschiedenen Seele unter dem Kirchenbann, ob mir ihr Auge gleich oftmals Minneglück vorlügt. Darum begehr ich von Euch, daß Ihr, wo sie keine rechtliche Einrede hat, meine Hand zu verschmähen, sie mir zum ehelichen Gemahl beileget." Die Kaiserin verhieß, die Werbung für ihn bei dem Fräulein zu übernehmen und sie zu überreden, seine Liebestreue nicht länger auf die Probe zu stellen, sondern mit reiner Gegenliebe zu belohnen.

Ehe sie noch Zeit gewann, bei der stolzen Lukrezia sich für ihn zu verwenden, begehrte Graf Ruprecht mit dem Höcker bei ihr Gehör und redete also: „Huldreichste Kaiserin, eine Jungfrau aus Eurem Gefolge, die keusche Lukrezia, hat meinen Augen gefallen und mir ihr Herz zugewandt, darum komm ich, um Vergünstigung zu bitten, sie als meine Braut heimzuführen und nach der Ordnung der christlichen Kirche mich mit ihr zu vermählen, so Ihr anders Gefallen traget, ihre Hand in die meinige zu legen und die edle Jungfrau von Euch zu lassen." – Ihre Hoheit war begierig zu vernehmen, was der Graf für Ansprüche an ein Herz habe, das bereits eines andern Eigentum sei, und war sehr unwillig, da sie vernahm, daß ihre Favoritin mit zwei Edeln des Hofes zu gleicher Zeit ein Liebesverständnis unterhalten habe, welches zu damaliger Zeit ein verpönter Handel war, woraus nichts minder als ein Zweikampf auf Leben und Tod zu befahren stand, denn in dergleichen Fällen pflegte kein Nebenbuhler dem andern seine vermeinte Gerechtsame ohne Blutvergießen abzutreten. Doch beruhigte sie sich einigermaßen, da beide Parteien sie zur Oberschiedsrichterin in der Sache erwählt hatten und zu vermuten stand, daß sie ihrer Entscheidung sich mit pflichtschuldigstem Gehorsam unterwerfen würden.

Sie berief das Fräulein zu sich in ihr heimlich Gemach und ließ sie mit harten Worten an: „Du Balg", sprach sie, „welche Verwirrung stiftest du am Hof mit deiner frevelhaften Minne? Die Junker sind all wild auf dich, laufen mich mit Lamenti und Bitten an, dich von mir zur Ehe zu begehren, weil sie nicht wissen, wie sie mit dir dran sind. Du ziehst jeden stählernen Helm an dich wie ein Magnet das Eisen, treibst dein leichtfertiges Spiel mit Rittern und Knappen und verschmähest doch das Gelübde ihrer Huldigung. Ziemt es einer sittsamen Jungfrau, mit zwei Parten zu gleicher Zeit zu liebäugeln und sie am Narrenseil zu

führen? Ins Angesicht ihnen zu liebkosen, ihre Hoffnung zu ermuntern und hinterm Rücken ihnen den Gecken zu stechen? – Das mag dir nicht ungenossen ausgehen. Einer von den beiden ehrsamen Gesellen soll dir zuteil werden, Graf Ulrich mit dem Bühel oder Graf Ruprecht mit dem Höcker. Flugs wähle, bei Vermeidung meiner Ungnade."

Lukrezia erbleichte, da ihre Frau, die Kaiserin, also ihre Liebeleien rügte und ihr den Text so scharf las. Sie hatte nicht vermutet, daß diese kleinen Buschkleppereien der Liebe vor der höchsten Instanz im Heiligen Römischen Reiche würden gerichtet werden. Darum tat sie der strengen Domina einen demütigen Fußfall, benetzte ihre Hand mit milden Zähren, und nachdem sie sich von ihrer Bestürzung erholt hatte, redete sie also: „Zürnet nicht, großmächtige Frau, wenn mein geringer Reiz Euren Hof verunruhiget; ich wasche meine Hände in Unschuld. Ist's nicht überall der Höflinge Art, daß sie den jungen Dirnen frei ins Auge sehen? Wie kann ich's ihnen wehren? Aber ich habe sie mitnichten zu Hoffnungen ermuntert, die ihnen den Besitz meines Herzens verhießen. Dieses ist noch mein freies Eigentum, damit nach meinem Willen zu schalten. Darum wollet Ihr Eure demütige Magd verschonen, ihr durch Zwang und Geheiß einen Gemahl aufzudringen, dem das Herz widerstehet."

„Deine Worte sind in den Wind geredet", antwortete die Kaiserin, „du sollst mich mit deiner Ausrede nicht eintreiben, daß ich andren Sinnes werde. Ich weiß wohl, daß du aus deinen Basiliskenaugen der Liebe süßes Gift in das Herz der Grafen und Edlen meines Hofs ergossen hast, nun magst du die Minneschuld abbüßen und selbst die Fesseln tragen, womit du die Buhlen gebunden hast: Denn ich will mein Haupt nicht eher sanfte legen, bis ich dich habe unter die Haube gebracht."

Als die gedemütigte Lukrezia den großen Ernst der Kaiserin sah, wagte sie keinen Widerspruch weiter, um sie nicht noch mehr zum Zorne zu reizen, sondern sann auf eine List, um durch diese Falltür zu entrinnen. „Huldreiche Gebieterin", sprach sie, „Euer Befehl ist für mich das elfte Gebot, dem ich so gut Gehorsam schuldig bin als den übrigen zehnen. Ich ergebe mich in Euren Willen, nur erlasset mir die Wahl unter den beiden Ehewerbern. Sie sind mir beide wert, und ich mag keinen erzürnen. Darum vergönnet, daß ich ihnen eine Bedingung vorlege, unter welcher ich den, der solcher Gnüge leistet, zum ehelichen Gemahl anzunehmen mich nicht weigern will; wofern Ihr mir bei Kaiserwort und Ehre verheißet, daß ich meiner Zusage quitt und ledig sei, wenn sie nicht durch deren Erfüllung zum Ritterdank meine Hand verdienen wollen."

Die Kaiserin war mit dieser scheinbaren Unterwürfigkeit der schlauen Lukrezia wohl zufrieden und billigte den Vorschlag, durch eine Aufgabe die Liebhaber zu hetzen, ihre Standhaftigkeit zu prüfen und dem Würdigsten als eine Siegesbeute sich zu ergeben. Sie gestand ihr, bei Kaiserwort und Ehren, die Bedingung zu und sprach: „Sage an, um welchen Preis der wackerste der beiden Sponsen dein Herz verdienen soll." Das Fräulein erwiderte lächelnd: „Um keinen andern Preis als um den, daß sie Bühel und Höcker ablegen, die sie zur Schau tragen. Mögen sie zusehen, wie sie sich der Bürden entledigen. Ich begehre mit keinem Ehewerber den Ring zu wechseln, der nicht sei gerad wie eine Kerze und schlank wie eine Tanne. Euer Kaiserwort und Ehre sichern mich, daß weder Bühel noch Höcker die Braut heimführen werde, bis der Bräutigam des Tadels ledig ist."

„O du arglistige Schlange!" sprach die zornmütige Fürstin. „Hebe dich weg aus meinen Augen, du hast mein Kaiserwort mir trüglich abgelockt, doch darf ich's nicht zurücke nehmen, weil ich es geredet habe." Sie wendete mit Unwillen ihr den Rücken zu, daß sie also überlistet war, und mußte der schlauen Lukrezia das Spiel gewonnen geben. Beiläufig wurde sie dadurch belehrt, daß ihr eben nicht die glücklichsten Talente verliehen waren, in Liebesangelegenheiten eine Unterhändlerin abzugeben, doch tröstete sie sich leicht damit, daß die Inhaberin eines Throns jene entbehren könnte. Sie ließ beiden Prätendenten den schlechten Erfolg ihrer guten Dienste wissend machen, und Graf Ulrich war über diese traurige Botschaft untröstlich. Insonderheit fand er es kränkend, daß die stolze Lukrezia solchen Mutwillen trieb und ihm gleichsam sein Leibesgebrechen vorwarf, dessen er sich nicht mehr bewußt war, weil ihn niemand bei Hofe daran erinnert hatte. „Konnte das freche Mädchen", sprach er, „keinen glimpflichern Vorwand finden, mich ehrlich wie den großen Haufen ihrer Anbeter zu verabschieden, nachdem sie mich rein ausgeplündert hat? Mußte sie gerade durch die Bedingung, die es mir unmöglich macht, den Besitz ihres Herzens zu erlangen, das meinige noch mit einem giftigen Natterstich verwunden? Hab ich es wohl um sie verdient, daß sie mich als einen Verworfenen mit den Füßen von sich stößt?"

Voll Scham und Verzweiflung verließ er das Hoflager, ohne Abschied zu nehmen, wie ein Ambassadeur, wenn ein naher Friedensbruch bevorsteht, und politische Klüglinge weissagten aus dieser plötzlichen Verschwindung der Übermütigen des Grafen strenge Rache. Sie aber kümmerte das wenig, sie saß wie eine lauersame Spinne im Mittelpunkt ihres luftigen Gewebes in stolzer Ruhe und hoffte, daß bald wieder eine herumschwirrende Mücke an einem ihrer ausgespannten Fäden zucken und ihr zur neuen Beute heimfallen würde. Graf Ruprecht mit dem Höcker hatte sich zum Sittenspiegel das Sprüchlein dienen lassen: Gebrannt Kind lernt das Feuer scheuen. Er ging ihr aus dem Garne, ehe er seine Grafschaft in ihr Schmuckkästlein deponiert hatte, und sie ließ ihn davonflattern, ohne ihm die Schwingen auszuraufen. Eigennutz war nicht ihre Leidenschaft. Bei einem goldnen Eierschatz im Hinterhalt und im blühenden Lenz des Lebens wär er auch die seltsamste denkbare Verirrung des Geistes gewesen. Nicht der Besitz der Güter, sondern die Aufopferung des Grafen machte ihr Freude, daher konnte sie den bösen Leumund des Gerüchtes und die Vorwürfe der Kaiserin nicht ertragen, die ihr täglich vorhielt, daß sie den Grafen zugrunde gerichtet habe. Darum faßte sie den Entschluß, des ungerechten Mammons sich auf eine Art zu entledigen, die der Eitelkeit dennoch schmeichelte und ihren Ruf auf eine vorteilhafte Art ausbreitete. Sie stiftete ein adliges Jungfrauenkloster auf dem Rammelsberg bei Goslar und dotierte dieses so reichlich, als Madame Maintenon mit König Ludwigs Spesen das Fräuleinstift Sanct Cyr, ihr geistliches Elysium, in der religiösen Epoche ihres Lebens. Ein solches Denkmal der Andacht war damals vermögend, einer Lais den Geruch der Heiligkeit zu erwerben. Die milde Stifterin wurde als ein Muster der Tugend und Frömmigkeit gepriesen, und alle Flecken und Narben ihres sittlichen Charakters waren dadurch vor den Augen der Welt verschwunden. Selbst die Kaiserin verzieh es, daß sie ihrem Günstling so übel mitgespielt hatte, da sie inneward, zu welcher Absicht die fromme Räuberin den Gewinn ihrer Freibeuterei anwendete, und um den verarmten Grafen einigermaßen zu entschädigen, wirkte sie einen Versorgungsbrief vom Kaiser für ihn aus, den sie ihm nachschicken wollte, sobald der Ort seines Aufenthalts ihr kund würde.

Indessen zog Graf Ulrich über Berg und Tal, hatte die trügliche Minne abgelobt und abgeschworen, und weil er im Zeitlichen kein Glück mehr zu machen vermutete, wandelte ihn ein plötzlicher Überdruß der Welt an, er schlug sich zur Partei der Malkontenten unter den Weltkindern und wurde Sinnes, zum Heil seiner Seele eine Wallfahrt zum Heiligen Grabe zu tun und nach seiner Rückkehr sich in ein Kloster zu verschließen. Ehe er aber die Grenze des deutschen Vaterlandes überschritt, hatte er noch einen schweren Strauß von Dämon Amor auszuhalten, der ihn wie einen Besessenen marterte, wenn er, die alte Wohnung zu verlassen, exorziert wird. Das Bild der stolzen Lukrezia drängte sich, bei aller Mühe es auszulöschen, seiner Phantasie von neuem unwiderstehlich auf und folgte überall seinen Schritten wie ein Plagegeist. Die Vernunft befahl dem Willen, die Undankbare zu hassen; aber der störrische Subaltern lehnte sich gegen seine Gebieterin auf und versagte ihr den Gehorsam. Die Abwesenheit goß, bei jedem Schritte der weitern Entfernung, ein Tröpflein Öl ins Feuer der Liebe, daß diese nimmer verlösche, die schöne Natter war des Ritters Gedankenspiel auf dem Wege der traurigen Wanderschaft. Oft stand er in der Versuchung, zu den Fleischtöpfen Aegypti umzukehren und nicht in dem Gelobten Lande, sondern in Goslar das Heil seiner Seelen zu suchen. Mit gefoltertem Herzen, das unter dem Kampf zwischen Welt und Himmel erlag, setzte er seine Reise fort; aber wie ein Schiff, das mit konträrem Winde segelt.

In diesem qualenvollen Zustand streifte er in den tirolischen Gebirgen herum und hatte beinahe die welsche Grenze, unfern von Roveredo, erreicht, als er sich in einem Wald verirrte, ohne eine Herberge anzutreffen, wo er übernachten konnte. Er band sein Pferd an einen Baum und legte sich daneben ins Gras, denn er war sehr ermüdet – minder von den Beschwerlichkeiten der Reise als von dem innern Seelenkampf. Der Tröster in Beschwerden, der güldne Schlaf, drückte ihm bald die Augen zu und machte ihn auf einige Zeit seines Ungemachs vergessen. Da schüttelte ihn plötzlich eine kalte Hand, wie die Hand des Todes, und erweckte ihn aus seinem tiefen Schlummer. Als er erwachte, fiel ihm die Gestalt eines hagern alten Weibes ins Gesicht, die sich über ihn herbeugte und ihm mit einer Handlaterne unter die Augen leuchtete. Bei diesem unerwarteten Anblick überlief seine Haut kalter Schauer, er meinte, er sähe ein Gespenst. Doch verließ ihn seine Herzhaftigkeit nicht ganz, er raffte sich auf und sprach: „Weib, wer bist du, und warum unterfängst du dich, meine Ruhe zu stören?" Die Alte antwortete: „Ich bin die Kräuterfrau der Signora Dottorena aus Padua, die hier auf ihrer Meierei lebt und mich ausgesandt hat, ihr Kräuter und Wurzeln zu suchen von großer Kraft und Wirkung, wofern sie in der Mitternachtsstund gegraben werden. Ich fand Euch auf meinem Wege und hielt Euch für einen Erschlagenen, der unter die Mörder gefallen war. Darum rüttelt und schüttelt ich Euch baß, um zu sehen, ob noch Leben in Euch sei." Durch diese Rede hatte sich der Graf vom ersten Schrecken wieder erholt und frug: „Ist die Wohnung deiner Gebieterin fern von hier?" Die Alte erwiderte: „Ihr Landhaus liegt dort allernächst im Grunde, ich komme eben davon her. So Ihr eine Nachtherberge von ihr begehret, wird sie Euch solche nicht versagen. Aber hütet Euch, das Gastrecht zu verletzen: Sie hat eine Iiebreizende Tochter, die dem Mannsvolk nicht abhold ist und mit funkelnden Augen den Fremdlingen ins Herz siehet. Die Mutter bewahret ihre Keuschheit wie ein Heiligtum. Sofern sie bemerken würde, daß ein unbescheidener Gast der Signora Ughella zu tief in die Augen sähe, verzauberte sie ihn auf der Stelle; denn sie ist eine mächtige Frau, welcher die Kräfte der Natur und die unsichtbaren Geister unter dem Himmel zu Gebote stehen."

Der Ritter achtete wenig auf diese Rede, er trachtete nur nach einem guten, gastfreundlichen Bett, um der nötigen Ruhe zu pflegen, und ließ sich um das übrige unbekümmert. Er zäumte ungesäumt sein Pferd auf und war bereit, der hagern Wegweiserin zu folgen. Sie geleitete ihn, durch Büsche und Gesträuche, in ein angenehmes Tal hinab, durch welches ein rascher Bergstrom brauste. Auf einem mit hohen Ulmenbäumen bepflanzten Weg gelangte der ermüdete Pilger, indem er sein Pferd am Zügel führte, an die Gartenwand des Landhauses, welches, vom aufgehen-

den Mond beleuchtet, schon in der Entfernung einen reizenden Anblick gewahrte. Die Alte öffnete eine Hintertür, durch welche der Ankömmling in einen wohlangelegten Lustgarten gelangte, in dem die plätschernden Gewässer der Springbrunnen die schwüle Abendluft erfrischten. Auf einer Terrasse des Gartens lustwandelten einige Damen, diese angenehme Kühlung und den Anblick des freundlichen Mondes in der wolkenfreien Sommernacht zu genießen. Die Alte erkannte darunter die Signora Dottorena und introduzierte bei ihr den fremden Gast, welchen die Eigentümerin des Landhauses, da sie an seiner Rüstung sah, daß er nicht gemeinen Standes war, mit Anständigkeit empfing. Sie führte ihn in ihre Wohnung ein und ließ eine niedliche Abendmahlzeit nebst allerlei Erfrischungen auftragen.

Beim hellen Schimmer der Wachskerzen hatte der Graf Gelegenheit, seine Wirtin nebst ihrer Hausgenossenschaft während der Mahlzeit mit aller Bequemlichkeit zu betrachten. Sie war eine Frau von mittlerm Alter und edler Physiognomie. Aus ihren braunen Augen sahen Klugheit und Würde hervor, und ihr welscher Mund öffnete sich mit Anmut und Wohllaut zum Sprechen. Signora Ughella, ihre Tochter, war die reinste weibliche Form, welche die warme Phantasie des Künstlers hervorzubringen vermag. Zärtlichkeit war der Ausdruck ihrer ganzen Figur, und der schmelzende Blick ihrer Augen durchdrang unwiderstehlich, wie der elektrische Strahl aus den Wolken, jeden Panzer und Harnisch, der ein empfindsames Herz umschloß. Das Gefolge der beiden Damen bestand aus drei Jungfrauen, die den Nymphen der keuschen Diana von Raphaels Pinsel an Anmut glichen. Außer Sir John Bunkel, dem glücklichen Mädchenspäher, der hinter jeder schroffen Felsenwand in Schlüften und Höhlen ein Gynäceum von reizenden Mädchen entdeckte, ist es keinem Sterblichen so gut worden als dem Grafen Ulrich von Klettenberg, von einem so angenehmen Abenteuer überrascht zu werden, als dieses war: Da er so unverhofft aus der nächtlichen Einsamkeit einer unbekannten Wildnis an einen Lustort, den die Liebesgötter zum Aufenthalte schienen erkoren zu haben, sich versetzt sah. Er glaubte wenig von Zauberei und achtete nicht darauf; demungeachtet hatten Nacht und Einsamkeit, die Erscheinung der Alten und ihre Reden einigen Eindruck auf ihn gemacht, daß ihm etwas Übernatürliches von dem ländlichen Palaste ahnte, in welchen er eingeführt wurde. Anfangs trat er mit Mißtrauen in die reizende Versammlung der Damen ein, die er daselbst vor sich fand; in der Folge war aber so wenig an der Signora Dottorena als an ihren Gesellschafterinnen etwas von magischer Zauberei abzumerken, daß er wegen dieses irrigen Verdachtes den Bewohnerinnen der schönen Villa im Herzen Abbitte und Ehrenerklärung tat und ihnen keine andern Künste als die Bezauberungen der Liebe, wozu sie insgesamt ungemeine Talente zu besitzen schienen, beimaß. Die freundliche Aufnahme, deren er genoß, erfüllte sein Gemüt mit Ehrfurcht und Achtung gegen die liebreiche Wirtin und ihr reizendes Gefolge; doch Freund Amor, der in diesem Tempel zu präsidieren schien, hatte keine Macht über ihn, eine neue Schalkheit auszuüben. Er verglich im geheimen die jugendlichen Schönheiten, mit welchen er umgeben war, mit der Wohlgestalt der unüberwindlichen Lukrezia, und sein Herz entschied zu ihrem Vorteil.

Nach einer köstlichen Ruhe, die er genossen hatte, wollte er sich in aller Frühe wieder empfehlen und seine Reise weiter fortsetzen; aber die Frau vom Hause ersuchte ihn auf eine so verbindliche Art zu bleiben, und Signora Ughella bat mit einem so unwiderstehlichen Blick, ihrer Mutter diese Gefälligkeit nicht zu versagen, daß er Gehorsam leisten mußte. Es fehlte nicht an mancherlei Zeitkürzungen und abwechselnden Vergnügen, den Gast aufs angenehmste zu unterhalten: Man tafelte, promenierte, scherzte und plauderte auf eine Art, daß der feine Höfling dadurch Gelegenheit bekam, sich von dieser Seite aufs vorteilhafteste zu zeigen. Abends gaben die Damen eine musikalische Akademie, sie waren insgesamt der Tonkunst wohl erfahren, und die welschen Kehlen bezauberten das Ohr des deutschen Dilettanten. Zuweilen wurde, unter der Begleitung einer Spitzharfe und Querflöte, ein kleiner Ball eröffnet, und im Tanzen suchte Graf

Ulrich seinen Meister. Seine Gesellschaft schien den Damen ebenso angenehm zu sein, als ihm die ihrige behagte, und wie das gesellschaftliche Vergnügen sich immer lieber mit einem kleinen Zirkel als mit dem lästigen Geräusch zahlreicher Assembleen vereinbart; auch Vertraulichkeit das Band der Zunge dort leichter löst und der traulichen Offenherzigkeit den Zugang gestattet – so gewannen die Gespräche zwischen Wirtin und Gast, da sie sich nicht über die Gemeinplätze der Wetterbeobachtungen, der Moden und politischen Angelegenheiten hinwälzten, täglich mehr Anziehendes und Zutrauliches.

An einem Morgen nach dem Frühstück lustwandelte die Signora mit ihrem noch unbekannten Gast im Garten und führte ihn abseits in eine Laube. Sie hatte seit der ersten Bekanntschaft mit dem Fremdling eine geheime Schwermut an ihm bemerkt, welche der wonnige Aufenthalt in ihrem kleinen Hain nicht hatte vermindern können. Signora war ein Frauenzimmer, so klug und verständig sie auch war, konnte sie doch das Attribut ihres Geschlechts, den Hang zur Neugierde, mit aller Weisheit nicht verleugnen; und so sehr, nach dem beglaubten Zeugnis ihrer Kräuterfrau, die unsichtbaren Geister unter dem Himmel ihr zu Gebote stehen mochten – hatten sie, allem Vermuten nach, von dem fremden Gast im Hause ihr nichts veroffenbart. Sie wußte nicht, wer er war, von wannen er kam und wo er hingedachte, und alles das wünschte sie gleichwohl zu wissen, ihre Neugier zu vergnügen. Also ersah sie diese Gelegenheit ihn auszuforschen, und da er ihr Verlangen nur von ferne merkte, war er willig und bereit, solchem Gnüge zu leisten, und erzählte ihr, mit historischer Treue, seinen ganzen Lebenslauf, verschwieg ihr auch nicht den Liebeshandel mit der stolzen Lukrezia und schüttete ihr sein ganzes Herz aus.

Diese Vertraulichkeit nahm sie sehr günstig auf, erwiderte solche mit ähnlicher Offenherzigkeit und offenbarte ihm ihre Domestica gleichfalls. Er erfuhr dadurch, daß sie aus einem angesehenen adligen Geschlecht aus Padua abstamme, als eine frühzeitige Waise von ihren Vormündern sei gezwungen worden, einen reichen Arzt von hohem Alter zu heiraten, der in natürlichen Geheimnissen große Erfahrung gehabt; aber über dem mißlungenen Prozeß, sich zu verjüngen, welcher dem rätselhaften Grafen Cagliostro, der Sage nach, besser geglückt ist und ihm zu einem nestorischen Alter von dreihundert Jahren soll verholfen haben, den Geist aufgegeben. Durch ihres Mannes Tod sei sie die Erbin eines beträchtlichen Vermögens und des Nachlasses seiner Schriften worden. Weil sie eine zweite Verbindung einzugehen nie gelüstet hatte, war sie in der Einsamkeit ihres Wittums darauf verfallen, die Schriften des Erblassers zu studieren, wodurch es ihr gelungen sei, verschiedene nicht gemeine Kenntnisse in den verborgenen Wirkungen der Natur zu erlangen. Zugleich habe sie die Arzneikunst getrieben und dadurch sich einen solchen Ruhm erworben, daß die hohe Schule ihrer Vaterstadt den Doktorhut ihr aufgesetzt und einen öffentlichen Lehrstuhl zugestanden habe. Die natürliche Magie sei inzwischen immer das Lieblingsfach ihrer Studien gewesen, weshalb sie das Volk für eine Zauberin halte. Den Sommer pflege sie, nebst ihrer Tochter und deren Gespielinnen, auf diesem angenehmen Meierhofe zuzubringen, welchen sie um der Alpenkräuter willen in den Tirolischen Gebirgen erkauft habe; im Winter halte sie sich zu Padua auf und lehre daselbst die Geheimnisse der Natur. Ihr Haus sei dort, um der jungen Lecker willen, allen Mannspersonen verschlossen, ausgenommen der Hörsaal, der den Zöglingen des Hippokrates offenstehe. Auf dem Lande sei ihr dagegen jeder Gast willkommen, der die Ruhe des Hauses nicht störe.

Die Signora lenkte hierauf wieder auf die unglückliche Liebe des Grafen ein und schien gutmütig an seinen Schicksalen teilzunehmen; insonderheit konnte sie ihm ihre Verwunderung nicht bergen, daß er der Undankbaren noch mit so fester Anhänglichkeit ergeben sei. „Edler Graf", sprach sie, „Euch stehet schwerlich zu helfen, da Ihr lieber der Liebe Schmerzen dulden als die Süßigkeit der Rache schmecken wollt, die der Verschmäheten Labsal ist. Wenn Ihr die Grausame hassen könntet, so wär es leicht, Euch ein Mittel anzuzeigen, wie Ihr sie zu Schande und

Spott machen und ihr zwiefach alles Unrecht, das sie Euch bewiesen hat, vergelten könntet. Ich weiß ein Limonadenpulver zu bereiten, das die Eigenschaft hat, heiße Liebesglut in dem Herzen derjenigen Person gegen die anzufachen, von welcher der Liebesbecher dargereicht wird. Wenn Eure Spröde nur mit den Lippen von dem Zaubertranke kostete, würde alsbald ihr Herz gegen Euch entbrennen; wenn Ihr nun sie ebenso verächtlich von Euch stießet, wie sie Euch getan hat, Euer Ohr für ihre Liebkosungen verschlösset und ihrer Seufzer und Tränen spottetet – so wäret Ihr vor den Augen des deutschen Kaiserhofes und aller Welt an ihr gerochen. Wofern Ihr aber den raschen Minnetrieb nicht bezähmet hättet und die ungestüme Flamme den brennbaren Zunder wieder entzündete, daß Ihr die Unbesonnenheit beginget, das untrennbare Bündnis mit der Sirene einzugehen: So würdet Ihr eine Furie zum Weibe bekommen, die Euer Herz mit der Schlangengeißel ihrer Wut zerfleischte, denn wenn die Kraft des Pulvers verdünstet ist, bleibet Haß und Groll in der toten Kohle der ausgebrannten Leidenschaft zurück. Wahre Liebe, die durch süße Einigung zwei gleichgestimmte Seelen ineinanderschmelzt, bedarf keines Limonadenpulvers, die Gefühle der Zärtlichkeit zu erwärmen. Darum, wo Ihr wahrnehmet, daß die feurigste Liebe oft die kältesten Ehegatten macht, möget Ihr gedenken, daß nicht die Sympathie, sondern das Limonadenpulver die Liebenden zusammengepaaret hat; es findet guten Vertrieb in Eurem Vaterlande und gehet stark über die Alpen."

Graf Ulrich bedachte sich ein wenig und antwortete darauf: „Die Rache ist süß; aber süßer noch die Liebe, welche mich an die Unerbittliche fesselt. Ich empfinde das Beleidigende ihres Übermutes tief in meiner Seele, dennoch kann ich sie nicht hassen. Ich will sie fliehen wie eine Schlange, die mich verwundet hat; aber diesen Mutwillen nicht rächen, sondern ihr verzeihen und ihr Bild, dieweil ich lebe, in meinem Herzen tragen." Die welsche Dame machte die Bemerkung, daß die Empfindlichkeit ihres Volkes sich anders arte als die deutsche und daß eine Beleidigung von der Art, nach ihres Landes Brauch und Sitte, unverzeihlich sei. Doch billigte sie des Grafen gutmütige Denkungsart und riet ihm, mit einem so liebevollen Herzen lieber über das tirolische Gebirge zu den Füßen seiner Herzensgebieterin wieder zurückzueilen und ihre Mißhandlungen zu erdulden, als das Vorhaben auszuführen, eine in seiner Lage unfruchtbare Wallfahrt zum Heiligen Grabe zu tun. So gegründet er indessen diesen guten Rat fand, sowenig bezeigte er Lust, von dem einmal gefaßten Entschlusse abzustehen, worüber die kluge Frau ohne weitere Einrede lächelte.

Nach einigen Tagen kam er, sich bei der freundlichen Wirtin und ihrer schönen Gesellschafterin zu beurlauben, und sie vergönnte ihm jetzt den Abzug nach seinem Gefallen. Am Vorabend des zur Reise anberaumten Tages waren die Damen alle sehr heiter, selbst die Signora, welche ihre Würde und Ernsthaftigkeit nicht leicht ablegte. Diesmal bezeigte sie gleichwohl ein Verlangen, mit ihrem Gast zum Valet noch eine Sarabande zu tanzen. Der Graf hielt sich dadurch sehr geehrt und tat sein Bestes, sich als ein guter Tänzer zu signalisieren, welches der Dame so wohl zu gefallen schien, daß sie die Touren des Tanzes mehrmals wiederholte, bis beide Parten ermüdet waren und dem Grafen der Schweiß auf der Stirne stand. Als der Tanz geendiget war, führte ihn die flinke Tänzerin unter dem Schein, sich ein wenig zu verkühlen, in ein Kabinett besonders, und nachdem sie die Tür zugetan hatte, nestelte sie ihm, ohne ein Wort zu sagen, das Wams auf, welches den Grafen von der ehrbaren Frau wundernahm; doch ließ er es geschehen, weil er in dem Augenblick nicht wußte, wie er sich in diesem Falle, der ihm noch bei keinem Frauenzimmer vorgekommen war, verhalten sollte. Dieser Verlegenheit machte sich die Signora Dottorena zu Nutzen, touchierte mit gewandter Hand die Schulter des Grafen, rückte und drehte daran hin und her und zog bald darauf etwas aus dem Wams hervor, das sie flugs in der Schublade einer Truhe verbarg, die sie sogleich verschloß. Die ganze Operation war in wenig Sekunden getan, worauf die Tochter des Aeskulap den duldsamen Patienten vor den Spiegel führte und sprach:

„Sehet da, edler Graf! Die Bedingung, unter welcher die spröde Lukrezia Euch den Besitz ihres Herzens zugesichert hat, ist erfüllt. Meine Hand hat dem kleinen Makel Eurer körperlichen Vollkommenheit abgeholfen: Ihr seid jetzt so schlank wie eine Tanne und so gerade wie eine Kerze. Laßt Eure Traurigkeit nun schwinden und ziehet getrosten Mutes nach Goslar: Denn der Eigensinn des Fräuleins hat keinen Vorwand mehr, Euch zu täuschen."

Graf Ulrich staunte seine eigne Gestalt lange schweigend im Spiegel an, das Übermaß der Verwunderung und Freude machte ihn jetzt so stumm wie vorhin die Verlegenheit. Er ließ sich auf ein Knie nieder, faßte die wohltätige Hand, welche die Anomalie seines körperlichen Ebenmaßes so glücklich weggenommen hatte, und fand endlich Worte, die innigste Dankbegierde seiner Wohltäterin kundzumachen. Sie führte ihn wieder in den Saal zur Gesellschaft zurück: Signora Ughella und ihre drei Gespielinnen klatschten vor Freude in die Hände, da sie den herrlichen jungen Mann erblickten, der nun ganz ohne Tadel war.

Vor Ungeduld, seine Rückreise anzutreten, konnte er die Nacht kein Auge schließen. Es gab für ihn kein Heiliges Land mehr: Seine Sinne und Gedanken waren nur auf Goslar gerichtet. Er erwartete den Anbruch der Morgenröte mit sehnlichem Verlangen, verabschiedete sich von der Signora Dottorena und ihren Gesellschafterinnen. Eilig beflügelte er die Füße des Rosses durch den Stachel seiner ritterlichen Sporen und trabte voll schmeichelhafter Hoffnung immer den Weg nach Goslar zurück. Die Sehnsucht, mit der schönen Lukrezia wieder einerlei Luft zu atmen, unter einem Dache zu hausen, in einem Gemach zu tafeln und den Schatten eines Baumes mit ihr zu teilen, ließ ihm nicht Zeit, an den lehrreichen Wahlspruch des Kaisers Augustus zu gedenken: Eile mit Weile! Als er bei Brixen die Bergstraße herabritt, glitt sein Rosinant aus, und er tat einen schweren Fall, daß er den Arm an einem Stein zerschellte. Dieser Aufenthalt auf der Reise bekümmerte ihn sehr: Er fürchtete, Lukrezia möchte in seiner Abwesenheit ihr Herz versagt haben, von einem glücklichen Eroberer sich zum Altar fortreißen lassen und solchergestalt es ihm unmöglich machen, sie beim Worte zu halten. Um sich auf allen Fall sicher zu stellen, schrieb er einen Brief an seine große Gönnerin, die Kaiserin, worinnen er ihr authentischen Bericht von seinem Abenteuer und auch von dem erlittenen Unfall erteilte, nebst angefügter demütiger Bitte, nichts davon bis zu seiner Ankunft lautwerden zu lassen, und schickte damit einen reitenden Boten eilends nach Hofe.

Ihre Hoheit war aber das Talent der Verschwiegenheit nicht verliehen: Ein Geheimnis drückte sie auf dem Herzen wie ein enger Schuh auf dem Leichdorn. Daher machte sie die empfangene Depesche beim nächsten Courtage der sämtlichen Antichamber kund, und da der erste Kämmerling und Hofschmeichler – aus Liebedienerei gegen die schöne Lukrezia – einen untertänigen Zweifel in die Sache setzte, kommunizierte sie ihm die specias facti ad statum legendi im Original, um sich von der

Wahrheit zu überzeugen. Dadurch fiel die Relation auch in Graf Ruprechts Hände, der alsbald mit sich zu Rate ging, ob es nicht tunlich sei, auf gleiche Weise der Bedingung des Fräuleins Gnüge zu leisten und dabei seinem Rival noch obendrein den Rang abzulaufen. Er berechnete die Zeit, welche mutmaßlich bis zur Wiederherstellung des zerschellten Armes seines Mitkompetenten erforderlich sein dürfte, und fand, daß er den Weg von Goslar nach Roveredo, um der Signora Dottorena einen fliegenden Besuch zu machen und von ihr das beneficium restitutionis in integrum gleichmäßig zu erhalten – Aufenthalt und Rückweg mit eingerechnet – eher beendigen könne, wenn er sich nur etwas spute, als die Wundärzte in Brixen ihren Patienten entlassen würden.

Gedacht, getan! Er ließ seinen Wettrenner satteln, saß auf und machte den Ritt mit der Eilfertigkeit eines Zugvogels, der im Herbst in einem anderen Weltteil ein wärmeres Klima sucht. Es kostete wenig Mühe, den Aufenthalt der Dame, die er suchte, zu erfragen: Sie war allenthalben im Lande wohlbekannt. In Ermangelung der Kräuterfrau introduzierte er sich selbst, unter dem Inkognito eines irrenden Ritters, und genoß eben die freundliche Aufnahme seines Vorgängers. Der sittsamen Hauspatrona mißfielen indessen gar bald des neuen Gastes freie Manieren, die vornehme Frechheit, die ihm aus den Augen sah, und sein zuverlässiger entscheidender Ton; ob sie sich's gleich nicht austat und seiner höfischen Insolenz mit vieler Schonung begegnete.

Es war schon einigemal des Abends kleiner Ball nach der musikalischen Akademie gegeben worden, und Graf Ruprecht hatte immer gehofft, daß ihn die Signora auffordern würde; allein sie schien keinen Geschmack mehr am Tanzen zu finden und gab eine bloße Zuschauerin dabei ab. Ungeachtet er keine Mühe sparte, ihre Gunst zu gewinnen, und die artigsten Schmeicheleien, nach seiner Weise, ihr vorsagte – so wurden sie doch ihrerseits nur mit kalter Höflichkeit erwidert. Dagegen schien sein Glücksstern bei Fräulein Ughella aufgegangen zu sein, ihr Blick munterte ihn auf, dem Berufe zu folgen, welchen er als ein Hofjunker zu haben vermeinte, auf jeden Schleier, der ein Paar schmach-tende Augen verbarg, Jagd zu machen wie ein Seekaper auf je-des Segel, das in seinem Gesichtskreis weht. Obgleich seine Fi-gur nicht eben sehr anziehend war, so war er doch die einzige Mannsperson in der Gesellschaft auf dem Landhause, und aus Vorliebe für das andere Geschlecht nahm es Donna Ughella, wenn sie keine Vergleichung unter mehrern anstellen konnte, eben nicht so genau mit der Körperform: Ihr Herz mußte beschäftigt sein, wenn sie nicht vor Langeweile sterben sollte. Graf Ruprecht konn-te ihren Reizen nicht widerstehen, und da er einer von den leichtsinnigen Kundleuten war, die ein Quentlein gegenwärtigen Genuß gern für einen Zentner zukünftige Hoffnung eintauschen – so vergaß er der spröden Lukrezia und erklärte einstweilen die reizende Ughella für die Dame seines Herzens.

Die scharfsichtige Patrona entdeckte bald, daß ein Clodius in ihrer Villa das Heiligtum der Vesta verwirre; sie empfand dieses sehr hoch, beschloß, dem Spiel ein Ende zu machen und die Ver-letzung der Gerechtsame ihres Hauses zu ahnden. Eines Abends proponierte sie einen Ball und forderte unverhofft den Paladin des Fräuleins zum Tanz auf. Dieser Ehre hatte er sich beinahe verziehen, desto größer war die Freude, die er empfand, daß die Zeit der vermutbaren Entbindung von seiner bisherigen Leibes-bürde ihm so überraschend kam. Er machte alle die Meister-schritte in der Tanzkunst, die der eigensinnige Vestris der schö-nen Lilienkönigin zu versagen sich erdreistete und für diese Künstlerlaune eine wohlverdiente Bastonade nicht empfing, deren er so würdig war.

Nach geendigter Sarabande winkte Signora ihrem Tänzer, ebenso wie vormals dessen Vorgänger, in das an den Salon stoßen-de Kabinett ihr zu folgen, und voll der freudigsten Ahnung folg-te ihren Schritten Graf Ruprecht mit dem Höcker. Sie nestelte ihm, wie gewöhnlich, das Koller auf, welche etwas mißständige Handlung für eine ehrbare Frau ihn so wenig in Verlegenheit setzte, daß er ihrer geschäftigen Hand vielmehr zur Hilfe kam. Flugs öffnete die Dottorena ihre Truhe und zog aus einer Schublade eine Substanz hervor, die einem korpulenten Eierkuchen ähnliche sah, schob ihm diese rasch in den Busen und sprach: „Unbescheidener, nimm dies zur Ahndung des verletzten Gastrechts, winde dich in ein Knäuel und runde dich wie ein Plauel!" Indem sie dieses sagte, öffnete sie ein Riechfläschchen und sprengte ihm eine narkotische Essenz ins Gesicht, davon er betäubt zurück auf ein Sofa sank. Als er wieder zu einiger Besinnung kam, fand er sich von ägyptischer Finsternis umgeben, die Wachskerzen waren erloschen, und alles um ihn her war leer und öde. Bald aber regte sich was an der Tür, der Flügel tat sich auf, da trat ein hagres altes Weib herein, mit einer brennenden Laterne, und leuchtete ihm unter die Augen, welche er alsbald, nach der Beschreibung aus Graf Ulrichs Depesche, für die Kräuterfrau der Signora Dottorena erkannte. Da er sich vom Sofa erhob und innewardt, mit welchem ansehnlichen Zuwachs von Korpulenz er begabt war, geriet er in Wut und Verzweiflung, er faßte die hagre Matrone beim Leibe und sprach: „Alte Unholdin, sag an, wo ist deine Frau, die schändliche Zauberin? Daß ich mit dem Schwerte die an mir erwiesne Bosheit räche, oder ich erwürge dich hier auf der Stelle."

„Lieber Herr", antwortete die Alte, „erzürnet Euch nicht über eine geringe Magd, die keinen Teil hat an der von ihrer Frau an Euch verübten Schmach. Die Signora ist nicht mehr hier, sondern nebst ihrem Gefolge, sobald sie aus dem Kabinett kam, davongezogen. Unterfanget Euch nicht, sie aufzusuchen, daß Euch nicht noch etwas Ärgeres widerfahre; wiewohl Ihr sie auch schwerlich finden würdet. Ertraget mit Geduld, was nicht zu ändern stehet. Die Signora ist eine mitleidige Frau, wenn sie ihren Unwillen gegen Euch vergessen hat und Ihr nach Verlauf von drei Jahren wieder hier einsprecht und Euch vor ihr demütiget, kann sie alles, was sie krumm gemacht hat, wieder so schlicht und gleich machen, daß Ihr würdet durch einen Fingerreif schlüpfen können." Der wohlbepackte Lastträger gab, nachdem seine Galle ausgetobt hatte, diesem Vorschlag Gehör, ließ sich bei frühem Morgen von dem Meier und seinen Knechten in den Sattel heben und ritt nach seiner Heimat, woselbst er im verborgnen blieb, bis zum Termin, welchen ihm die botanische Matrone zur Wiederaussöhnung mit ihrer Signora gesetzt hatte.

Graf Ulrich war indes genesen und zog triumphierend in Goslar ein; denn er trug keinen Zweifel, daß seine große Gönnerin bei der stolzen Lukrezia seine Rechte aufs beste werde gewahret haben. Als er nach Hof ritt, der Kaiserin aufzuwarten, war ein solcher Zulauf des Volks, die wunderbare Veränderung, die sich dem Gerücht nach an dem Grafen Ulrich mit dem Bühel sollte begeben haben, in Augenschein zu nehmen, daß eine schwarze Abgesandtschaft des Königs von Habyssinien die Neugierde der löblichen Bürgerschaft nicht mehr hatte reizen können. Die Kaiserin empfing ihn mit allen Merkmalen ihrer Huld und führte ihm das Fräulein, wie eine Braut geschmückt, entgegen, um sie aus ihrer Hand als einen Ritterdank, daß er der mißlichsten Bedingung Gnüge geleistet, zu empfangen. Ihr Mund willigte in die Verbindung mit dem Grafen ein, und im Taumel des ersten Entzückens untersuchte er nicht, ob dieses Geständnis auch mit den Gesinnungen des Herzens übereinstimme. Noch weniger hatte er daran gedacht, wovon er seiner zukünftigen Gemahlin standesmäßigen Unterhalt verschaffen würde, da seine Grafschaft verpfändet war; oder welches Wittum er ihr in dem Ehekontrakt anweisen könnte. Er befand sich in keiner geringen Verlegenheit, als die Kaiserin, die sich dieser Freierei eifrigst unterzog, ihn befragte, welche Gegensteuer er dem Fräulein für den Brautschatz verschreiben wolle, womit sie dieselbe auszusteuern gedächte; und er gestund, daß er kein Eigentum weiter besitze als sein Ritterschwert, welches er gegen die Feinde des Kaisers also zu gebrauchen gedenke, daß es ihm Ruhm und Belohnung erwerben werde. Das Fräulein wurde befragt, ob sie an dieser idealischen Gegensteuer ihr wolle gnügen lassen, und der Graf befürchtete schon, daß sie einen neuen Vorwand dadurch suchen würde, der Verbindung zu entschlüpfen. Aber seit der Wiederkehr des Grafen schienen sich ihre Gesinnungen gegen den getreuen Amadis merklich geändert zu haben. Sie nahm das Wort und sprach:

„Ich bin nicht in Abrede, edler Graf, einer schweren Liebesprobe Euch unterworfen zu haben. Dieweil Ihr Euch nun dadurch nicht von Eurer Liebe abwendig machen lassen, sondern selbst das Unmögliche möglich zu machen versucht habt – so ist es billig, daß ich mich in Eure Hand ergebe, ohne Eure Hoffnung länger aufzuhalten. Ich begehre kein andres Heiratsgut Euch zuzubringen als mein Herz und das bißchen Armut von dem Nachlaß meiner Mutter, wenn sie dereinst die Welt gesegnen wird – dagegen verlange ich auch keine Gegensteuer oder Leibgeding als das Eure, welches Ihr mir bereits zugesaget habt." Die Kaiserin und all ihr Hofgesinde verwunderten sich höchlich über diese edle Gesinnung des Fräuleins, und Graf Ulrich wurde dadurch innigst gerührt. Er erfaßte ihre Hand, drückte sie kräftig an seinen Busen und sprach: „Habt Dank, edles Fräulein, daß Ihr meine Hand jetzt nicht verschmähet: Ich will ehrlich dran sein, Euch als mein Ehgemahl zu nähren, wie es einem Ritter ziemet, durch diese Faust und mein gutes Schwert."

Hierauf ließ die Kaiserin den Bischof rufen, das liebende Paar einzusegnen, und auf ihre Kosten wurde das Beilager bei Hofe mit großem Pomp vollzogen. Nachdem das hochzeitliche Geräusch vorüber war, die Heirat bei Hofe und in der Stadt lange gnug bekrittelt und beschwatzt, der neuen Ehe auch, nach Maßgabe der mancherlei Gesinnungen des teilnehmenden Publikums, die Nativität gestellt war, und nun niemand mehr von den Neuvermählten Notiz nahm, gedachte Graf Ulrich an sein Versprechen und rüstete sich, ins Heer zu ziehen, seiner Gemahlin ein Erbgut zu erwerben. Sie wollte ihn aber nicht entlassen und sprach: „Im Spieljahr der Ehe kommt es Euch zu, meinem Willen nachzuleben, hernach möget Ihr das Haus regieren und tun, was Euch gefällt. Jetzt begehr ich, daß Ihr mich gen Bamberg zu meiner Mutter geleitet, daß ich sie heimsuche und daß Ihr Eure Schwieger als Eidam grüßet." Er antwortete: „Ihr habt wohl geredet, traute Gemahlin, Euer Wille geschehe."

Drauf machte sich das edle Paar auf und zog gen Bamberg, und in dem mütterlichen Hause war große Freude und viel Jubilierens bei der Ankunft der geliebten Gäste. Das einzige, was den Grafen daselbst nicht behagte, war, daß alle Morgen in der Nähe seines Schlafgemachs ein Huhn gackerte, das ihn aus dem Schlaf störte, der in den Armen seiner zarten Gemahlin ihm so süß war. Er konnte sich nicht enthalten, seinen Verdruß darüber ihr zu eröffnen, und schwur, dem Huhn den Hals umzudrehen, wenn er es in seine Gewalt bekäm. Lukrezia antwortete ihm lächelnd: „Mitnichten sollt Ihr das Hühnlein abwürgen, das jeden Tag ein frisches Ei legt und dem Hause guten Gewinn bringt." Der Graf verwunderte sich, wie eine verschwenderische Hofdame so plötzlich in eine wirtschaftliche Hausfrau sich habe umwandeln können, und erwiderte auf diese Rede: „Ich habe Euch meine Grafschaft aufgeopfert, die Ihr verschleudert habt, Pfaffen und Nonnen damit zu mästen, und Ihr wollet mir nicht ein elendes Huhn zum Gegenopfer verleihen. Daran erkenn ich Euch, daß Ihr mich nicht liebet." Die junge Frau streichelte ihrem Gemahl die vor Unwillen aufschwellende Wange und sprach: „Vernehmet, lieber Herzgespiel, daß dieses Hühnlein, das Eure Ruhe störet, jeden Morgen ein goldnes Ei leget, darum ist es meiner Mutter lieb und wert, ißt mit ihr aus der Schüssel und schläft bei ihr in der Kammer. Seit neunzehn Jahren hat es das Haus mit diesen köstlichen Eiern versorgt. Daraus möget Ihr urteilen, ob ich um Lohn der Kaiserin Söldnerin war; ob mich der Eigennutz nach Euren Geschenken lüstern machte und ob sie etwas über mein Herz vermochten. Ich nahm sie, nicht um Euch zu plündern, sondern Eure Liebe zu prüfen, und schüttete sie in den Schoß der heiligen Kirche, um mich von dem Verdachte des Eigennutzes zu befreien. Ich wollte, daß die Liebe allein unsre Herzen verbinden sollte, darum nahm ich Eure Hand ohne Erbgut und gab Euch die meine ohne Brautschatz; nun soll's weder Euch an der Grafschaft noch mir an der Aussteuer fehlen."

Graf Ulrich erstaunte über die Rede seiner Gemahlin: Seine Seele schwankte zwischen Glauben und Zweifel. Um den ungläubigen Thomas zu überzeugen, rief sie die Mutter herbei, offenbarte ihr, daß sie das Eiergeheimnis an ihren Gemahl verraten habe, und überließ es ihr, denselben von der Wahrheit zu überführen. Die gute Mutter schloß ihre Truhen auf, und der verwunderte Eidam stand wie bezaubert da, als er den unermeßlichen Reichtum erblickte. Er gestand, daß der Brautschatz eines güldnen Eiersegens ein herrlicher Fund für einen Grafen ohne Grafschaft sei; jedoch beschwor er mit einem teuren Eid, daß aller Welt Schätze dem Übermaß der Liebe gegen seine Gemahlin keinen Zusatz zu geben vermöchten. In kurzem war die verpfändete Grafschaft wieder eingelöst und noch eine andere dazu erkauft, ohne daß es seiner ritterlichen Talente zu dieser Akquisition bedurfte. Er ließ Wehr und Harnisch ruhen und verlebte seine Tage in Ruhe, beim Genuß des unwandelbarsten Minneglücks; denn die schöne Lukrezia bewies durch ihr Beispiel, daß die spröden Schönen zuweilen die gefälligsten Gattinnen werden.

[1] Im Jahr 1057.

Melechsala

Pater Gregor, des Namens der Neunte auf St. Peters Stuhl, hatte in einer schlaflosen Nacht eine Inspiration, nicht vom Geiste der Weissagungen, sondern der politischen Schikane, dem deutschen Adler die Schwungfedern zu stutzen, damit er sich nicht über das stolze Rom erheben möchte. Kaum beleuchtete die Morgensonne den ehrwürdigen Vatikan, so klingelte schon Se. Heiligkeit dem aufwartenden Kämmerling und befahl, das Heilige Kollegium zusammenzuberufen, worauf Vater Gregor in pontificalibus eine feierliche Messe hielt und nach deren Beendigung einen Kreuzzug proponierte, wozu alle Kardinäle, die die weisen Absichten desselben leicht errieten und wohl merkten, wohin es mit der Heeresfahrt zur Ehre Gottes und dem gemeinsamen Wohl der werten Christenheit gemeint sei, ihren Assent gern und willig erteilten.

Drauf zog ein schlauer Nuntius flugs hinab gen Neapel, wo Kaiser Friedrich von Schwabenland damals hofhielt, der trug zwo Büchsen in seiner Reisetasche; die eine war gefüllt mit dem süßen Honigseim der Überredung, die andere mit Zunder, Stahl und Stein, damit den Bannstrahl anzuzünden, wofern der störrische Sohn dem Heiligen Vater nicht schuldige Parition leisten würde. Als der Legat zu Hofe kam, tat er die süße Büchse auf und sparte nichts an der glatten Latwerge. Aber Kaiser Friedrich war ein feiner Züngler, dem widerte bald der Pillen Geschmack, der in der Süßigkeit verborgen lag; auch kneifte es ihm davon weidlich in den krausen Därmen: Drum verschmähte er die betrügliche Leckerei und begehrte nichts mehr davon. Da tat der Legat die andere Büchse auf und ließ einige Funken daraus sprühen, die den kaiserlichen Bart versengten und auf der Haut wie Nesseln brannten. Daraus vermerkte der Kaiser, daß ihm des Heiligen Vaters Finger bald schwerer werden dürften, als des Legaten Lenden waren; er legte sich also zum Zweck, bequemte sich zum Gehorsam, die Kriege des Herrn gegen die Ungläubigen im

Orient zu führen, und betagte die Fürsten zur Heersfahrt ins Heilige Land. Die Fürsten taten das kaiserliche Gebot kund den Grafen, die Grafen entboten ihre Lehnsleute, die Ritter und Edlen; die Ritter rüsteten ihre Knappen und Knechte, saßen auf und versammelten sich jeder unter sein Panier.

Nächst der Bartholomäus-Nacht hat keine so viel Jammer und Not auf Erden gestiftet als die, welche Gottes Statthalter auf Erden durchwachte, um einen verderblichen Kreuzzug zu gebären. Ach, wie viele heiße Tränen flossen, als Ritter und Knecht abrückten und ihr Liebchen gesegneten! Eine herrliche Generation deutscher Heldensöhne verschmachtete in den Lenden der auswandernden Väter wie der Keimtrieb wuchernder Pflanzen in den syrischen Wüsten, wenn der glühende Schirokko darüberweht. Das Band von tausend glücklichen Ehen wurde gewaltsam zerrissen; zehntausend Bräute hängten traurig ihre Kränze, wie die Töchter Jerusalems, an die babylonischen Weiden, saßen da und weinten, und hunderttausend reizende Mädchen wuchsen dem Bräutigam vergebens entgegen, blüheten wie ein Rosengarten in einem einsamen Klosterzwinger, denn es war keine Hand da, die sie pflückte, und welkten ohne Genuß dahin. Unter den seufzenden Gattinnen, denen die schlaflose Nacht des Heiligen Vaters den trauten Ehgemahl von der Seite führte, waren auch Elisabeth die Heilige, vermählte Landgräfin in Thüringen, und Ottilia, vermählte Gräfin von Gleichen, welche zwar nicht im Geruch der Heiligkeit stand, aber in Absicht der Leibesgestalt und ihres tugendsamen Wandels keiner ihrer Zeitgenossinnen nachstand.

Landgraf Ludwig, ein treuer Lehnsmann des Kaisers, ließ ein gemeines Aufgebot ins Land ergehen, daß sich seine Vasallen zu ihm sammeln und ihm ins Heerlager folgen sollten. Allein die mehresten suchten einen Vorwand, diese Fahrt in fremde Lande glimpflich von sich abzulehnen. Einen plagte das Zipperlein, den andern der Stein; dem waren seine Rosse gefallen, jenem die Rüstkammer aufgebrannt. Nur Graf Ernst von Gleichen, nebst einer kleinen Schar rüstiger Kämpen, die frank und ledig waren und Lust hatten, ein fernes Abenteuer zu bestehen, waffneten ihre Reisigen und Knechte, gehorchten dem Gebot des Landgrafen und führten ihr Volk auf den Sammelplatz. Der Graf war seit zwei Jahren vermählt, und während dieses Zeitverlaufes hatte ihm seine liebreizende Gemahlin auch zwei Kinder zur Welt gebracht, ein Herrlein und ein Fräulein, die nach Beschaffenheit dieses rüstigen Weltalters ohne Beihilfe der Kunst so leicht und rasch waren geboren worden wie der Tau aus der Morgenröte; ein drittes Pfand der Liebe trug sie noch unter dem Herzen, welches um der päpstlichen Nachtwache willen der väterlichen Umarmung beim Eintritt in die Welt entbehren mußte. Ob sich Graf

Ernst gleich stark machte wie ein Mann, so behauptete die Natur doch an ihm ihre Rechte, und er konnte die mächtigen Gefühle der Zärtlichkeit nicht verhehlen, als er beim Scheiden sich mit Gewalt seiner weinenden Gemahlin aus den Armen wand. Indem er mit stummem Schmerz sie verlassen wollte, drehte sie sich rasch nach dem Bettlein ihrer Kinder, riß das schlummernde Herrlein daraus hervor, drückt' es sanft an ihre mütterliche Brust, und reicht' es, mit beträntem Blick, dem Vater hin, um auch den väterlichen Abschiedskuß auf die unschuldsvolle Wange zu drücken. Ebenso tat sie mit dem Fräulein. Das griff dem Grafen gewaltsam ans Herz, die Lippen fingen ihm an zu beben, der Mund verzog sich sichtbar in die Breite, wobei er laut aufschluchzte, die Kinder an den stählernen Harnisch drückte, unter welchem ein sehr weiches empfindsames Herz schlug, sie aus dem Schlaf küßte und nebst seiner hochgeliebten Gemahlin in den Schutz Gottes und aller Heiligen befahl. Wie er nun nebst seiner reisigen Schar den krummen Burgweg von der hohen Feste Gleichen herabzog, sah ihm die Gräfin mit banger Wehmut nach, solange sein Panier, worein sie mit feiner Purpurseide das rote Kreuz gestickt hatte, noch vor ihrem Augen wehte.

Landgraf Ludwig war hocherfreut, da er den stattlichen Lehnsmann mit Rittern und Knappen unter Vortragung des Kreuzpaniers herantraben sah; aber wie er ihn ins Auge faßte und den Trübsinn des Grafen wahrnahm, ward er zornig, denn er meinte, der Graf sei faul und grämisch über den Heereszug und ihm nicht mit gutem Willen nachgezogen. Darum faltete sich seine Stirn, und die landgräfliche Nase schnaubte Unwillen. Graf Ernst aber hatte einen feinen pathognostischen Blick im Auge und merkte bald aus, was seinen Herrn wurmte, deshalb trat er ihn kecklich an und eröffnete ihm die Ursache seines Mißmuts. Das war Öl zum Essig des Unwillens, der Landgraf erfaßte mit biedrer Traulichkeit die Hand seines Vasallen und sprach: „Ist's also, lieber Getreuer, wie Ihr saget, so drückt uns beide der Schuh an einem Ort. Liesbeth, mein ehelich Gemahl, hat mir auch beim Valet das Herz eingeflennt. Aber seid gutes Muts, indem wir kämpfen, werden unsre Weiber daheim beten, daß wir mit Glori und Ruhm zu ihnen zurückkehren." So war's damals Sitte im Lande: Wenn der Mann zu Felde zog, blieb die Hausfrau in ihrem Kämmerlein still und einsam, fastete und betete und tat Gelübde ohn Unterlaß für seine glückliche Heimkehr. Dieser alte

Brauch ist aber nicht allerwärts mehr landüblich, wie die jüngste Kreuzfahrt des deutschen Kriegsvolks ins ferne Abendland durch den reichlichen Familienzuwachs während der Abwesenheit der in der Fremde weilenden Ehegenossen davon manchen Beweis vor Augen gestellt hat.

Die fromme Landgräfin empfand den Schmerz der Trennung von ihrem Gemahl ebenso lebhaft als ihre Schicksalsgenossin, die Gräfin von Gleichen. Ob ihr Herr, der Landgraf, gleich von stürmischem Naturell war, so lebte sie doch mit ihm in vollkommenster Eintracht, und seine irdische Masse wurde von der Heiligkeit seiner frommen Betthälfte nach und nach dergestalt durchtränkt, daß ihm sogar einige freigebige Geschichtschreiber selbst den Namen des Heiligen beilegen, wiewohl dieser mehr für ein Ehrenwort als für eine Realität bei ihm gelten kann, wie bei uns noch heutzutage das Beiwort des Großen, des Hochwürdigsten, des Hocherfahrnen oder des Hochgelahrten auch nur eine äußere Randverguldung öfters andeutet. Soviel ergibt sich aus allen Umständen, daß das erlauchte Ehepaar nicht immer in Ausübung der Werkheiligkeit harmonierte und daß die Mächte des Himmels in die daher entstehenden Ehedifferenzen sich zuweilen einmischen mußten, den Hausfrieden aufrechtzuerhalten, wie folgendes Beispiel zutage legt. Die fromme Landgräfin hatte zum großen Verdruß ihrer Höflinge und der genäschigen Edelknaben die Gewohnheit, die reichhaltigsten Schüsseln von der landgräflichen Tafel für hungrige Bettler, die ihre Burg unablässig belagerten, aufzusparen und sich das Vergnügen zu machen, wenn der Hof abgetafelt hatte, diese verdienstliche Spende eigenhändig an die Armen auszuteilen. Das löbliche Küchamt führte nach höfischer Manier, vermöge welcher die Ersparnis im kleinen die Verschwendung im großen immer ausgleichen soll, darüber von Zeit zu Zeit so nachdrückliche Klage, als wenn die ganze Landgrafschaft Thüringen Gefahr lief, von diesen magern Gästen rein aufgezehrt zu werden, und der Landgraf, der gern ökonomisierte, hielt diese Spende für ein so wichtiges Objekt, daß er seiner Gemahlin dieses christliche Liebeswerk, das eigentlich ihr frommes

Steckenpferd war, allen Ernstes untersagte. Eines Tages konnte sie gleichwohl dem Trieb der Wohltätigkeit und der Versuchung, den ehelichen Gehorsam dadurch zu verletzen, nicht widerstehen. Sie winkte ihren Frauen, die eben abtrugen, einige unberührte Schüsseln und einige Laiblein Brot von Weizenmehl konterband zu machen. Alles das sammelte sie in ein Körbchen und stahl sich damit durch das Felsenpförtchen aus der Burg heraus.

Aber die Laurer hatten das schon ausgekundschaftet und es dem Landgrafen verraten, welcher an allen Ausgängen des Schlosses fleißig aufpassen ließ. Da ihm nun angesagt wurde, seine Gemahlin sei wohlbeladen zum Seitenpförtchen hinausgeschlüpft, kam er stattlich über den Schloßhof dahergeschritten und trat auf die Zugbrücke, gleichsam um freie Luft zu schöpfen. Ach, da hörte die fromme Landgräfin seine goldnen Sporen klirren. Alsbald befiel sie Furcht und Schrecken, daß ihr die Knie zitterten und sie nicht förder gehen konnte. Sie verbarg das Viktualienkörbchen, so gut als möglich, unter der Schürze, die bescheidene Decke der weiblichen Reize und Schalkheit. Aber so gegründete Privilegien dieses unverletzbare Asyl gegen Mautner und Zöllner haben mag, so ist es doch keine eherne Mauer für einen Ehemann: Der Landgraf merkte Unrat, kam mit Eile herzu, seine bräunlichen Wangen rötete der Zorn, und die Kollerader trat mächtig an der Stirn hervor. „Weib", sprach er mit raschem Ton, „was trägst du in dem Korbe, welchen du mir verbirgst? Ist's nicht der Abhub meiner Tafel, womit du das lose Gesindel der Lungerer und Bettler fütterst?" – „Mitnichten, lieber Herr", antwortete die fromme Landgräfin züchtiglich, aber gar beklommen, die in gegenwärtiger kritischen Lage, ihrer Heiligkeit unbeschadet, eine Notlüge für wohl erlaubt hielt, „es sind eitel Rosen, die ich in dem Burgzwinger gepflückt habe." Wär der Landgraf unser Zeitgenoß gewesen, so hätte er seiner Dame auf ihr Ehrenwort glauben und von aller weitern Untersuchung abstehen müssen; doch so geschliffen war die rasche Vorwelt nicht. „Laß sehen, was du trägst", sprach der gebieterische Eheherr und riß mit Ungestüm der Zagenden die Schürze weg. Das schwache Weib konnte sich gegen diese Gewalttätigkeit nur zurückweichend verteidigen. „Tut doch gemach, lieber Herr!" gegenredete sie und errötete vor Scham, daß sie vor ihrem Hofgesinde auf einer Lüge sollte erfunden werden. – Aber, o Wunder, o Wunder! Das corpus delicti hatte sich wirklich in die schönsten aufblühenden Rosen verwandelt: Aus den Semmeln waren weiße, aus den Schlackwürsten purpurfarbene und aus den Eierkuchen waren gelbe Rosen worden. Mit freudigem Staunen nahm die heilige Frau diese wunderbare Metamorphose wahr, wußte nicht, ob sie ihren Augen glauben sollte, denn sie hatte selbst ihrem Schutzheiligen nicht die Politesse zugetraut, zum Vorteil einer Dame ein Wunder zu bewirken, wenn's drauf ankommt, einen strengen Ehemann zu düpieren und eine weibliche Notlüge bei Ehren zu erhalten.

Dieser augenscheinliche Beweis der Unschuld besänftigte den erzürnten Löwen. Er wendete nun seine furchtbaren Blicke auf die bestürzten Hofschranzen, welche seiner Meinung nach die fromme Landgräfin unschuldig verleumdet hatten, schalt sie heftig aus und tat einen teuren Schwur, den ersten Ohrenbläser, der seine tugendsame Gemahlin wieder bei ihm verunglimpfen würde, alsbald in das Verlies werfen und darinnen peinlich verschmachten zu lassen. Hierauf nahm er eine der Rosen und steckte sie zum Triumph der Unschuld auf den Hut; die Geschichte meldet aber nicht, ob er den folgenden Tag eine verwelkte Rose oder eine Schlackwurst darauf fand, indes berichtet sie, daß die heilge Elisabeth, sobald ihr Herr mit dem Kuß des Friedens sie verlassen und sie sich vom ersten Schrecken erholt hatte, getrosten Mutes nach dem Anger, wo ihre Pfleglinge, die Lahmen und Blinden, die Nackenden und Hungrigen ihrer warteten, den Berg hinabgewandelt sei, dort ihre gewöhnlichen Spenden auszuteilen. Denn sie wußte wohl, daß die wundertätige Täuschung dort wieder verschwinden werde, wie denn auch wirklich geschah: Da sie ihr Viktualienmagazin öffnete, fand sie keine Rosen mehr, wohl aber die nahrhaften Brocken darinnen, die sie den höfischen Tellerleckern aus den Zähnen gerückt hatte.

Ob sie nun wohl, da ihr Herr ins Heilge Land zog, seiner strengen Aufsicht entledigt wurde und freie Macht und Gewalt bekam, Liebeswerke im geheimen oder öffentlich, wie und wenn es ihr gefiel, auszuüben: So liebte sie doch den gebieterischen Ehgemahl so treu und aufrichtig, daß sie sich ohne innigste Betrübnis nicht von ihm scheiden konnte. Ach, es ahnte ihr wohl, daß sie ihn in diesem Erdenleben nicht wiedersehen würde. Und mit dem Genuß im Zukünftigen stand's auch gar mißlich. Dort behauptet eine kanonisierte Heilige einen so hohen Rang, daß alle übrigen verklärten Seelen gegen sie nur ein selger Pöbel sind.

So hoch auch der Landgraf in dieser Unterwelt gestellt war – so war's doch noch immer die Frage, ob er in den Vorhöfen des Himmels würdig erfunden wurde, an dem Teppich ihres Throns zu knien und die Augen gegen seine gewesene Bettgenossin aufheben zu dürfen. So viel Gelübde sie auch tat; so viel gute Werke sie ausübte; so viel ihre Fürbitte sonst bei allen Heiligen galt – so wenig vermochte ihr Kredit im Himmel, das Lebensziel ihres Gemahls auch nur um eine Spanne lang weiter hinauszurücken. Er starb auf dieser Heeresfahrt in der besten Blüte des Lebens an einem bösen Fieber zu Hidrunt, ehe er noch das ritterliche Verdienst sich erworben hatte, einen Sarazenen bis auf den Sattelknopf zu spalten. Als er sich zur Hinfahrt anschickte und es an dem war, daß er die Welt gesegnen sollte, berief er unter den umstehenden Dienern und Vasallen Graf Ernst zu sich ans Sterbebett, ernannte ihn, an seiner Statt, zum Anführer des Häufleins der Kreuzfahrer, die ihm gefolgt waren, und nahm einen Eid von ihm, nicht wieder heimzukehren, er habe denn dreimal gegen die Ungläubigen das Schwert gezückt. Hierauf empfing er vom Reisekapellan das heilige Viatikum, verordnete so viel Seelmessen, daß er und sein ganzes Gefolge daran genug gehabt hatte, mit Pomp in das himmlische Jerusalem einzuziehen, und verschied. Graf Ernst ließ den erbleichten Leichnam seines Herrn einbalsamieren, verschloß ihn in eine silberne Truhe und schickte ihn der verwittibten Landgräfin zu, die um ihren

Ehgemahl Leid trug wie eine römische Kaiserin, denn sie legte die Trauerkleider nicht wieder ab, dieweil sie lebte.

Graf Ernst von Gleichen förderte die Wallfahrt, sosehr er konnte, und gelangte mit den Seinigen glücklich im Heerlager bei Ptolemais an. Hier fand er freilich mehr eine theatralische Vorstellung des Krieges als einen ernsthaften Feldzug. Denn wie auf unsern Schaubühnen bei der Vorbildung eines Heerlagers oder einer Feldschlacht nur im Vordergrund wenig Zelte ausgespannt sind und eine kleine Zahl von Schauspielern miteinander scharmützeln, in der Ferne aber viele gemalte Gezelte oder Geschwader die Illusion befördern und das Auge täuschen, indem alles auf einen künstlichen Betrug der Sinne abgesehen ist: So war auch die Kreuzarmee eine Mixtur von Fiktion und Realität. Von den zahlreichen Heldenscharen, die aus ihrem Vaterland auswanderten, gelangte immer nur der kleinste Teil bis an die Grenzen des Landes, auf dessen Eroberung sie ausgingen. Die wenigsten fraß das Schwert der Sarazenen; diese Ungläubigen hatten mächtige Bundesgenossen, die sie dem feindlichen Heer weit über die Grenze entgegenschickten und die wacker darunter aufräumten, ob sie gleich weder Lohn noch Dank für ihre guten Dienste erhielten. Das waren namentlich Hunger, Blöße, Fährlichkeit zu Land und Wasser und unter bösen Brüdern; Frost und Hitze, Pest und böse Beulen; auch das peinliche Heimweh fiel zuweilen wie ein schwerer Alp auf die stählernen Harnische, preßte sie wie geschmeidige Pappe zusammen und spornte die Rosse zur flüchtigen Heimkehr. Unter diesen Umständen hatte Graf Ernst wenig Hoffnung, so eilfertig, als er wohl wünschte, seiner Zusage Gnüge zu tun und sein ritterliches Schwert dreimal gegen die Sarazenen blitzen zu lassen, ehe er an den Rückzug ins Vaterland gedenken durfte. Drei Tagereisen rings ums Lager her ließ sich kein arabischer Bogenschütze blicken, die Ohnmacht des Christenheeres lag hinter Bollwerk und Schanzen verborgen und wagte sich nicht daraus hervor, den fernen Feind aufzusuchen, sondern harrte auf die zögernde Hilfe des schlummernden Papstes, der seit der schlaflosen Nacht, welche den Kreuzzug angesponnen hatte, einer ungestörten Ruhe genoß und sich um den Erfolg des Heiligen Krieges wenig kümmerte.

In dieser Untätigkeit, die dem Heer der Christen ebenso unrühmlich war als weiland die dem Heer der Griechen vor dem blutigen, doch mutigen Troja, wo der Held Achill mit seiner Bundesbrüderschaft so lange um ein Freudenmädchen maulte, trieb die christliche Ritterschaft im Lager groß Wohlleben und Kurzweil, die müßige Zeit zu töten und die Grillen zu verscheuchen; die Welschen mit Sang und Saitenspiel, wozu die leichtfüßigen Franzosen hüpften; die ernsten Hispanier mit dem Brettspiel; die Briten mit dem Hahnenkampf, die Deutschen mit Schwelgen und Zechgelagen. Graf Ernst, der an all diesem Zeitvertreib wenig Gefallen trug, erlustigte sich mit der Jagd, bekriegte die Füchse in der dürren Wüste und verfolgte die schlauen Felsgemsen in den verbrannten Gebirgen. Die Ritter von seinem Gefolge scheuten die glühende Sonne am Tag und die feuchte Nachtluft unter diesem fremden Himmel und schlichen sich seitab, wenn ihr Herr aufsatteln ließ: Daher pflegte ihm nur sein getreuer Schildknappe, der flinke Kurt genannt, und ein einzelner Reisiger auf die Jagd zu folgen. Einstmals hatte ihn die Neigung, den Gemsen nachzuklettern, so weit geführt, daß die Sonne schon ins Mittelmeer tauchte, ehe er an den Rückzug gedachte, und sosehr er sich auch sputete, das Lager zu erreichen, so überfiel ihn doch die Nacht, eh er dahin gelangte. Eine Erscheinung trüglicher Irrlichter, welche er für die Wachfeuer des Lagers hielt, entfernte ihn noch weiter davon. Da er seines Irrtums inneward, beschloß er, unter einem Feldbaum bis zu Tagesanbruch zu rasten. Der getreue Knappe bereitete seinem ermüdeten Herrn ein Lager von weichem Moos, der von der Hitze des Tages abgemattet einschlief, ehe er die Hand erhob, sich nach Gewohnheit mit dem heiligen Kreuz zu segnen. Aber dem flinken Kurt kam kein Schlaf in die Augen; er war von Natur so wachsam wie ein Nachtvogel, und wenn ihm auch das Talent der Wachsamkeit nicht wäre verliehen gewesen, so würde ihn die treue Sorgfalt für seinen Herrn munter erhalten haben. Die Nacht war, wie es dem Klima von Asien gewöhnlich ist, hell und klar, die Sterne funkelten im reinen Brillantenlicht, und feierliche Stille, wie im Tale des Todes, herrschte in der weiten Einöde. Kein Lüftchen atmete, demungeachtet goß die nächtliche Kühlung Leben und Erquickung auf Pflanzen und Tiere. Aber um die dritte Nachtwache, da der Morgenstern den kommenden Tag verkündete, erhob sich ein Getöse in düsterer Ferne, gleich einem rauschenden Waldstrom, der sich über einen jähen Absturz herabwälzt. Der wachsame Knappe horchte hoch auf und ging auch mit seinen übrigen Sinnen auf Kundschaft aus, da sein scharfes Auge den Schleier der nächtlichen Dämmerung zu durchdringen nicht vermochte. Er horchte und windete zugleich wie ein Spürhund, denn ihn wehte ein Geruch an wie der von wohlriechenden Kräutern und zerquetschten Grashalmen; auch schien das befremdende Getöse sich immer mehr zu nähern. Er legte das Ohr auf die Erde und vernahm ein Trappeln wie von Rosses Hufen, welches ihn auf die Vermutung brachte, das wilde Heer ziehe vorüber, da überlief's ihn mit einem kalten Schauer und wandelte ihn große Furcht an. Er rüttelte deshalb seinen Herrn aus dem Schlaf, und dieser merkte bald, nachdem er sich ermuntert hatte, daß hier ein anderes als ein gespenstisches Abenteuer zu bestehen sei. Indem der Reisige die Pferde aufzäumte, ließ er sich in aller Eile waffnen.

Die dunkeln Schatten schwanden nun allgemach, und der herannahende Morgen färbte den Saum des östlichen Horizonts mit seinem Purpurlichte. Da sah der Graf, was er geahnt hatte, einen Haufen Sarazenen heranziehen, alle wohlgerüstet zum Streit, um eine Beute von den Christen zu erjagen. Ihren Händen zu entfliehen war keine Möglichkeit, und der wirtbare Baum im weiten Blachfeld gab keinen Schutz, Roß und Mann dahinter zu verbergen. Zum Unglück war der große Gaul kein Hippogryph, sondern ein schwerbeleibter Friesländer, dem vermöge seiner Struktur das wünschenswerte Talent, seinen Herrn auf den Fittichen der Winde davonzutragen, nicht verliehen war. Darum befahl der männliche Held seine Seele in den Schutz Gottes und

der Heilgen Jungfrau und faßte den Entschluß, ritterlich zu sterben. Er gebot seinen Dienern, ihm zu folgen und ihr Leben so teuer zu verkaufen, als sie könnten. Hierauf stach er den Friesländer wacker an und setzte mitten in das feindliche Geschwader, welches sich eines so plötzlichen Angriffs von einem einzelnen Ritter nicht versah. Die Ungläubigen bestürzten und stoben auseinander wie leichte Spreu, die der Wind zerstreut. Da sie aber innewurden, daß der Feind nicht stärker sei als drei Helme, wuchs ihnen der Mut, und es begann ein ungleiches Gefecht, wo die Tapferkeit der Menge unterlag. Der Graf tummelte sich indessen wacker auf dem Kampfplatz herum, die Spitze seiner Lanze blitzte Tod und Verderben auf die feindlichen Heerscharen, und wenn sie ihren Mann faßte, so flog er unwiderstehbar aus dem Sattel. Selbst den Anführer des sarazenischen Pulks, der grimmig auf ihn einrannte, streckte der mannfeste Arm des Grafen zu Boden und durchstach ihn, da er sich wie ein Wurm im Sand wälzte, mit der sieggewohnten Lanze, wie der Ritter St. Georg den scheußlichen Lindwurm. Der flinke Kurt hielt sich nicht minder hurtig. Ob er wohl zum Angriff nicht taugte, so war er doch ein Meister im Nachhauen und hieb alles in die Pfanne, was sich nicht zur Wehr setzte, wie ein Kunstrichter, der das wehrlose Gesindel der Krüppel und Lahmen abwürgt, die sich jetzt so dreist auf die literarische Stechbahn wagen; und wann auch zuweilen ein matter Invalide mit großem Grimm wie ein erboster Pasquillanten- und Rezensentenjäger aus entnervter Faust einen Stein gegen ihn schleuderte, so ließ er sich das nicht anfechten: Denn er wußte wohl, daß seine eiserne Sturmhaube nebst dem Harnisch einen mäßigen Wurf wohl ertragen konnte. Auch der Reisige tat sein Bestes, reine Bahn um sich her zu machen, und hielt dabei seines Herrn Rücken frei. Wie aber neun Bremsen das stärkste Pferd, vier Stiere der Kaffern einen afrikanischen Löwen und, gemeiner Sage nach, eine Mäuserotte einen Erzbischof überwältigen und bezwingen können, davon der Mäuseturm im Rhein, laut Hübnern, kundig Zeugnis gibt – so wurde der Graf von Gleichen, nach einem ritterlichen Gefecht, von der Zahl der Feinde auch endlich übermannt. Sein Arm ermüdete, die Lanze war zersplittert, das Schwert gestumpft, der Gaul strauchelte auf dem mit Feindesblut getünchten Schlachtfeld. Des Ritters Fall war die Losung des Sieges, hundert rüstige Arme stürmten auf ihn ein, das Schwert ihm zu entringen, und seine Hand hatte zum Widerstand keine Kräfte mehr. Sobald der flinke Kurt den Ritter fallen sah, entfiel ihm auch der Mut und zugleich der Streithammer, mit dem er die Sarazenenschädel so meisterlich zerhämmert hatte. Er ergab sich auf Diskretion und bat flehentlich um Pardon. Der Reisige stand in dumpfem Hinbrüten da, verhielt sich leidend und erwartete mit stierischer Gleichmütigkeit den Schlag einer Streitkolbe auf seine Sturmhaube, die ihn zu Boden stürzen würde.

Die Sarazenen waren indessen menschlichere Sieger, als die Überwundenen hoffen durften; sie begnügten sich, die drei Kriegsgefangenen zu entwaffnen, ohne ihnen am Leibe Schaden noch Leid zu tun. Diese milde Schonung war eben keine Regung der Menschenliebe, sondern nur Kundschafterbarmherzigkeit: Von einem erschlagenen Feind ist nichts auszuforschen, und die Absicht der streifenden Horde war eigentlich, von dem Zustand des christlichen Heeres bei Ptolemais sichere Kundschaft einzuziehen. Nachdem die Gefangenen verhört waren, wurden ihnen, nach asiatischem Kriegsgebrauch, die Sklavenfesseln angelegt, und weil eben ein Schiff nach Alexandrien segelfertig lag, schickte sie der Bey von Asdod zum Sultan von Ägypten, um am Hofe ihre Aussage von der Beschaffenheit der christlichen Heeresmacht zu bestätigen. Das Gerücht von der Tapferkeit des wackern Franken war bereits vor seiner Ankunft bis zu den Toren von Großkairo erschollen, und ein solcher streitbarer Kriegsgefangener hatte in der feindlichen Hauptstadt wohl eben die pompöse Aufnahme verdient, welche der zwölfte April dem gallischen Seehelden in London erwarb, wo die frohe Königsstadt sich wetteifernd bemühte, den Überwundenen die Ehre des britischen Triumphs empfinden zu lassen; doch der muselmanische Eigendünkel läßt fremdem Verdienst keine Gerechtigkeit widerfahren. Graf Ernst wurde in dem Aufzug eines Baugefangenen, mit schweren Ketten belastet, in den vergitterten Turm gesperrt, wo die Sklaven des Sultans pflegten aufbewahrt zu werden. Hier hatte er Zeit und Muße, in langen peinlichen Nächten und einsamen traurigen Tagen das eherne Schicksal seines zukünftigen Lebens zu überdenken, und es gehörte ebensoviel Mut und Standhaftigkeit dazu, unter diesen Kontemplationen nicht zu erliegen, als sich mit einer ganzen Horde streifender Araber auf dem Schlachtfeld herumzutummeln. Oft schwebte das Bild seiner ehemaligen häuslichen Glückseligkeit ihm vor Augen, er dachte an seine holde Gemahlin und an die zarten Sprosse keuscher Liebe. Ach, wie verwünschte er die unglückliche Fehde der heiligen Kirche mit dem Gog und Magog im Orient, die ihn des glücklichen Loses seines Erdenlebens beraubt und an unauflösliche Sklavenketten gefesselt hatte. In diesen Augenblicken war er der Verzweiflung nahe, und es fehlte wenig, daß seine Frömmigkeit an dieser Klippe der Anfechtung scheiterte.

Zu Lebzeiten Graf Ernsts von Gleichen trieb sich unter den Anekdotenjägern eine abenteuerliche Geschichte herum von Herzog Heinrich dem Löwen, die damals, als eine bei Menschengedenken vorgefallene Begebenheit, im ganzen deutschen Reich großen Glauben fand. Der Herzog, so erzählt die Volkssage, wurde auf seiner Wallfahrt übers Meer ins Heilige Land durch einen schweren Sturm an eine unbewohnte afrikanische Küste verschlagen, wo er von seinen Unglücksgenossen allein dem Schiffbruch entrann und in der Höhle eines gastfreien Löwen Obdach und Zuflucht fand. Die Gutmütigkeit des grausamen Bewohners der Höhle hatte aber eigentlich nicht ihren Sitz im Herzen, sondern in der linken Hintertatze: Er hatte sich auf der Jagd in den Libyschen Wüsten einen Dorn eingetreten, der ihm so viel Schmerzen machte, daß er sich weder regen noch bewegen konnte und darüber seiner natürlichen Freßbegierde ganz vergaß. Nach gemachter Bekanntschaft und gewonnenem wechselseitigem Zutrauen vertrat der Herzog bei dem König der Tiere die Stelle eines Äskulaps und grub ihm mühsam den Dorn aus dem Fuß. Der Löwe wurde heil, und eingedenk der ihm von seinem Gast erwiesenen Wohltat, verpflegte er diesen aufs beste von seinem Raub und war so freundlich und zutätig gegen ihn als ein Schoßhund.

Der Herzog wurde aber der kalten Küche seines vierfüßigen Wirtes gar bald überdrüssig und sehnte sich nach den Fleischtöpfen seiner ehemaligen Hofküche: Denn er wußte das ihm zugeteilte Wildbret nicht so niedlich zuzurichten als vordem sein

Mundkoch. Da überfiel ihn das Heimweh gar mächtig, und weil er keine Möglichkeit sah, jemals in seine Erblande zurückzukehren, betrübte ihn das in der Seele also, daß er sichtbar verkümmerte wie ein wunder Hirsch. Da trat der Versucher mit der bekannten, an wüsten Örtern ihm gewöhnlichen Frechheit zu ihm in Gestalt eines kleinen schwarzen Männleins, welches der Herzog beim ersten Anblick für einen Orang-Utan hielt; es war aber unsers Herrgotts Affe, der Satanas, leibhaftig, grinste ihn an und sprach: „Herzog Heinrich, was jammerst du? So du mir vertrauest, will ich all deinem Kummer ein Ende machen und dich heimführen zu deinem Gemahl, daß du noch heut abend neben ihr im Schloß zu Braunschweig tafelst, denn es ist dort ein herrlich Abendmahl zugeschickt: Sintemal sie mit einem andern hochzeitet, dieweil sie sich deines Lebens verziehen hat."

Diese Depesche rollte wie ein Donnerschlag in des Herzogs Ohren und schnitt ihm wie ein zweischneidiges Schwert durchs Herz. Wut brannte in seinen Augen wie Feuerflammen, und in seiner Brust tobte Verzweiflung. Will mir der Himmel nicht, dacht er in diesem kritischen Augenblick, so mag die Hölle raten! Das war eine von den verfänglichen Situationen, welche der ausgelernte psychologische Tausendkünstler so meisterhaft zu nutzen weiß, wenn ihm die Werbung um eine Seele, auf die er lüstern ist, gelingen soll. Der Herzog legte, ohne sich lange zu bedenken, die güldnen Sporen an, gürtete das Schwert um die Lenden und machte sich reisefertig. „Hurtig, Gesell", sprach er, „führe mich und diesen meinen getreuen Löwen gen Braunschweig, ehe noch der freche Buhl mein Bett besteigt." – „Wohl", antwortete der Schwarzbart. „Aber weißt du auch, welcher Lohn mir für die Überfracht gebührt?" – „Fordere, was du willst", sprach Herzog Heinrich, „es soll dir aufs Wort gewähret sein." – „Deine Seele auf Sicht bis in jene Welt", antwortete Beelzebub. – „Es sei! Schlag ein!" rief tobende Eifersucht aus Heinrichs Mund.

Sonach war der Kontrakt zwischen beiden Teilhabern in bester Form rechtens geschlossen. Der höllische Falke verwandelte sich augenblicklich in einen Vogel Greif, faßte in eine Kralle den Herzog, in die andere den getreuen Löwen und führte beide in einer Nacht vom libyschen Gestade gen Braunschweig, die hochgebaute Stadt auf der festen Erdscholle des Harzes, welche selbst die lügenhafte Prophezeiung des Zellerfelder Sehers zu erschüttern nicht gewagt hat, setzte seine Bürde wohlbehalten mitten auf dem Marktplatz ab und verschwand, als eben der Wächter ins Horn stieß, um die Mitternachtsstunde abzurufen und ein verjährtes Brautlied aus der rauhen Mummenkehle zu karjöhlen. Der herzogliche Palast und die ganze Stadt flimmerten noch wie der gestirnte Himmel von der hochzeitlichen Beleuchtung, und auf allen Straßen war Lärm und Getöse des frohlockenden Volkes, das herzuströmte, die geschmückte Braut und den feierlichen Fackeltanz, der das Vermählungsfest beschließen sollte, zu begaffen. Der Aeronaut, der von seiner weiten Luftreise keine Ermüdung spürte, drängte sich mitten im Volksgetümmel durch den Eingang des Palastes, trat mit klingenden Sporen, unter Geleitschaft des getreuen Löwen, ins Tafelgemach, zückte das Schwert und sprach: „Heran, wer treu bei Herzog Heinrich hält, und auf Verräter Fluch und Dolch!" Zugleich brüllte der Löwe, wie wenn sieben Donner ihre Stimme hören lassen, schüttelte die furchtbare Mähne und reckte zornmütig den Schwanz zum Zeichen des Angriffs empor. Die Zinken und Posaunen verstummten, und ein grausendes Schlachtgetöse rauschte von dem Gewühl im Brautsaal zum gotischen Gewölbe hinauf, davon die Mauern dröhnten und die Schwellen bebten.

Der goldgelockte Hochzeiter und die bunte Schmetterlingsschar seiner Höflinge fielen unter dem Schwert des Herzogs wie die tausend Philister unter dem Eselskinnbacken in der benervten Faust des Sohnes Manoah, und wer dem Schwert entging, der lief dem Löwen in den Rachen und wurde abgewürgt wie ein wehrloses Lamm. Nachdem der zudringliche Freier nebst der Gespannschaft seiner Edeln und Diener aufgerieben war und Herzog Heinrich sein Hausrecht auf ebenso strenge Manier gebraucht hatte wie ehedem der weise Odysseus gegen den Buhlerklub der keuschen Penelope, setzte er sich wohlgemut zu seiner Gemahlin an Tafel, die von dem Todesschrecken, den er ihr gemacht hatte, eben anfing sich wieder zu erholen. Indem er sich die Speisen seiner Mundköche wohl schmecken ließ, die nicht für ihn zugerichtet waren, warf er einen triumphierenden Blick auf die neue Eroberung und sah, daß sich die Herzogin in rätselhaften Tränen badete, welche ebensogut auf Verlust als Gewinn sich ausdeuten ließen. Indessen erklärte er sie, als ein Mann, der zu leben wußte, lediglich zu seinem Vorteil und verwies ihr nur mit liebreichen Worten die Übereilung ihres Herzens, worauf er von Stund an wieder in alle seine Rechte trat.

Diese sonderbare Geschichte hatte sich Graf Ernst auf dem Schoß seiner Amme gar oft erzählen lassen, nachher bei reiferm Alter die Wahrheit derselben, als ein heller Kopf, bezweifelt. In der traurigen Einöde des vergitterten Turms aber bildete sich ihm das alles wohl möglich vor, und sein schwankender Ammenglaube gedieh beinahe zur Überzeugung. Ein Transito durch die Luft schien ihm die leichteste Sache von der Welt zu sein, wenn der Geist der Finsternis in schauervoller Mitternacht seinen Fledermausfittich darzu herleihen wollte. Wenn er auch vermöge seiner religiösen Grundsätze keinen Abend verabsäumte, ein großes Kreuz vor sich zu schlagen, so regte sich doch ein geheimes Verlangen in seiner Seele, das nämliche Abenteuer zu bestehen, ob er gleich diesen Wunsch sich selbst nicht eingestand. Wenn indessen eine wandernde Maus zwischen der Vertäfelung der Wände zur Nachtzeit kraspelte, wähnte er flugs, der höllische Proteus signaliere seine dienstfertige Ankunft, und zuweilen brachte er schon in Gedanken den Frachtakkord mit ihm vorläufig in Richtigkeit. Allein außer der Illusion eines Traumes, die ihm die schwindelnde Luftreise ins deutsche Vaterland vorgaukelte, hatte der Graf von seinem Ammenglauben keinen Gewinn, als daß er mit diesem Gedankenspiel ein paar leere Stunden ausfüllte und wie ein Romanenleser sich in die Stelle des auftretenden Helden versetzte. Warum sich aber Meister Abaddon so untätig bewies, da es doch auf eine Seelenkaperei ankam und nach allen Umständen die Entreprise gelingen mußte, davon läßt sich eine oder die andere triftige Ursache angeben. Entweder war der Schutzpatron des Grafen wachsamer als der, welchem Herzog Heinrich die Obhut seiner Seele anvertraut hatte, und wehrte kräftig ab, daß der böse Feind weder Macht noch Gewalt an ihm finden konnte; oder dem Geist, der in der Luft herrscht, war der Speditionshandel in diesem seinem Element dadurch verleidet, daß er von Herzog Heinrich um die vereinbarte Fracht dennoch geprellt wurde. Denn da es mit ihm zum Abdrücken kam, hatte des Herzogs Seele so viel gute Werke auf ihrer Rechnung, daß die Zeche auf dem höllischen Kerbholz dadurch reichlich getilgt wurde.

Während daß Graf Ernst in romantischen Grillen einen schwachen Schein von Hoffnung zur Erledigung aus dem düstern Gitterturm träumte und auf wenige Augenblicke seines Kummers und Unmuts dabei vergaß, brachten die heimkehrenden Diener der harrenden Gräfin die Botschaft zurück, ihr Herr sei aus dem Lager verschwunden, ohne daß sie zu sagen wußten, welches Abenteuer ihm zugestoßen sei. Einige mutmaßten, er sei der Raub eines Drachen oder Lindwurms worden; andere, ein verpestetes Lüftlein habe ihn in den syrischen Wüsteneien angeweht und getötet; noch andere, er sei von einer arabischen Räuberbande geplündert und gemordet oder gefangen weggeführt worden. Darin kamen alle überein, daß er pro mortuo zu achten und die Gräfin ihrer ehelichen Gelübde quitt und ledig sei. Sie beweinte ihren Herrn auch wirklich als einen Toten. Und als ihre verwaisten Kindlein in der Unbefangenheit ihres Herzens sich der schwarzen Käpplein freuten, die ihnen Mama hatte machen lassen, den guten Vater, dessen Verlust sie noch nicht fühlten, darin zu betrauern – so jammerte es ihr in der Seele, und ihre Augen zerflossen in Tränen vor wehmutsvoller Betrübnis. Aber eine geheime Ahnung sagte ihr demungeachtet, der Graf sei noch am Leben. Sie erstickte diesen Gedanken, der ihr so wohl tat, auch keineswegs in ihrem Herzen: Denn Hoffnung ist doch die kräftigste Stütze der Leidenden und der süßeste Traum des Lebens. Um diese zu unterhalten, rüstete sie im geheimen einen treuen

Diener aus und schickte ihn auf Kundschaft übers Meer ins Heilige Land. Der schwebte, wie der Rabe aus der Arche, über den Gewässern hin und her und ließ weiter nichts von sich hören. Drauf sendete sie einen andern Boten aus, der kam nach sieben Jahren, nachdem er Land und Meer durchzogen hatte, wieder heim, ohne daß er das Ölblatt guter Hoffnung im Schnabel trug. Gleichwohl zweifelte die standhafte Frau im geringsten nicht, ihr Herr sei noch im Lande der Lebendigen anzutreffen, denn sie vertraute fest darauf, ein so zärtlicher, getreuer Gatte könne unmöglich aus der Welt geschieden sein, ohne bei dieser Katastrophe an sein Weib und seine Kindlein daheim zu gedenken und ein Anzeichen seines Abschieds aus der Welt zu geben. Aber es hatte sich, seit dem Abzug des Grafen, im Schlosse nicht geeignet, weder in der Rüstkammer durch Waffengeräusch noch auf dem Söller durch einen rollenden Balken noch im Bettgemach durch einen leisen Wandeltritt oder durch einen herzhaften Stiefelgang. Auch hatte keine nächtliche Wehklage von der hohen Giebelzinne des Palastes ihre Nänie herabgetönt noch das berüchtigte Vöglein Kreideweiß seinen grausenvollen Totenruf hören lassen. Aus der Abwesenheit aller dieser Anzeichen von böser Bedeutung schloß sie nach den Grundsätzen der weiblichen Vernunftlehre, die bei dem zarten Geschlecht, auch noch in unsern Tagen, lange nicht so sehr in Verfall geraten ist, als Vater Aristoteles' Organon bei dem männlichen, daß ihr vielgeliebter Ehgemahl noch lebe, und wir wissen, daß diese Konklusion ihre gute Richtigkeit hatte. Daher ließ sie sich den unfruchtbaren Erfolg der beiden ersten Entdeckungsreisen, deren Zweck ihr wichtiger war als uns die Aufsuchung der südlichen Polarländer, keinesweges abschrecken, den dritten Apostel in alle Welt zu senden. Dieser war von träger Gemütsart, hatte sich das Sprüchlein wohl gemerkt: Zum Laufen hilft nicht schnell sein; darum hielt er bei jedem Wirtshaus an und tat sich gütlich. Und da er es ungleich bequemer fand, die Leute, bei welchen er des Grafen wegen Nachfrage halten sollte, zu sich kommen zu lassen, als ihnen in der weiten Welt nachzuspüren und sie aufzusuchen – so stellte er sich an einen Posten, wo er alle Passanten aus dem Orient mit der insolenten Forschbegierde eines Zöllners am Schlagbaum examinieren konnte, das war der Hafen an der Wasserstadt Venedig. Dieser war damals gleichsam das allgemeine Tor, durch welches die Pilger und Kreuzfahrer aus dem Heiligen Land in ihre Heimat zurückkehrten. Ob der schlaue Mann das beste oder das schlechteste Mittel wählte, seiner aufhabenden Funktion Gnüge zu leisten, das wird sich in der Folge zeigen.

Nach einer siebenjährigen Kustodie in dem engen Gewahrsam des vergitterten Turms zu Großkairo, die dem Grafen ungleich länger dünkte als den heiligen Siebenschläfern ihr siebenzigjähriger Schlaf in den römischen Katakomben, vermeinte er, von Himmel und Hölle verlassen zu sein, und verzieh sich gänzlich seines Leibes Erlösung aus diesem trübseligen Käfig, in welchem er des wohltätigen Anblicks der Sonne entbehren mußte und wo das gebrochne Tageslicht nur kümmerlich durch ein enges, mit eisernen Stäben verwahrtes Fenster einfiel. Sein Teufelsroman war lange zu Ende, und das Vertrauen auf die wundertätige Hilfe seines Schutzheiligen wog ein Senfkorn auf. Er vegetierte mehr, als daß er lebte, und wenn er in diesem Zustand noch einen Wunsch gebären konnte, so war es der, vernichtet zu sein.

Aus diesem lethargischen Taumel weckte ihn plötzlich das Rasseln von einem Schlüsselbund vor der Tür seiner Klause. Seit dem Eintritt in dieselbe hatte der Kerkermeister das Amt der Schlüssel hier nicht wieder verwaltet, denn alle Bedürfnisse des Gefangenen gingen durch eine Klappe in der Tür aus und ein, daher gehorchte das verrostete Schloß dem Kapital erst nach langem Widerstand vermittels der Lockspeise des Baumöls. Aber das Knarren der eisernen Bänder an der aufgehenden Tür, die sich schwerfällig um die Angeln bewegten, war dem Grafen ein lieblicher Ohrenschmaus schmelzender Harmonien gleichwie von Schöpfer Franklins Harmonika. Ein ahnungsvolles Herzklopfen setzte sein stockendes Blut in Umlauf, und er erwartete mit ungeduldigem Verlangen die Botschaft von der Veränderung seines Schicksals, übrigens war es ihm gleichgültig, ob sie ihm Tod oder Leben verkünden würde. Zwei schwarze Sklaven traten mit dem Kerkermeister herein, die auf dessen Wink dem Gefangnen die Fesseln abnahmen, und ein anderer stummer Wink des ernsten Graubarts gebot dem Entledigten, ihm zu folgen. Er gehorchte mit wankenden Schritten, die Füße versagten ihm den Dienst, und er bedurfte der Unterstützung der beiden Sklaven, um die steinerne Wendeltreppe hinabzutaumeln. Man führte ihn vor den Hauptmann der Gefangenen, der ihn mit sträflichem Gesicht also anredete: „Hartnäckiger Franke, warum hast du verheimlichet, welcher Kunst du erfahren seist, da du in den Gitterturm geleget wurdest? Einer deiner Mitgefangenen hat verraten, daß du ein Meister seist der Gärtnerei. Gehe, wohin dich der Wille des Sultans ruft, richte einen Garten an nach der Weise der Franken und pflege sein wie deines Augapfels, daß die Blume der Welt darinnen lustig blühe, zum Schmuck des Orients."

Wenn der Graf nach Paris zum Rektor der Sorbonne wär vorgeladen worden, so hätte ihn dieser Beruf nicht mehr befremden können als der, die Funktion eines Lustgärtners beim Sultan von Ägypten zu verwalten. Er verstand von der Gärtnerei so wenig als ein Laie von den Geheimnissen der Kirche. Zwar hatte er in Welschland und Nürnberg viele Gärten gesehen, denn daselbst brach die Morgenröte der Gartenkunst zuerst in Deutschland an, ob sich gleich der Gartenluxus der Nürnberger damals nicht viel höher als auf eine Kegelbahn und den Anbau des römischen Kopfsalats erstreckte. Aber um die Anlage der Gärten, um die Pflanzenkunde und um die Baumzucht hatte er, nach Standesgebühr, sich niemals bekümmert, noch seine botanische Kenntnis so weit getrieben, daß er von der Blume der Welt Notiz genommen hätte. Er wußte auch nicht, nach welcher Methode sie wollte behandelt sein, ob sie wie die Aloe durch die Kunst oder wie eine gemeine Ringelblume allein durch die wirksame Natur zur Flor müsse gebracht werden. Gleichwohl wagte er es nicht, seine Unwissenheit zu bekennen oder das ihm zugedachte Ehrenamt auszuschlagen, aus gegründeter Besorgnis, durch eine Bastonade auf die Fußsohlen von seiner Amtstüchtigkeit überzeugt zu werden.

Es wurde ihm ein angenehmer Park angewiesen, welchen er zu einem europäischen Lustgarten umschaffen sollte. Dieser Platz hatte entweder von der freigebigen Mutter Natur oder von der Hand der ältern Kultur eine so glückliche Anlage und Ausschmückung empfangen, daß der neue Abdolonymus mit aller Anstrengung seiner Sinne keinen Fehl oder Mangel daran wahrnehmen konnte, der einer Besserung bedurft hätte. Zudem erweckte der Anblick der lebendigen und wirksamen Natur, dessen er seit sieben Jahren in dem düstern Kerker hatte entbehren müssen, seine stumpfe Sinnlichkeit auf einmal so mächtig, daß er aus jeder Grasblume Entzücken einsog und alles um sich her mit Wonnegefühl betrachtete wie der erste Menschenvater im Paradies, dem auch der kritische Gedanke nicht einkam, etwas an dem Garten Gottes meistern zu wollen. Der Graf befand sich daher in keiner geringen Verlegenheit, wie er mit Ehren des ihm geschehenen Auftrags sich entledigen wollte; er besorgte, jede Veränderung würde den Garten seiner Schönheit berauben, und wenn er als ein Stümper erfunden würde, dürfte er wohl wieder in den Gitterturm wandern müssen.

Da ihn nun der Scheik Kiamel, Oberintendant der Gärten und Favorit des Sultans, fleißig antrieb, das Werk zu beginnen, forderte er fünfzig Sklaven, deren er zur Ausführung seines Entwurfs benötigt. Des folgenden Tages, bei frühem Morgen, waren sie alle zur Hand und passierten die Musterung vor ihrem neuen Befehlshaber, der noch nicht wußte, wie er einen einzigen beschäftigen sollte. Aber wie groß war seine Freude, als er den flinken Kurt und den schwerfälligen Reisigen, seine beiden Unglücksgefährten, unter dem Haufen ansichtig wurde. Ein Zentnerstein fiel ihm dadurch vom Herzen, das Schwermutsfältchen verschwand von der Stirn, und seine Augen wurden wacker, als wenn er seinen Stab in Honigseim getaucht und davon gekostet hätte. Er nahm den getreuen Knappen beiseits und offenbarte ihm unverhohlen, in welches heterogene Element er durch den Eigensinn des Schicksals sei verschlagen worden, worin er weder zu schwimmen noch zu baden wisse; auch sei's ihm unbegreiflich, welcher rätselhafte Mißverstand sein angebornes Ritterschwert mit dem Spaten verwechselt habe. Nachdem er ausgeredet hatte, fiel der flinke Kurt mit nassen Augen ihm zu Füßen, erhob seine Stimme und sprach: „Verzeihung, lieber Herr! Ich bin Ursächer Eurer Bekümmernis und Eurer Befreiung aus dem schändlichen Gitterturm, der Euch so lange Zeit gefangenhielt. Zürnet nicht, daß Euch der unschuldige Betrug Eures Knechtes daraus errettet hat, freuet Euch vielmehr, daß Ihr Gottes Sonne wieder über Eurem Haupte leuchten sehet. Der Sultan begehrte einen Garten nach der Weise der Franken und ließ kundtun allen gefangenen Christen, die im Bazam waren, wer ihm einen solchen Garten zuzurichten wisse, der solle hervortreten und großen Lohns gewärtig sein, so ihm das Beginnen gedeihen würde. Das unterwand sich nun keiner von allen; ich aber gedachte an Eure schwere Haft. Da gab mir ein guter Geist den Lug ein, Euch für einen Meister in der Gärtnerei zu verkundschaften, so mir auch trefflich gelungen ist. Nun grämt Euch nicht, wie Ihr's anstellen möget, mit Ehren zu bestehen: Dem Sultan lüstet, nach der Weise der Großen in der Welt, nicht nach etwas Besserem, als er schon hat, sondern nach etwas anderem, das neu und seltsam sei. Darum wüstet und wühlet in dieser herrlichen Aue nach Eurem Gefallen und glaubet mir, alles, was Ihr tut und vornehmet, wird in seinen Augen gut und recht sein."

Diese Rede war das Rauschen einer murmelnden Quelle in den Ohren eines ermatteten Wanderers in der Wüste. Der Graf schöpfte daraus Labsal für seine Seele und Mut, das mißliche Unternehmen standhaft zu beginnen. Er legte auf gut Glück, ohne Plan, die Arbeiter an und verfuhr mit dem wohlgeordneten, schattenreichen Park wie ein Kraftgenie mit einem veralteten Autor, der in seine schöpferischen Klauen fällt und sich ohne Dank und Willen muß modernisieren, das heißt, wieder lesbar und genießbar machen lassen; oder wie ein neuer Pädagog mit der alten Lehrform der Schulen. Er warf bunt durcheinander, was er vorfand, machte alles anders und nichts besser. Die nutzbaren Fruchtbäume rodete er aus und pflanzte Rosmarin und Baldrian, auch ausländische Hölzer oder geruchlose Amaranten und Sammetblumen an ihre Stelle. Das gute Erdreich ließ er ausstechen und den nackten Boden mit buntfarbigem Kies überführen, welchen er sorgfältig feststampfen und ebnen ließ wie eine Dreschtenne, daß kein Gräslein darinnen wurzeln konnte. Den ganzen Platz schied er in mancherlei Terrassen, die er mit einem Rasensaum umfaßte, und zwischendurch schlängelten sich wunderbar gewundene Blumenbeete in mancherlei grotesken Figuren, die in einen stinkenden Buchsbaumschnörkel ausliefen. Weil auch der Graf, vermöge seiner botanischen Unkunde, die Zeit zu säen und zu pflanzen nicht in Obacht nahm – so schwebte seine Gartenanstalt lange Zeit zwischen Tod und Leben und hatte das Ansehen eines Kleiderbesatzes à feuille mourante.

Scheik Kiamel und selbst der Sultan ließen den abendländischen Gartenschöpfer gewähren, ohne durch ihre Dazwischenkunft oder ihr diktatorisches Gutachten ihm das Konzept zu verrücken und durch zu frühzeitige Kritteleien den Gang des Gartengeniewesens zu unterbrechen. Und daran taten sie weislicher als unser vorlautes Publikum, das von der bekannten philanthropischen Eckersaat nach ein paar Sommern gleich hohe Eichen erwartete, aus welchen sich Mastbäume zimmern ließen, da doch die Pflanzung noch so zart und schwach war, daß sie eine einzige kalte Nacht hätte zugrunde richten können. Aber nun beinahe in der Mitte der zweiten ablaufenden Dekade von Jahren, da die Erstlingsfrüchte wohl müßten überreif sein, wär's wohl an der Zeit und Stunde, daß ein deutscher Kiamel mit der Frage hervorträt: „Pflanzer, was schaffst du? Laß sehen, was dein Rejolen und das laute Getöse deiner Schuttkarren und Radeberren gefruchtet hat!“ Und wenn dann die Pflanzung so dastünd wie die im Gleichischen Garten zu Großkairo, mit trauerndem Blatt – so hätte er wohl Fug und Macht, nach billiger Würderung der Sache, wie der Scheik stillschweigend den Kopf zu schütteln, zwischen den Zähnen hindurch über den Bart zu spucken und bei sich zu gedenken: Sonach hätt's auch können beim alten gelassen werden. Denn eines Tages, da der Lustgärtner seine neue Schöpfung mit Wohlgefallen übersah, selbst über sich kunstrichterte und urteilte, das Werk lobe den Meister, und im ganzen genommen sei alles besser ausgefallen, als er selbst anfangs geglaubt hätte; indem er sein ganzes Ideal vor Augen hatte, nicht nur sah, was da war, sondern auch, was noch daraus werden konnte, trat der Oberintendant und Favorit des Sultans in den Garten und sprach: „Franke, was schaffst du? Und wie weit ist es mit deiner Arbeit gediehen?" Der Graf merkte wohl, daß sein Kunstprodukt jetzt werde eine strenge Zensur passieren müssen, indessen war er auf diesen Fall längst vorbereitet. Er nahm alle Gegenwart des Geistes zusammen und sprach mit Zutrauen auf sein Händewerk: „Komm, Herr, und siehe! Diese vormalige Wildnis hat der Kunst gehorcht und ist nach dem Ideal des Paradieses zu einem Lustrevier umgeschaffen worden, welches die Huris nicht verschmähen würden zum Aufenthalt zu wählen." Der Scheik, der einen angeblichen Künstler mit solcher scheinbaren Wärme und Gnügsamkeit von der Ausübung seiner Talente sprechen hörte und dem Meister der Kunst in seiner Sphäre doch tiefere Einsichten zutrauen mußte als sich selbst, hielt das Geständnis seines Mißbehagens an der ganzen Anstalt zurück, um seine Unwissenheit nicht bloßzugeben; war so bescheiden, solches seiner Unkunde des ausländischen Geschmacks zuzuschreiben und die Sache selbst auf ihrem Wert und Unwert beruhen zu lassen. Gleichwohl konnte er sich nicht enthalten, einige Fragen zu seiner Belehrung an den Gartensatrapen gelangen zu lassen, worauf dieser ihm die Antwort nicht schuldig blieb.

„Wo sind die herrlichen Fruchtbäume geblieben", fing der Scheik an, „die auf dieser Sandebene standen, von roten Pfirsichen und süßen Limonien belastet, die das Auge ergötzten und den Lustwandelnden zum erfrischenden Genuß einluden?"

„Sie sind insgesamt bei der Erde weggehauen, daß ihre Stätte nicht mehr zu finden ist."

„Und warum das?"

„Ziemt sich solcher Troß von Bäumen wohl in den Lustgärten des Sultans, die der gemeinste Bürger von Kairo in seinem Garten hegt und von deren Früchten ganze Eselsladungen zum Verkauf ausgeboten werden?"

„Was bewog dich, den lustigen Dattel- und Tamarinden-Hain zu verwüsten, der des Wandrers Schutz war bei schwüler Mittagsglut und ihm unter dem Gewölbe seiner belaubten Äste Schatten und Erquickung gab?"

„Was soll der Schatten einem Garten, der, solange die Sonne feurige Strahlen schießet, verödet und einsam ist und nur vom kühlen Abendwinde gefächelt, balsamische Wohlgerüche duftet?"

„Aber bedeckte dieser Hain nicht mit einem undurchdringlichen Schleier die Geheimnisse der Liebe, wenn der Sultan, von den Reizen einer zirkassischen Sklavin bezaubert, seine Zärtlichkeit den eifersüchtigen Augen ihrer Gespielinnen verbergen wollte?"

„Einen undurchsichtigen Schleier, die Geheimnisse der Liebe zu bedecken, gewähret jene Laube, von Geißblatt und Efeuranken umschlungen; oder diese kühle Grotte, in welcher ein kristallener Quell aus künstlichem Felsen in ein Marmorbecken rauscht; oder jener bedeckte Gang von Weinreben am Traubengeländer; oder das mit weichem Moos gepolsterte Sofa in der ländlichen Schilfhütte am Fischteich, ohne daß diese Tempel verschwiegener Zärtlichkeit schädlichem Gewürm und schwirrenden Insekten zum Aufenthalt dienen, die wehende Luft abhalten oder die freie Aussicht behindern, wie der dumpfe Tamarinden-Hain tat."

„Warum hast du aber Salbei und Ysop, der auf der Mauer wächst, dahin gepflanzet, wo vorher das köstliche Balsamstäudlein aus Mekka blühete?"

„Weil der Sultan keinen arabischen, sondern einen europäischen Garten wollte. In Welschland aber und in den deutschen Gärten der Nürnberger reifen keine Datteln, noch gedeihet daselbst das Balsamstäudlein aus Mekka."

Gegen dieses Argument ließ sich keine Einwendung weiter machen. Da weder der Scheik noch irgendeiner der Heiden[1] aus Kairo in Nürnberg gewesen war, so mußte er die Dolmetschung des Gartens aus dem Arabischen ins Deutsche auf Treu und Glauben dahinnehmen. Nur konnte er sich nicht bereden, daß die Gartenreformation nach dem Ideal des von dem Propheten den gläubigen Muselmanen verheißenen Paradieses sollte ausgeführt sein, und angenommen, daß es mit dieser Angabe seine Richtigkeit hatte, versprach er sich von den Freuden des zukünftigen Lebens eben keinen sonderlichen Trost. Er konnte daher wohl nichts anders tun, als obenerwähntermaßen den Kopf schütteln, kontemplativisch zwischen den Zähnen hindurch über den Bart spucken und gehen, woher er gekommen war.

Der Sultan, welcher damals über Ägypten herrschte, war der wackere Malek al Aziz Othmann, ein Sohn des berühmten Saladins. Den Beinamen des Wackern hatte er mehr den Talenten für seinen Harem als den Eigenschaften des Gemüts zu verdanken: Er hatte sich in der Propagation seines Geschlechtes so tätig und wacker bewiesen, daß, wenn jeder seiner Prinzen eine Krone hätte tragen sollen, die Königreiche aller damals bekannten drei Weltteile nicht wären hinreichend gewesen, sie damit zu versorgen. Seit siebzehn Jahren aber war, in einem heißen Sommer, diese fruchtbare Quelle versiegt. Fräulein Melechsala beschloß die lange Reihe der sultanischen Deszendenz, und nach dem einstimmigen Zeugnis des Hofs war sie das Kleinod in diesem zahlreichen Blumengewinde und genoß auch reichlich des Vorrechts der letztgebornen Kinder, der Prädilektion vor allen andern. Hierzu kam, daß sie die einzige lebende von allen Töchtern des Sultans war und daß die Natur sie mit so vielen Reizen ausgesteuert hatte, daß diese selbst das väterliche Auge entzückten. Denn das muß man überhaupt den orientalischen Prinzen lassen, daß sie, in Regula, es ungleich weiter in der weiblichen Schönheitskunde gebracht haben als unsere abendländischen, die ihr unzuverlässiges Kennerauge, was diesen Punkt betrifft, von Zeit zu Zeit verraten. Das Fräulein war der Stolz der sultanischen Familie, selbst ihre Brüder wetteiferten in der Aufmerksamkeit gegen die reizende Schwester und in dem Bestreben, ihr Achtung und Zuneigung zu beweisen, es einander zuvorzutun. Der ernste Diwan erwog oft in politischen Konsultationen, welchen Prinzen man, vermöge des Bundes der Liebe, durch sie an das Interesse des ägyptischen Staates verknüpfen würde. Indessen ließ das der Vater Sultan seine geringste Sorge sein und war nur unablässig darauf bedacht, der Lieblingstochter seines Herzens jeden Wunsch zu gewähren und ihre Seele immer in einer heitern Stimmung zu erhalten, damit der reine Horizont ihrer Stirn durch kein Wölkchen getrübt würde.

Die ersten Jahre der Kindheit hatte das Fräulein unter der Aufsicht einer Amme zugebracht, die eine Christin und welscher Abkunft war. Diese Sklavin wurde in früher Jugend durch einen Seeräuber aus der Barbarei vom Strande ihrer Vaterstadt weggeraubt, in Alexandrien verkauft, ging durch Handel und Wandel daselbst aus einer Hand in die andere, und so gelangte sie endlich in den Palast des Sultans von Ägypten, wo ihre nahrhafte Leibeskonstitution ihr zu dem Amt verhalf, dem sie mit aller Ehre vorstand. Ob sie gleich nicht so gesangreich war wie die Amme des gallischen Thronerben, die für ganz Versailles die Losung zum Chorus gab, wenn sie mit melodischer Kehle ihr Malbrough s'en va en guerre intonierte – so hatte sie die Natur durch eine desto geläufigere Zunge dafür sattsam entschädigt. Sie wußte so viele Geschichtchen und Märchen wie die schöne Scheherazade in der Tausendundeinen Nacht, womit sich, wie es scheint, die sultanischen Sippschaften in der Verschlossenheit der Serails gern unterhalten lassen. Die Prinzessin wenigstens fand nicht tausend Nächte, sondern tausend Wochen lang daran Geschmack, und wenn ein Mädchen einmal zu dem Alter von tausend Wochen gelangt ist, so genügt ihr nicht mehr an fremden Erzählungen, sie findet nun in sich Stoff, ein eignes Geschichtchen anzuspinnen. In der Folge vertauschte die weise Amme ihre Kindermärchen mit der Theorie europäischer Sitten und Gewohnheiten, und weil sie selbst noch viel Vaterlandsliebe hegte und in der Zurückerinnerung an dasselbe Vergnügen empfand: So schilderte sie dem Fräulein die Vorzüge von Welschland so malerisch, daß davon die Phantasie ihrer zarten Pflegetochter erwärmt wurde, welchen angenehmen Eindruck sie nachher nie wieder aus dem Gedächtnis verlor. Je mehr Fräulein Melechsala heranwuchs, desto mehr wuchs mit ihr die Liebe zum ausländischen Putz und den Gerätschaften des damals noch gar bescheidenen europäischen Luxus, und ihr ganzes Betragen artete mehr nach europäischer Sitte als den Gebräuchen ihres Vaterlandes.

Sie war von Jugend auf eine große Blumenfreundin, ein Teil ihrer Beschäftigung bestand darin, nach arabischer Gewohnheit bedeutsame Sträußchen und Kränze zu binden, durch welche sie, auf eine scharfsinnige Art, die Gesinnungen ihres Herzens offenbarte. Ja, sie war so erfindungsreich, daß sie ganze Sentenzen, auch Sittensprüche des Korans, in einer Zusammenreihung von Blumen von verschiedenen Eigenschaften oft sehr glücklich auszudrücken vermochte. Sie ließ hernach ihre Gespielinnen den Sinn davon erraten, welche diesen selten verfehlten. So formte sie eines Tages aus chalcedonischer Lychnis die Gestalt eines Herzens, umfaßte dieses mit weißen Rosen und Lilien, befestigte darunter zwei emporstrebende Königskerzen, die ein herrlich gezeichnetes Anemonenröslein einschlossen, und alle ihre Frauen sprachen, als sie ihnen das Blumengewinde vorzeigte, einstimmig: „Unschuld des Herzens ist über Geburt und Schönheit erhaben." Oft beschenkte sie ihre Sklavinnen mit frischen Sträußen, und diese Blumenspenden enthielten gemeiniglich Lob oder Tadel für die Empfängerin. Ein Kranz von Flatterrosen beschämte den Leichtsinn; die strotzende Mohnblume Dünkel und Eitelkeit; ein Strauß von Wohlgeruch duftender Hyazinthen mit herabsinkenden Glöcklein lobte die Bescheidenheit; die Goldlilie, welche ihren Blütenkelch bei Sonnenuntergang verschließt, kluge

Vorsicht; die Meerwinde strafte die Liebedienerei, und die Blüten des Stechapfels nebst der Zeitlose, deren Wurzel vergiftet, bösen Leumund und heimlichen Neid.

Vater Othmann vergnügte sich innig an den scharfsinnigen Spielen der Phantasie seiner reizenden Tochter, ob er gleich wenig Talent besaß, diese witzigen Hieroglyphen selbst zu entziffern und oft mit dem Kalbe seines ganzen Diwans pflügen mußte, ihre Deutung auszuklauben. Ihm war der exoterische Geschmack der Prinzessin nicht verborgen, als ein schlichter Muselmann konnte er hierin nicht mit ihr sympathisieren; aber als ein nachsichtiger und zärtlicher Vater suchte er gleichwohl mehr, diese Lieblingsneigung der Prinzessin zu unterhalten, als sie zu unterdrücken. Er verfiel darauf, ihre Blumenliebhaberei mit der Vorliebe zum Ausländischen zu vereinbaren und einen Garten im Geschmack der Abendländer ihr zurichten zu lassen. Dieser Einfall dünkte ihn so wohl ausgesonnen, daß er keinen Augenblick verabsäumte, solchen seinem Günstling, dem Scheik Kiamel, mitzuteilen, um ihn aufs fördersamste zur Ausführung zu bringen. Der Scheik, der wohl wußte, daß die Wünsche seines Herrn für ihn Befehle waren, denen er ohne Widerrede gehorchen mußte, unterwand sich nicht, ihm die Schwierigkeiten entgegenzustellen, die er bei der Sache empfand. Er selbst hatte sowenig eine Idee von der Einrichtung eines europäischen Gartens als der Sultan selbst, und in ganz Kairo war ihm kein Mensch bekannt, den er hierüber hätte zu Rate ziehen können. Darum ließ er unter den Christensklaven nach einem Gartenverständigen forschen, und da kam er gerade an den unrechten Mann, der ihm aus der Verlegenheit helfen sollte. Also war's kein Wunder, daß der Scheik gar bedenklich den Kopf schüttelte, da er die Prozedur der Gartenverbesserung in Augenschein nahm: Denn er fürchtete, wenn sie dem Sultan sowenig behagte als ihm selbst, so dürfte er wohl zur Verantwortung gezogen werden, und zum mindesten dürfte es um seine Günstlingschaft getan sein.

Vor den Augen des Hofs war diese Gartenkultur bisher als ein Geheimnis traktiert worden, allen Bedienten des Serails war der

Eintritt untersagt. Der Sultan wollte das Fräulein bei der Feier ihres Geburtstages mit diesem Geschenk überraschen, sie in Pomp dahinführen und ihr sodann den Garten zum Eigentum übergeben.

Dieser Tag rückte nun heran, und Se. Hoheit trug Verlangen, vorher alles selbst in Augenschein zu nehmen, sich von den neuen Anlagen unterrichten zu lassen, um sich das Vergnügen zu verschaffen, der schönen Melechsala die sonderbaren Schönheiten des Gartens vordemonstrieren zu können. Er tat dem Scheik davon Eröffnung, dem dabei nicht wohl zumute war, deswegen dachte er auf eine Schutzrede, wodurch er den Kopf aus der Schlinge zu ziehen vermeinte, wenn der Sultan sich mißfällig über die Gartenanstalt vernehmen lassen sollte. Beherrscher der Gläubigen, wollte er sagen, dein Wink ist die Richtschnur meines Ganges, meine Füße laufen, wohin du sie leitest, und meine Hand hält fest, was du ihr vertrauest. Du wolltest einen Garten nach der Weise der Franken: Hier steht er vor deinen Augen. Diese ungeschlachten Barbaren wissen nichts als dürftige Sandwüsten hervorzubringen, die sie in ihrem rauhen Vaterlande, wo keine Dattel noch Limonie reift und wo es weder Kalaf noch Bahobab[2] gibt, mit Gras und Unkraut bepflanzen. Denn der Fluch des Propheten stäupet mit ewiger Unfruchtbarkeit die Auen der Ungläubigen und gibt ihnen nicht zu kosten den Vorschmack des Paradieses durch den Wohlgeruch des Balsamstäudleins aus Mekka noch durch den Genuß würzhafter Früchte.

Der Tag begann sich bereits zu neigen, da der Sultan, allein von dem Scheik begleitet, in den Garten trat, voller Erwartung, was er da für Wunderdinge erblicken würde. Eine weite freie Aussicht über einen Teil der Stadt und über die Spiegelfläche des Nilstroms mit den darauf hin und her fahrenden Muschernen, Schambecken und Scheomeonen[3], im Hintergrunde die himmelanstrebenden Pyramiden und eine Kette von blauen, mit Duft umflossenen Gebirgen eröffnete sich auf der obern Terrasse seinem Auge, das nicht mehr durch den undurchsichtigen Palmenhain gehalten wurde. Zugleich wehte ihn ein erfrischendes Lüft-

chen an, das ihm wohltat. Eine Menge neuer Gegenstände drängten sich ihm auf, von allen Seiten her. Der Garten hatte freilich
jetzt eine wildfremde Ansicht gewonnen, daß der alte Park, in
welchem er von Kindheit auf gelustwandelt und der durch sein
ewiges Einerlei seine Sinne längst ermüdet hatte, nicht mehr zu
erkennen war. Der schlaue Kurt hatte wohl und weislich geur-
teilt, der Reiz der Neuheit werde seine Wirkung nicht verfehlen.
Der Sultan prüfte die Gartenmetamorphose nicht mit der Ein-
sicht eines Kenners, sondern nach dem ersten Eindruck auf die
Sinne, und weil diesen das Ungewöhnliche so leicht zum Köder
des Vergnügens dient, so schien ihm alles gut und recht zu sein,
wie er es fand. Selbst die krummen unsymmetrischen Gänge, mit
festgestampftem Kies belegt, gaben seinen Füßen eine solche
elastische Kraft und einen leichten festen Gang, da er sonst gewohnt war, nur auf weichen persischen Teppichen oder auf grünen Matten zu wandeln. Er wurde nicht müde, die labyrinthi-
schen Gänge zu durchkreuzen, und bezeigte besonders seine
Zufriedenheit über die Flora der mannigfaltigen Grasblumen, die
aufs sorgfältigste kultiviert und gewartet wurden, ob sie gleich
jenseit der Mauer freiwillig ebenso gut und in größerer Menge
blühten.

Nachdem er sich auf eine Ruhebank niedergelassen hatte,
sprach er mit heiterer Miene: „Kiamel, du hast meine Erwartung
nicht getäuschet, ich dacht es wohl, daß du mir etwas Sonderbares aus dem alten Park schaffen würdest, das von der Landes-
sitte abweicht, darum soll dir mein Wohlgefallen unverhalten
bleiben. Melechsala mag dein Werk für einen Garten nach Art
der Franken dahinnehmen." Da der Scheik seinen Despoten in
dem Ton reden hörte, wunderte er sich baß, daß alles so gutging,
und freute sich, daß er seine Zunge geschweiget und seine Vor-
klage nicht hatte laut werden lassen. Er bemerkte bald, daß der
Sultan alles für seine eigne Erfindung anzunehmen schien, daher drehte er das Ruder seiner Suada flugs nach dem günstigen
Lüftlein, das in seine Segel blies, und redete also: „Großmächtiger
Beherrscher aller Gläubigen, du sollst wissen, daß dein gehor-

samer Sklav Tag und Nacht darauf gesonnen hat, etwas Uner-
hörtes, dergleichen in Ägypten noch nie ist gesehen worden, aus
diesem alten Dattelhain nach deinem Wink und Willen hervorzubringen. Es ist ohne Zweifel eine Eingebung des Propheten
gewesen, daß ich darauf verfallen bin, nach dem Ideal des Paradieses der Gläubigen meinen Plan anzulegen, denn ich vertrau-
ete darauf, daß ich solchergestalt die Meinung deiner Hoheit nicht
verfehlen würde." Der gute Sultan hatte von dem Paradies, zu
dessen Besitz er nach dem Lauf der Natur eben keine allzu entfernte Anwartschaft zu haben schien, von jeher so verworrene
Begriffe gehabt als unsere zukünftigen Himmelsbürger von dem
Zustand und der Beschaffenheit des himmlischen Jerusalems;
oder eigentlich hatte er, wie alle Glückskinder, die in der Unterwelt sich's wohl sein lassen, um die Aussichten in eine beßre
Welt sich nie bekümmert. Es schwebte daher jederzeit, wenn ja
einmal ein Imam oder Derwisch oder sonst eine religiöse Person des Paradieses erwähnte, das Bild des alten Parks seiner
Phantasie vor, und dort war eben nicht sein Lieblingsaufenthalt.
Jetzt wurde seine Einbildungskraft auf eine ganz andere Vorstellung gesteuert, das neue Bild seiner zukünftigen Hoffnung
erfüllte seine Seele mit freudigem Entzücken, wenigstens vermutete er nun, das Paradies möchte doch wohl anmutiger sein,
als er sich's bisher vorgestellt hatte; und weil er ein Modell davon im kleinen zu besitzen glaubte – so bekam er von dem Garten eine hohe Meinung, die er dadurch augenscheinlich zu erkennen gab, daß er den Scheik stehenden Fußes zum Bey erhob
und ihn mit dem Ehrengewand des Kaftans bekleidete. Der ab-
gefeimte Höfling verleugnet seinen Charakter in keinem Weltteil: Freund Kiamel trug kein Bedenken, die Prämie eines Ver-
dienstes, die seinem Geschäftsträger gebührte, sich ganz
unbefangen zuzueignen, ohne seiner mit einer Silbe gegen den
Sultan zu erwähnen, und achtete ihn für überflüssig belohnt, daß
er seinen täglichen Sold um einige Asper vermehrte.

Um die Zeit, wenn die Sonne in den Steinbock tritt, welches
Himmelszeichen bei den Nordländern die Losung des Winters

ist, in dem mildern Klima von Ägypten aber die schönste Jahreszeit verkündet, trat die Blume der Welt in den für sie zubereiteten Garten und fand ihn völlig nach ihrem ausländischen Geschmack. Sie war freilich die größte Zierde desselben: Jeder Ort, wo sie lustwandelte, wär's auch eine Wüste in dem steinigen Arabien oder ein grönländisches Eisgefilde gewesen, würde in den Augen eines Mädchenspähers sich bei ihrem Anblick in Elysium verwandelt haben. Die mannigfaltigen Blumen, welche der Zufall in unabsehlichen Reihen untereinander gemischt hatte, gaben ihrem Auge und Geist gleiche Beschäftigung: Sie wußte die Unordnung selbst, durch sinnreiche Anspielungen auf die verschiedenen Eigenschaften der Blumen, einer methodischen Ordnung zu verähnlichen. Nach Landesgewohnheit wurde jedesmal, wenn die Prinzessin den Garten besuchte, alles, was männlich war von Arbeitern, Pflanzern und Wasserträgern, durch die Wache der Verschnittenen daraus entfernt. Die Grazie, für welche der Kunstmeister gearbeitet hatte, blieb also seinen Augen verborgen, sosehr ihn auch gelüstete, die Blume der Welt, die seiner botanischen Unwissenheit so lange ein Rätsel gewesen war, in Augenschein zu nehmen. Wie sich aber das Fräulein über manche vaterländische Sitte hinsetzte, so wurde ihr, da der Garten immer mehr Reize für sie gewann, welchen sie des Tages mehrmals besuchte, die Begleitung der Verschnittenen in der Folge zu lästig, die in Prozession so feierlich vor ihr herzogen, als wenn der Sultan am Bairamfest zur Moschee ritt. Sie erschien oftmals allein, oft an dem Arm einer Vertrauten, jedoch allezeit mit einem dünnen Schleier über dem Gesicht und einem aus Binsen geflochtenen Körbchen in der Hand, wandelte die Gänge auf und ab, um Blumen zu pflücken, die sie nach Gewohnheit, durch allegorische Verbindung, zu Dolmetscherinnen ihrer Gedanken machte und an ihr Hofgesinde austeilte.

Eines Morgens, ehe der Tag heiß ward und der Tau noch im Grase alle Regenbogenfarben spiegelte, begab sie sich in ihren Hain, der balsamischen Frühlingsluft zu genießen, da ihr Gärtner eben geschäftig war, einige abgeblühte Gewächse aus der Erde zu nehmen und sie mit andern neuaufblühenden umzutauschen, die er in Blumentöpfen sorgfältig aufzog, welche er hernach kunstreich in die Erde vergrub, als wären sie, durch eine zauberhafte Vegetation, in einer einzigen Nacht aus dem Schoß der Erde hervorgewachsen. Das Fräulein wurde diesen artigen Betrug der Sinne mit Vergnügen gewahr, und da sie das Geheimnis entdeckt hatte, wie die abgepflückten Blumen täglich durch andere ersetzt wurden, daß nie Mangel daran war, so gefiel es ihr, diese Entdeckung zu nutzen und dem Gärtner Anweisung zu geben, wo und wann bald diese, bald jene Blume blühen sollte. Indem er die Augen aufhob, erschien ihm die weibliche Engelsgestalt, welche er für die Eigentümerin des Gartens hielt, denn sie war mit himmlischen Reizen wie mit einem Heiligenschein umflossen. Er wurde durch diese Erscheinung so überrascht, daß ihm ein Blumentopf mit einer herrlichen Colocassia aus der Hand entfiel, die ihr zartes Pflanzenleben ebenso tragisch endigte als Herr Pilastre de Rozier, ob sie gleich beide nur der mütterlichen Erde in den Schoß fielen.

Der Graf stand steif und starr wie eine Bildsäule, ohne Leben und Bewegung, daß man ihm wohl hätte die Nase mögen einschlagen, ohne daß er sich geregt hätte, wie die Türken mit den steinernen Bildsäulen in Tempeln und Gärten es zu machen pflegen; aber die süße Stimme des Fräuleins, die ihren Purpurmund öffnete, brachte seinen Geist wieder zu sich. „Christ", sprach sie, „fürchte nichts! Es ist meine Schuld, daß du dich zugleich mit mir an diesem Orte befindest, fördere dein Tagewerk und ordne die Pflanzen, wie ich es von dir heische." – „Glanzvolle Blume der Welt", gegenredete der Gärtner, „für deren Schimmer alle Farben dieser Blumenpflanzung erbleichen, du herrschst hier an deinem Firmamente gleich der Sternenkönigin an der Feste des Himmels. Dein Wink belebe die Hand des glücklichsten deiner Sklaven, der seine Fesseln küßt, wofern du ihn wert achtest, deine Befehle auszurichten." Die Prinzessin hatte nicht erwartet, daß ein Sklav den Mund gegen sie öffnen, noch viel weniger, daß er ihr was Verbindliches sagen würde, sie hatte ihre Augen mehr auf die Blumen als auf den Pflanzer gerichtet. Jetzt würdigte sie auch diesen eines Anblicks und erstaunte, einen Mann von der glücklichsten Bildung vor sich zu sehen, der alles übertraf, was sie jemals von männlicher Wohlgestalt erblickt oder geträumt hatte.

Graf Ernst von Gleichen war in ganz Deutschland seiner männlichen Anmut halber berühmt. Schon auf dem Turnier zu Würzburg war er der Held der Damen. Wenn er das Visier aufschlug, um frische Luft zu schöpfen, war das Rennen der kühnsten Lanzenbrecher für jedes weibliche Auge verloren; alle sahen nur auf ihn; und wenn er den Helm schloß, ein Stechen zu beginnen, hob sich der keuscheste Busen höher, und das Herz klopfte ängstliche Teilnehmung dem herrlichen Ritter entgegen. Die parteiliche Hand der liebeschmachtenden Nichte des Herzogs in Bayern krönte ihn mit einem Ritterdank, welchen der junge Mann anzunehmen errötete. Die siebenjährige Haft im vergitterten Turm hatte zwar die blühenden Wangen gebleicht, die prallen Muskeln erschlafft und den Lichtblick der Augen ermattet; aber der Genuß der freien Atmosphäre und die Gespielin der Gesundheit, Tätigkeit und Arbeit, hatten mit reichem Ersatz den Verlust vergütet. Er grünte wie ein Lorbeerbaum, der den langen Winter hindurch im Gewächshaus getrauert hat und bei der Wiederkehr des Frühlings junges Laub treibt und eine schöne Krone gewinnt.

Vermöge der Vorliebe der Prinzessin zu allem Ausländischen konnte sie sich nicht enthalten, die einnehmende Gestalt des herrlichen Fremdlings mit Wohlgefallen zu betrachten, ohne zu wähnen, daß der Anblick eines Endymions auf das Herz des Mädchens ganz andere Eindrücke zu machen pflege als die Schöpfung einer Modekrämerin, welche sie in ihrer Jahrmarktsbude zur Schau ausstellt. Mit holdem Munde erteilte sie dem schmucken Gärtner Befehle, wie er die Blumenpflanzung ordnen sollte, zog dabei sein Gutachten oft zu Rate und unterhielt sich mit ihm, solange noch eine Gartenidee ihr zu Gebote stand. Sie verließ endlich den Freund Gärtner, der ihr so wohl behagt hatte; aber kaum war sie fünf Schritte gegangen, so kehrte sie wieder um und gab ihm neue Aufträge, und da sie noch eine Promenade durch die Schlangenwege machte, berief sie ihn von neuem zu sich, bald eine Frage zu tun, bald eine Verbesserung in Vorschlag zu bringen. Wie der Tag sich anfing zu verkühlen, empfand sie das Bedürfnis, schon wieder frische Luft zu schöpfen; und kaum spiegelte sich die Sonne in dem wachsenden Nil, so lockte sie das Verlangen in den Garten, die erwachenden Blumen sich aufschließen zu sehen, wobei sie niemals verfehlte, diejenige Gegend zuerst zu besuchen, wo ihr Gartenfreund arbeitete, um ihm neue Befehle zu erteilen, die er sich beeiferte pünktlich und hurtig auszurichten.

Erstmals suchte ihr Auge den Bostangi[4] vergebens, gegen welchen ihre Gunst von Tag zu Tag sich mehrte. Sie wandelte die verschlungenen Gänge auf und nieder, ohne auf die Blumen zu achten, die ihr entgegenblühten und durch das hohe Kolorit der Farben oder den balsamischen Duft ihrer Gerüche gleichsam miteinander wetteiferten, von ihr bemerkt zu werden. Sie vermutete ihn hinter jedem Busch, untersuchte jedes hochstäudige Pflanzengewächs, erwartete seiner in der Grotte, und da er nicht zum Vorschein kam, tat sie eine Wallfahrt zu allen Lauben im Garten, hoffte, ihn irgendwo schlummernd zu überraschen, und freute sich seiner Verlegenheit, wenn sie ihn aufwecken würde. Allein, er war nirgends zu finden. Zufälligerweise begegnete ihr der stoische Veit, des Grafen Reisiger, den er, als ein ganz mechanisches Geschöpf, zu nichts anders als zum Wasserträger brauchen konnte. Sobald er der Prinzessin ansichtig wurde, machte er mit seiner Wasserladung linksum, ihr nicht in den Weg zu treten; sie aber berief ihn zu sich und frug, wo der Bostangi anzutreffen sei. „Wo anders", antwortete er nach seiner handfesten Art, „als in den Klauen des jüdischen Quacksalbers, der ihm ohne Vorzug die Seele wird ausschwitzen lassen?" Darüber erschrak die reizvolle Tochter des Sultans also, daß ihr angst und wehe ums Herz ward; denn sie hatte nichts weniger vermutet, als daß ihr Gartengünstling durch Krankheit verhindert wäre, seiner Geschäfte zu warten. Sie begab sich alsbald in den Palast zurück, wo ihre Frauen mit Bestürzung wahrnahmen, daß die heitere Stirn ihrer Gebieterin sich getrübt hatte, wie wenn der feuchte Atem des Südwindes den spiegelreinen Horizont anhaucht, daß die schwebenden Dünste zu Wolken gerinnen. Bei der Zurückkehr ins Serail hatte sie eine Menge Blumen gepflückt; aber lauter traurige, welche sie mit Zypressen und Rosmarin zusammenband und wodurch sich die Stimmung ihrer Seele deutlich zutage legte. Dieses trieb sie so verschiedene Tage an, dergestalt, daß ihre Frauenzimmer große Betrübnis darüber empfanden und unter sich konsultierten, was die Ursache des geheimen Kummers ihrer Gebieterin sein möchte; aber es kam damit, wie es bei weiblichen Konsultationen zu geschehen pflegt, zu keinem Konklusum, weil bei der Stimmensammlung eine solche Dissonanz der Meinungen sich ergab, daß kein harmonischer Akkord herauszufinden war. In der Tat hatte die Beeiferung des Grafen, jedem Wink der Prinzessin zuvorzukommen, und alles, wovon sie nur ein halblautes Wort fallen ließ, ins Werk zu richten, seinen der Arbeit ungewohnten Körper dergestalt angegriffen, daß die Gesundheit darunter litt und er von einem Fieber befallen wurde. Doch der jüdische Zögling des Galens oder vielmehr des Grafen robuste Konstitution überwältigte die Macht der Krankheit, daß er nach einigen Tagen schon wieder seiner Arbeit vorstehen konnte. Sobald ihn die Prinzessin bemerkte, war ihr wieder wohl ums Herz, und der Damensenat, dem die schwermütige Laune derselben ein unauflöslich Rätsel blieb, urteilte nun einmütig, es müsse irgendein Blumenstock gewesen sein, an dessen Fortkommen sie vor einigen Tagen gezweifelt hätte, und im allegorischen Sinn hatten sie nicht unrecht.

Fräulein Melechsala war noch so unschuldigen Herzens, wie sie aus der Hand der Natur hervorgegangen war. Sie hatte weder Ahnungen noch Warnungen von Amors Schälkeleien empfangen, die er an unerfahrnen Schönen zu begehen pflegt. Überhaupt hat es von jeher an Winken für Mädchen und Prinzessinnen in bezug auf Liebe gefehlt, obgleich eine Theorie von der

Art ungleich mehr nutzen und frommen möchte als Winke für Fürsten und Prinzenerzieher, die sich wenig darum kümmern, ob man ihnen hustet, pfeift oder winkt, auch zuzeiten es wohl gar übelnehmen – die Mädchen aber verstehen jeden Wink und achten auch darauf: Denn ihr Gefühl ist feiner, und ein verstohlner Wink ist so recht ihre Sache. Das Fräulein stand im ersten Noviziat der Liebe und hatte sowenig Kenntnis davon als eine Klosternovize von den Ordensgeheimnissen. Sie überließ sich daher ganz unbefangen ihren Gefühlen, ohne den geheimen Diwan der drei Vertrauten ihres Herzens, der Vernunft, Klugheit und Überlegung, darüber zu Rate zu ziehen. Denn in diesem Fall würde die lebhafte Teilnehmung an dem Zustand des kranken Bostangi ihr Fingerzeig und Aufschluß gegeben haben, daß der Keim einer ihr unbekannten Leidenschaft schon mächtig in dem Herzen vegetiere, und Vernunft und Überlegung würden ihr sodann zugeflüstert haben, daß diese Leidenschaft Liebe sei. Ob in dem Herzen des Grafen etwas Ähnliches im Hinterhalt lag, davon ist kein diplomatischer Beweis vorhanden: Der überverdienstliche Eifer, die Befehle seiner Gebieterin zu vollziehen, könnte auf diese Vermutung führen, und da würde ein allegorischer Strauß von Liebstöckel, mit einem Stengel verwelkter Mannstreue zusammengebunden, für ihn wohl gepaßt haben. Es konnte aber auch nur eine unschuldige Rittersitte die Triebfeder dieses ausgezeichneten Diensteifers sein, ohne daß Liebe einigen Anteil daran hatte, denn es war das unverbrüchlichste Gesetz der Ritter damaliger Zeit, alledem, was ihnen der Wille der Damen auferlegte, sträcklich nachzuleben. Es verging nun kein Tag mehr, da nicht die Prinzessin mit ihrem Bostangi trauliche Unterredung pflog. Der sanfte Ton ihrer Stimme entzückte sein Ohr, und jeder Ausdruck schien ihm etwas Schmeichelhaftes zu sagen. Ein zuversichtlicherer Champion als er würde nicht ermangelt haben, eine so günstige Situation zu nutzen, um weitere Progressen zu machen; allein Graf Ernst hielt sich immer innerhalb der Grenzen der Bescheidenheit. Weil nun das Fräulein in dem Kostüm der Koketterie ganz unerfahren war und nicht wußte, den

blöden Schäfer aufzumuntern, den Diebstahl ihres Herzens zu
begehen, so drehte sich die ganze Verwicklung um die Achse des
wechselseitigen Wohlwollens und hätte außer Zweifel noch lange keinen andern Schwung bekommen, wenn nicht der Zufall,
welcher bekanntlich bei jedem Wechsel der Dinge das primum
mobile zu sein pflegt, der Szene eine andere Gestalt gegeben hätte.

Gegen Sonnenuntergang eines sehr schönen Tages besuchte
die Prinzessin den Garten, und ihre Seele war so heiter wie der
Horizont; sie plauderte mit ihrem Bostangi gar lieblich von man-

cherlei gleichgültigen Dingen, um nur mit ihm zu reden, und nachdem er ihr Blumenkörbchen gefüllt hatte, setzte sie sich in eine Laube und band einen Strauß, womit sie ihn beschenkte. Der Graf befestigte denselben, als ein Merkmal der Huld seiner schönen Gebieterin, mit dem Ausdruck eines überraschenden Entzückens an der Brust seines Wamses, ohne sich einfallen zu lassen, daß diese Blumen einen geheimen Sinn haben könnten, denn diese Hieroglyphen waren seinen Augen verborgen wie den Augen des klügelnden Publikums das geheime Triebwerk des berühmten hölzernen Schachspielers. Und weil auch nachher das Fräulein diesen verborgenen Sinn nicht enträtselt hat, so ist er mit den Blumen dahingewelkt, ohne zur Wissenschaft der Nachwelt zu gelangen. Sie hegte indessen die Meinung, die Blumensprache sei allen Menschen so verständlich wie ihre Muttersprache, daher zweifelte sie nicht, ihr Günstling habe alles recht wohl begriffen, und weil er beim Empfang so ehrerbietig sie anblickte, nahm sie diese Miene als eine bescheidene Danksagung für das Lob seiner Tätigkeit und seines Diensteifers an, welches wahrscheinlich der Strauß ihm beilegte. Sie trug nun auch Verlangen, seine Erfindsamkeit zu prüfen, ob er auf ebenso verblümte Art ihr zu danken, was Artiges zu sagen oder, mit einem Wort, den gegenwärtigen Ausdruck seines Gesichts, das die Empfindungen des Herzens verriet, in Blumenschrift zu übersetzen wisse, und begehrte ein Sträußchen von seiner Komposition. Der Graf war gerührt von einer so herablassenden Güte, er flog an das Ende des Gartens in einen abgesonderten Zwinger, wo er sein Blumendepot hinverlegt hatte und woraus er die aufblühenden Gewächse zusammen mit den Scherben in den Garten versetzte.

Es war gerade damals eine gewürzhafte Pflanze zur Blüte gelangt, welche von den Arabern Muschirumi[5] genannt wird und die vorher noch nicht im Garten anzutreffen war. Mit dieser Neuigkeit dachte der Graf der schönen Blumenfreundin, die seiner harrte, ein unschuldiges Vergnügen zu machen. Er servierte ihr die Blume, worunter er, anstatt des Präsentiertellers, ein breites

Feigenblatt geschoben hatte, auf den Knien, mit einer demütigen, doch einiges Verdienst sich zueignenden Miene und hoffte, ein kleines Lob dafür einzuernten. Aber mit äußerster Bestürzung wurde er gewahr, daß die Prinzessin das Gesicht abwendete, die Augen, soviel der dünne Schleier ihm zu beobachten gestattete, beschämt niederschlug und vor sich hin sah, ohne ein Wort zu sprechen. Sie zögerte und schien verlegen, die Blume in Empfang zu nehmen, die sie keines Anblicks würdigte und neben sich auf die Rasenbank legte. Ihre muntere Laune war verschwunden, sie nahm eine majestätische Stellung an, die stolzen Ernst verkündete, und nach wenigen Augenblicken verließ sie die Laube, ohne von ihrem Günstling weitere Notiz zu nehmen; doch vergaß sie beim Weggehen die Muschirumi nicht, welche sie aber sorgfältig unter dem Schleier verbarg.

Der Graf war von dieser rätselhaften Katastrophe wie betäubt, vermochte nicht zu ergründen, was die Ursache dieses sonderbaren Betragens sei, und blieb in der Stellung eines Büßenden noch lange Zeit auf den Knien liegen, nachdem ihn die Prinzessin verlassen hatte. Es betrübte ihn in der Seele, diese Huldgöttin, die er wegen ihrer herablassenden Güte wie eine Heilige des Himmels verehrte, beleidigt und ihren Unwillen verwirkt zu haben. Nachdem er sich von der ersten Bestürzung erholt hatte, schlich er scheu und trübselig, als wenn er einer schwer verpönten Übeltat sich bewußt wäre, in seine Wohnung. Der flinke Kurt hatte die Abendmahlzeit schon aufgetischt; aber sein Herr wollte nicht anbeißen und gabelte lange in der Schüssel herum, ohne einen Bissen zum Munde zu führen. Daran merkte der getreue Dapifer des Grafen Unmut, schlich flugs abseits zur Tür hinaus, entpfropfte eine Flasche Chierwein, und der griechische Sorgenbrecher tat Wirkung. Der Graf wurde gesprächig und eröffnete seinem lieben Getreuen das Abenteuer im Garten. Es wurde spät in die Nacht darüber spekuliert, ohne auf einen Vermutungsgrund zu stoßen, was den Unwillen der Prinzessin veranlaßt habe, und da mit allem Grübeln nichts ausgemacht wurde, begaben sich Herr und Diener zur Ruhe. Der letzte fand sie ohne

Mühe, der erste suchte sie vergebens und durchwachte die harmvolle Nacht, bis ihn die Morgenröte wieder an seine Geschäfte rief.

In der Stunde, da Melechsala den Garten zu besuchen pflegte, sah sich der Graf fleißig nach dem Eingang um, allein die Tür vom Serail wurde nicht aufgetan. Er harrte den andern Tag, nachher den dritten: Die Serailtür war wie von innen vermauert. Wär Graf Ernst nicht ein völliger Idiot in der Blumensprache gewesen, so würde er leicht den Schlüssel zu dem auffallenden Benehmen des Fräuleins gefunden haben. Er hatte durch Überreichung der Blume seiner schönen Gebieterin, ohne eine Silbe davon zu wissen, ein förmliches Liebesgeständnis getan, und noch dazu auf eine ganz unplatonische Art. Wenn ein arabischer Liebhaber seiner Geliebten verstohlnerweise, durch die treue Hand einer Vertrauten, eine Muschirumi überreichen läßt, so traut er ihr den Scharfsinn zu, den einzigen Reim, den die arabische Sprache darauf hat, zu suchen. Dieses Wort ist Ydskerumi, welches, fein gegeben, soviel als Minnesold andeutet. Man muß es dieser Erfindung lassen, daß es keine kompendiösre Liebeserklärung gibt als diese, die wohl wert wär, von den Abendländern nachgeahmt zu werden. All des faden Geschreibsels der Billetts doux, die ihren Verfassern oft so viel Mühe und Kopfbrechen kosten, oft, wenn sie in unrechte Hand geraten, von den Spöttern erbärmlich durchgenommen; oft von den Empfängerinnen selbst gemißhandelt oder falsch interpretiert werden, könnte man dadurch überhoben sein. Weil aber die Muschirumi, oder Muskatenhyazinthe, nur sparsam und kurze Zeit in unsern Gärten blüht, so könnte eine Nachbildung derselben von unsern Pariser oder vaterländischen Blumenschöpferinnen dem Bedürfnis der Liebhaber zu allen Jahreszeiten zustatten kommen, und ein inländischer Handel mit dieser Fabrikware dürfte leicht bessern Gewinn geben als die mißlichen Handlungsspekulationen nach Nordamerika. Ein Liebesritter in Europa hat ja ohnehin nicht zu befahren, daß das Geschenk einer solchen redenden Blume ihm zu einem Kapitalverbrechen dürfte angerechnet werden und daß er mit Leib und Leben dafür büßen müßte, wie das im Orient gar leicht der Fall ist. Wenn Fräulein Melechsala nicht so eine gute sanfte Seele gewesen wäre, oder wenn die allmächtige Liebe nicht den Stolz der Tochter des Sultans gebändigt hätte – so würde der Graf seine Blumengalanterie, so unschuldig sie auch seinerseits war, ohne Gnade mit dem Kopf haben bezahlen müssen. Allein die Prinzessin war im Grunde sowenig unwillig über den Empfang der bedeutsamen Blume, daß vielmehr der vermeinte Liebesantrag die Saite ihres Herzens berührte, welche lange schon vibrierte, einen harmonischen Anklang zu geben. Ihre jungfräuliche Sittsamkeit aber wurde auf eine harte Probe gestellt, da ihr Günstling, so wie sie interpretierte, sie um Liebesgenuß anzuflehen sich erkühnte. Das war die Ursache, warum sie ihr Angesicht bei dem dargebrachten Minneopfer abwendete. Eine Purpurröte, die der Schleier den Grafen nicht bemerken ließ, überzog ihre zarten Wangen, die Lilienbrust hob sich höher, und das Herz klopfte stärker in der Brust. Scham und Zärtlichkeit kämpften darinnen einen schweren Kampf, und die Verwirrung des Fräuleins war so groß, daß es ihr unmöglich war, den Mund zu öffnen. Eine Zeitlang war sie zweifelhaft, was sie mit der verfänglichen Muschirumi machen sollte; sie verschmähen hieß, den Liebenden aller Hoffnung berauben, und sie annehmen galt als Geständnis, ihm seinen Wunsch zu gewähren. Das Zünglein in der Waage der Entschlossenheit wankte daher bald auf diese, bald auf jene Seite, bis das Übergewicht der Liebe entschied: Sie nahm die Blume mit sich, und das assekurierte wenigstens vorläufig des Grafen Kopf. Aber im einsamen Gemach kam's, ohne Zweifel, zu mancherlei wichtigen Konsultationen über die Folgen, die dieser Entschluß nach sich ziehen konnte, und die Lage des Fräuleins war um deswillen desto bedenklicher, weil sie, bei ihrer Unerfahrenheit in Herzensangelegenheiten, sich selbst nicht zu raten wußte und es nicht wagen durfte, einer Vertrauten sich zu entdecken, wenn sie nicht das Leben ihres Geliebten und ihr eignes Schicksal der Willkür einer dritten Person überlassen wollte.

Eine Göttin im Bade ist leichter von einem Sterblichen zu belauschen als eine orientalische Prinzessin in der Bettkammer des Serails von ihrem Geschichtschreiber, daher läßt sich schwerlich bestimmen, ob Fräulein Melechsala die in Empfang genommene Muschirumi auf der Spiegelkonsole dahinwelken lassen oder sie ins frische Wasser gestellt habe, um sie zur angenehmen Augenweide, solang als möglich, zu konservieren. Desgleichen ist

auch nicht leicht auszumachen, ob sie, von lieblichen Träumen umtanzt oder von den bösen Sorgen der Liebe gequält, die Nacht schlummernd oder schlaflos zugebracht habe. Doch ist das letztere um deswillen glaubhaft, weil am frühen Morgen groß Jammern und Wehklagen innerhalb der vier Wände des Palastes entstand, als die Prinzessin mit abgebleichten Wangen und mattem Blick in den Augen zum Vorschein kam, also, daß ihr Frauenzimmer wähnte, sie wandle eine schwere Krankheit an. Der Hofarzt wurde herbeigerufen, eben der bärtige Jud, welcher dem Grafen das Fieber durchs Schweißbad abgeschwemmet hatte, um den Puls der erlauchten Kranken zu prüfen. Sie lag, nach Landessitte, auf einem Sofa, vor welchem ein großer Blendschirm gesetzt wurde, mit einer kleinen Öffnung versehen, durch welche die Prinzessin den niedlich gerundeten Arm hervorstreckte, der aber, um ihn nicht dem profanen Anblick eines männlichen Auges preiszugeben, mit zartem Musselin doppelt und dreifach umwunden war. „Soll mir Gott!" flüsterte der Arzt der Oberkämmerin ins Ohr. „Mit Ihrer Hoheit steht's schlecht: Der Puls zappelt wie ein Mäuseschwanz", und schüttelte aus praktischer Politik, wie schlaue Ärzte pflegen, dabei gar bedenklich den Kopf, verordnete reichlich Kalaf und andere Herzstärkungen und weissagte mit Achselzucken ein abzehrendes Fieber.

Gleichwohl schienen alle diese Symptome, welche der sorgsame Arzt für Herolde ansah, die eine bösartige Seuche verkündeten, nichts mehr als die Folgen einer gestörten Nachtruhe zu sein: Denn da die Kranke in der Mittagsstunde ihre Siesta gehalten hatte, befand sie sich zur Verwunderung des Israeliten gegen Abend schon außer Gefahr, hatte keine Arznei mehr nötig und mußte, nach der Vorschrift dieses Äskulaps, nur noch einige Tage der Ruhe pflegen. Diese Zeit wendete sie dazu an, ihre Liebesverwicklung reiflich zu überlegen und Projekte auszuklügeln, die Gerechtsame der akzeptierten Muschirumi zu realisieren. Sie war geschäftig zu erfinden, zu prüfen, zu wählen und zu verwerfen. In einer Stunde ebnete die Phantasie die unübersteiglichsten Berge, in der andern sah sie nichts als Klüfte und Abgründe, vor welchen sie zurückschauderte und über die die kühnste Einbildungskraft keinen Steg zu bauen wagte. Dennoch gründete sie auf alle diese Steine des Anstoßes den festen Entschluß, es koste auch, was es wolle, den Gefühlen ihres Herzens zu gehorchen. Ein Heroismus, der Mutter Evas Töchtern nicht ungewöhnlich ist, den sie inzwischen oft mit dem Glück und der Zufriedenheit des Lebens bezahlen.

Die verriegelte Pforte des Serails tat sich endlich auf, und die schöne Melechsala ging, wie die lichte Sonne durchs Morgentor, durch sie wieder in den Garten. Der Graf bemerkte ihre Ankunft hinter einer Efeulaube; da fing's an in seinem Herzen zu arbeiten wie in einer Mühle, es pochte und hämmerte, als wär er bergan, bergab gelaufen. War's Freude, war's Zagheit oder bange Erwartung, was dieser Gartenbesuch ihm ankündigen würde – Verzeihung oder Ungnade: Wer vermag das menschliche Herz so genau zu entfalten, daß er von jedem Ruck und Zuck dieses reizbaren Muskels Grund und Ursache sollte anzugeben wissen? Gnug, Graf Ernst fühlte Herzklopfen, sobald er die Gartengrazie von weitem erblickte, ohne daß er sich selbst über das Woher und Warum Rechenschaft zu geben vermochte. Sie beurlaubte ihr Gefolge gar bald, und aus allen Umständen war deutlich abzumerken, daß die poetische Blumenlese diesmal nicht ihr Geschäft sei. Sie machte die Wallfahrt nach den Lauben, und weil er eben nicht geflissentlich Verstecken spielen wollte, mußte sie ihn wohl finden. Da sie noch einige Schritte entfernt war, fiel er mit stummer Beredsamkeit vor ihr auf die Knie, unterstand sich nicht, die Augen gegen sie aufzuheben, und sah so trübselig aus wie ein Delinquent, dem der Richter sein Urteil zu publizieren eben im Begriff ist. Das Fräulein aber redete ihn mit sanfter Stimme und freundlicher Gebärde an: „Bostangi, stehe auf, und folge mir in diese Laube." Bostangi gehorchte schweigend, und nachdem sie Platz genommen hatte, redete sie also: „Der Wille des Propheten geschehe! Ich habe ihn drei Tage und drei Nächte lang angerufen, mir durch ein Anzeichen kundzumachen, wenn mein Wandel zwischen Torheit und Irrtum schwankt. Er schweigt und billiget den Entschluß der Ringeltaube, den sklavischen Hänfling der Kette, woran er kümmerlich Wasser zieht, zu entledigen und mit ihm zu nisten. Die Tochter des Sultans hat die Muschirumi aus deiner Sklavenhand nicht verschmähet: Mein Los ist entschieden! Säume nicht, den Imam aufzusuchen, daß er dich in die Moschee einführe und dir das Siegel der Gläubigen erteile. Dann wird mein Vater, auf meine Fürbitte, dich wachsen lassen wie den Nilstrom, wenn er sein enges Ufer übersteigt und sich in das Tal ergießet. Wenn du nun als Bey eine Provinz regierest, magst du deine Augen kühnlich zum Throne aufheben: Der Sultan wird den Eidam nicht verwerfen, welchen der große Prophet seiner Tochter versehen hat."

Wie von dem Zauberspruch einer mächtigen Fee wurde der Graf durch diese Rede einer steinernen Bildsäule abermals verähnlicht, er staunte die Prinzessin an, ohne Leben und Bewegung. Seine Wangen entfärbten sich, und seine Zunge war gebunden. Im ganzen begriff er zwar den Sinn der Rede; aber wie er zu der unerwarteten Ehre gelangen sollte, der Eidam des Sultans von Ägypten zu werden, das war ihm unbegreiflich. In dieser Situation machte er für einen erhörten Liebhaber nun eben nicht die imposanteste Figur; jedoch die aufwachende Liebe vergüldet alles wie die aufgehende Sonne. Das Fräulein nahm dieses hinbrütende Staunen für Übermaß seines Entzückens an und maß die sichtbare Verwirrung seines Geistes dem überraschenden Gefühl seines Minneglücks bei. Indessen regte sich in ihrem Herzen eine gewisse Empfindung jungfräulicher Bedenklichkeit, daß sie mit dem Ultimatum ihrer Gegenerklärung zu rasch möchte zu Werke gegangen sein und die Erwartung ihres Geliebten übereilt haben, darum nahm sie das Wort wieder und sprach: „Du schweigst, Bostangi? Laß dich nicht befremden, daß der Wohlgeruch deiner Muschirumi den Geruch meiner Gesinnung auf dich zurückduftet: Die Decke der Verstellung hat nie mein Herz verhüllt. Sollt ich durch schwankende Hoffnung dir den steilen Pfad erschweren, den dein Fuß vorher ersteigen muß, ehe sich die Brautkammer dir öffnet?"

Der Graf hatte während dieser Rede Zeit gehabt, wieder zur Besonnenheit zu gelangen; er ermannte sich wie ein Kriegsmann aus dem Schlaf, wenn im Lager Lärm geblasen wird. „Glanzvolle Blume des Orients", sprach er, „wie darf ein Stäudlein, das unter den Dornen wächst, sich ermächtigen, unter deinem Schatten zu blühen? Würde es nicht die wachsame Hand des Gärtners, als ein mißständiges Unkraut, ausjäten und es hinwerfen, daß es im Wege zertreten würde oder von der Sonnenglut verschmachtete? Wenn ein wehendes Lüftlein den Staub erhebt, daß er dein königliches Diadem befleckt, sind nicht alsbald hundert Hände bereit, es davon zu säubern? Wie sollte ein Sklav auf die Bisangfrucht lüstern sein, die in den Gärten des Sultans für den Gaumen eines Fürsten reift? Auf dein Geheiß sucht ich eine angenehme Blume für dich und fand die Muschirumi, deren Name mir so unbekannt war, als es ihre geheimnisvolle Bedeutung noch ist."

Diese Querantwort verrückte den schönen Plan des Fräuleins merklich. Es war ihr unerwartet zu vernehmen, daß es einem Europäer möglich sei, mit der Muschirumi nicht gerade den Gedanken zu verbinden, insofern sie einem Frauenzimmer dargeboten wird, welchen die zwei übrigen Teile der Alten Welt damit zu vereinbaren pflegen. Das Mißverständnis lag klar am Tage; jedoch die Liebe, die einmal im Herzen Wurzel gefaßt hatte, wendete und drehte es so geschickt wie eine Näherin ein Stück Arbeit, wobei sie es im Zuschnitte versehen hat, daß endlich doch noch alles so ziemlich zusammentreffen muß. Die Prinzessin verbarg ihre Verlegenheit durch das Spiel ihrer schönen Hände mit dem Saum des Schleiers, und nachdem sie einige Augenblicke geschwiegen hatte, sprach sie mit zärtlicher Anmut: „Deine Bescheidenheit gleichet der Nachtviole, die nicht nach dem Schimmer des Sonnenlichts geizet, um hohe Farben zu spiegeln, und dennoch ihres aromatischen Geruchs wegen geliebt wird. Ein günstiges Ungefähr ist also der Dolmetscher deines Herzens worden und hat die Empfindungen des meinigen hervorgelockt: Sie sind dir unverborgen. Folge der Lehre des Propheten, und du bist auf dem Wege, deinen Wunsch zu erreichen."

Der Graf fing an, den Zusammenhang der Sache immer deutlicher einzusehen, die Dunkelheiten verschwanden allgemach aus seiner Seele wie die nächtlichen Dämmerungen beim Anbruch der Morgenröte. Jetzt trat der Versucher, den er im Verlies des Gitterturms unter der Maske eines gehörnten Satyrs oder eines schwarzen Erdgnomens erwartet hatte, in der Gestalt des geflügelten Amors zu ihm und brauchte alle verführerischen Künste ihn zu überreden, den Glauben zu verleugnen, seiner zarten Gemahlin treubrüchig zu werden und die Pfänder keuscher Liebe zu vergessen. Es steht in deiner Gewalt, sprach er, die ehernen Sklavenfesseln mit den holden Banden der Liebe zu vertauschen. Die erste Schönheit eines Weltteils lächelt dir entgegen und mit ihr der Genuß jedes Erdenglücks! Eine Flamme, rein wie das Feuer der Vesta, lodert für dich in ihrem Busen, das sie verzehren würde, wofern Torheit und Eigensinn deine Seele umnebelten, ihre Gunst zu verschmähen. Verbirg deinen Glauben eine kleine Zeit unter dem Turban, Vater Gregor hat Wassers gnug in seiner Ablaßzisterne, dich von dieser Sünde reinzuwaschen. Vielleicht erwirbst du das Verdienst, des Fräuleins reine Engelseele zu gewinnen und sie dem Himmel zuzuführen, für den sie bestimmt ist. Dieser trüglichen Oration hätte der Graf noch lange mit Wohlgefallen zugehört, wenn ihn sein guter Engel nicht beim Ohr gezupft und gewarnt hätte, der Stimme der Verführung noch weiter Gehör zu geben. Darum glaubte er, mit Fleisch und Blut nicht länger sich besprechen zu dürfen, sondern über sich rasch den Sieg gewinnen zu müssen. Das Wort erstarb ihm einigemal im Munde, doch faßte er endlich Mut und gegenredete also: „Der Wunsch des verirrten Wanderers in der Libyschen Wüste, aus den Quellen des Nils seine trockne Zunge zu laben, mehrt nur die Qualen der durstigen Leber, wenn er dennoch verschmachten muß. Darum, o du Holdseligste deines Geschlechts, wähne nicht, daß ein solcher Wunsch in meiner Seele erwacht sei, der als ein nagender Wurm an meinem Herzen zehren würde, ohne daß ich ihn mit Hoffnung füttern kann. Vernimm, daß ich in meiner Heimat, durch das unauflösliche Band der Ehe, mit einem tugendsamen Weibe bereits verbunden bin und drei zarte Kindlein den süßen Vaternamen lallen. Wie könnte ein Herz, von Kummer und Sehnsucht zerrissen, der Perle der Schönheit nachstreben, um ihr geteilte Liebe anzubieten?" Diese Erklärung war deutlich, der Graf vermeinte auch, recht rittermäßig und gleichsam mit einem Streiche den Minnekampf entschieden zu haben. Er vermutete, die Prinzessin würde nun ihre Übereilung einsehen und ihren Plan aufgeben; allein hierin irrte er sich gar sehr. Das Fräulein konnte sich nicht bereden, daß der Graf, als ein junger blühender Mann, keine Augen für sie haben sollte, sie wußte, daß sie liebenswürdig war; und das freimütige Bekenntnis von der Lage seines Herzens machte gerade auf sie gar keinen Eindruck. Sie dachte nach der Sitte ihres Vaterlandes nicht daran, den alleinigen Besitz sich davon zuzueignen, und betrachtete die Zärtlichkeit der Männer als ein teilbares Gut: Denn in den sinnreichen Spielen des Serails hatte sie oft gehört, daß die männliche Zärtlichkeit mit einem Faden Seide war verglichen worden, der sich trennen und teilen läßt, so daß jeder Teil dennoch, für sich, ein Ganzes bleibt. In der Tat, ein sinnreicher Vergleich, worauf der abendländische Witz unsrer Damen noch nie verfallen ist! Der Harem ihres Vaters hatte ihr von Jugend auf auch zahlreiche Beispiele von der Geselligkeit der Liebe dargestellt: Die Favoritinnen des Sultans lebten daselbst in traulicher Eintracht beisammen.

„Du nennst mich die Blume der Welt", erwiderte das Fräulein, „aber siehe, in diesem Garten blühen neben mir noch viele Blumen, die Aug und Herz durch Mannigfaltigkeit ihrer Schönheit und Anmut ergötzen, und ich wehre dir nicht, diesen Blumengenuß mit mir zu teilen. Sollt ich von dir fordern, in deinen eignen Garten nur eine einzige Blume zu pflanzen, an deren beständigem Anblick dein Auge ermüden würde? Dein Weib soll Teilhaberin sein des Glückes, das ich dir bereite, du sollst sie in deinem Harem einführen. Sie wird mir willkommen, sie wird mir die liebste Gespielin sein um deinetwillen, und um deinetwillen wird sie mich wieder lieben. Auch ihre Kindlein sollen die meinigen sein, ich will ihnen Schatten geben, daß sie lustig blühen und in fremdem Erdreich wurzeln sollen." Mit der Toleranz der Liebe ist es in unserm aufgeklärten Jahrhundert noch lange nicht so weit gediehen als mit der Toleranz der Kirche, sonst könnte diese Erklärung der Prinzessin unsern Leserinnen unmöglich so befremdend auffallen, als sie aller Wahrscheinlichkeit nach tun wird; allein Fräulein Melechsala war eine Morgenländerin, und unter diesem mildern Himmel hat Megäre Eifersucht über die schöne Hälfte der Menschheit weit weniger Gewalt als über die stärkere, welche sie dagegen auch mit eisernem Zepter regiert.

Graf Ernst war von der gutmütigen Denkungsart der Prinzessin gerührt, und wer weiß, wozu er sich möchte entschlossen haben, wenn er seiner trauten Ottilia daheim gleiche Gesinnung hätte zutrauen können und überdies der Stein des Anstoßes ihm nicht im Wege gelegen hätte, seines Glaubens sich abzutun. Er verschwieg der Huldgöttin, die so unbefangen um sein Herz warb, diesen Gewissensskrupel keinesweges, und so leicht es ihr gewesen war, alle übrigen Schwierigkeiten auf die Seite zu räumen, sowenig konnte sie dieser beikommen. Die trauliche Session wurde aufgehoben, ohne daß in Ansehung dieses strittigen Punktes etwas entschieden wurde. Da die Parteien sich trennten, standen die Traktate so wie bei einer Grenzkonferenz zweier benachbarter Staaten, wo kein Teil seinen Gerechtsamen etwas vergeben will und der Austrag der Sache auf einen anderweiten Termin verschoben wird, wo die Kommissarien wieder miteinander in Freuden leben und sich's wohl sein lassen.

Im geheimen Konklave des Grafen hatte der flinke Kurt bekanntlich Sitz und Stimme, sein Herr eröffnete ihm zur Abendzeit den ganzen Vorgang seiner Herzensangelegenheit, denn er war sehr beunruhigt, und es ist leicht möglich, daß ein Liebesfunke aus dem Herzen des Fräuleins in das seinige herübergesprüht war, der sich von der Asche seiner gesetzmäßigen Liebesglut nicht wollte ausdämpfen lassen. Eine siebenjährige Abwesenheit, die aufgegebene Hoffnung der Wiedervereinigung mit der Erstgeliebten und die dargebotene Gelegenheit, das Herz nach Wunsch zu beschäftigen, sind drei kritische Umstände, wodurch eine so geistige Masse, als die Liebe ist, leicht in eine Gärung kommt, die ihre Substanz verändert. Der weise Knappe spitzte das Ohr bei Anhörung dieses interessanten Ereignisses, und gleichsam als ob die enge Pforte der Gehörnerven die Erzählung des Grafen nicht rasch gnug in seine Hirnkammer einpassieren ließ, öffnete er zugleich die weite Torfahrt des Mundes, hörte und schmeckte zugleich die unerwartete Novelle mit großer Inbrunst. Nachdem er alles reiflich erwogen hatte, ging sein unvorgreifliches Gutachten dahin, die anscheinende Hoffnung der Erledigung in beide Hände zu fassen und den Plan der Prinzessin zu realisieren, nichts dazu und nichts davon zu tun und übrigens den Himmel walten zu lassen. „Ihr seid", sprach er, „aus dem Buche der Lebendigen in Eurem Vaterlande ausgetan; aus dem Abgrunde der Sklaverei ist keine Erlösung, wofern Ihr Euch nicht an den Seilen der Liebe heraushaspelt. Eure Gemahlin, die holde Frau, kehret nie zu Euren Umarmungen zurück. Wenn sie in sieben Jahren der Gram über Euren Verlust nicht überwältiget und aufgerieben hat – so hat die Zeit ihren Gram überwältiget; sie hat Eurer vergessen und erwärmet in dem Bette eines andern. Aber den Glauben zu verleugnen, das ist traun eine harte Nuß, die Ihr wohl nicht aufknacken möget. Doch auch dafür ist wohl Rat. Unter keinem Volk auf Erden ist's Brauch, daß das Weib den Mann belehre, welchen Weg zum Himmel er nehmen soll, sondern sie folgt seinem Gange und läßt sich von ihm leiten und führen wie die Wolke vom Winde, sieht weder zur Rechten noch zur Linken, auch nicht hinter sich wie Lots Weib, das zur Salzsäule ward: Denn wo der Mann hinkommt, da ist ihres Bleibens. Ich hab auch daheim ein Weib; aber wahrlich, Herr, läg ich in der Vorhölle, so würde sie sich nicht entbrechen, mir nachzufahren, um mit ihrem Sonnenwedel meiner armen Seele frische Luft zuzufächeln. Darum beharret fest darauf, daß das Fräulein ihrem Lügenpropheten entsage. Wofern sie Euch mit reiner Liebe beigetan ist, wird sie sicherlich ihr Paradies gegen den Christenhimmel gern vertauschen."

Der flinke Kurt perorierte noch lange, um seinen Herrn zu überreden, die königliche Liebschaft nicht auszuschlagen und aller andern Verbindungen zu vergessen, um seine Fesseln zu zerbrechen. Aber er bedachte nicht, daß er durch das Zutrauen in die Treue seines eignen Weibes den Grafen an die Treue seiner liebevollen Gemahlin erinnert hatte, deren er sich gänzlich zu entschlagen versucht wurde. Sein Herz war eingepreßt als in einer Kelter, er wälzte sich auf seinem Nachtlager rastlos hin und her, und seine Gedanken und Entschlüsse durchkreuzten sich gar sonderbar; dadurch wurde er so abgemattet, daß er gegen den Morgen in einen dumpfen Schlummer fiel. Da träumte ihm, der schönste Schneidzahn aus seinem elfenbeinern Gebiß sei ihm ausgefallen, worüber er groß Herzleid und schweren Kummer empfand; doch als er die Zahnlücke im Spiegel besah, um zu urteilen, ob sie ihn auch sehr verstelle, war ein neuer Zahn hervorgewachsen, schön und blank wie die übrigen, so daß der Verlust nicht zu merken war. Sobald er erwachte, trug er Verlangen, die Deutung des Traumes zu erfahren. Der flinke Kurt ermangelte daher nicht, eine wahrsagende Zigeunerin aufzutreiben, die gegen die Gebühr gut Glück aus der Hand und Stirn prophezeite, auch die Gabe besaß, Träume auszulegen. Der Graf referierte ihr den seinigen der Länge nach, und nachdem die gerunzelte, schwarzbraune Pythia lange darüber nachgesonnen hatte, tat sie ihren wulstigen Mund auf und sprach: „Was dir das Liebste war, hat dir der Tod geraubt; doch den Verlust ersetzt bald das Geschick dir wieder."

Nun lag's klar am Tage, daß die Vermutungen des weisen Knappen keine Hirngespinste waren, sondern daß die gute Gräfin Ottilia, vor Gram und Harm über den Verlust ihres geliebten Gemahls, zu Grabe gegangen sei. Der gebeugte Witwer, der so wenig an diesem Trauerfall zweifelte, als wenn er, durch eine schwarzgeränderte Notifikation, Brief und Siegel darüber empfangen hätte, fühlte alles, was ein Mann, der sein gesundes Gebiß zu schätzen weiß, empfindet, wenn er einen Zahn verliert, welchen die wohltätige Natur durch einen andern zu ersetzen in Begriff ist, und tröstete sich über den erlittenen Verlust mit dem bekannten trostreichen Witwerspruch: Es ist Gottes Schickung, ich muß mich drein ergeben. Da er sich nun für frei und ungebunden hielt, spannte er alle Segel auf, ließ Wimpel und Flagge lustig wehen, um auf den Hafen seines Minneglücks loszusteuern. Bei der nächsten Entrevue fand er die Prinzessin reizender als jemals, seine Blicke schmachteten ihr entgegen; ihr schlanker Wuchs entzückte sein Auge, und ihr leichter sanfter Gang glich dem Gang einer Göttin, ob sie gleich nach menschlicher Weise einen Fuß vor den andern förder setzte und nicht nach dem Kostüm der Göttinnen mit unbewegten Schenkeln über den buntfarbigen Sandweg daherschwebte. „Bostangi", sprach sie mit melodischer Stimme, „hast du den Imam gesprochen?" Der Graf schwieg einen Augenblick, schlug die lichtvollen Augen nieder, legte bescheiden die Hand auf die Brust und ließ sich auf ein Knie vor ihr nieder. In dieser demutsvollen Stellung antwortete er entschlossen: „Erhabne Tochter des Sultans, mein Leben hängt an deinem Wink; aber nicht mein Glaube. Mit Freuden bin ich bereit, jenes für dich aufzuopfern, nur laß mir diesen, der mit meiner Seele so verwebt ist, daß sie sich leichter vom Leibe scheiden, als vom Glauben trennen läßt." Hieraus merkte die Prinzessin, daß sie mit ihren schönen Entwürfen auf dem Wege war zu scheitern, um deswillen nahm sie zu einem heroischen Mittel ihre Zuflucht, das unstreitig von unfehlbarer Wirkung ist als der berufene tierische Magnetismus, und versuchte damit ihren Plan aufrechtzuerhalten: Sie entschleierte ihr Angesicht. Im vollen Glanz der Schönheit stand sie da, wie die Sonne am Firmamente, als sie aus dem Chaos hervorging, die dunkle Erde zu bestrahlen. Sanfte Röte überzog ihre Wangen, und hoher Purpur glühte auf den Lippen ihres Mundes; zwei schön gewölbte Bogen, auf welchen Amor scherzte, wie die buntfarbige Iris auf dem Regenbogen, beschatteten die seelenvollen Augen, und zwei goldne Locken küßten sich auf ihrer Lilienbrust. Der Graf staunte und schwieg; sie aber nahm das Wort und sprach: „Siehe, Bostangi, ob diese Gestalt deinen Augen gefällt und ob sie des Opfers wert sei, das ich von dir fordere." – „Sie ist die Gestalt eines Engels", antwortete der Graf mit dem Ausdruck des höchsten Entzückens, „wert, von einem Heilgenschein umflossen, in

234

den Vorhöfen des Christenhimmels zu glänzen, gegen welchen die Annehmlichkeiten des Paradieses des Propheten nur leere Schatten sind."

Diese Worte, mit Wärme und anschaulicher Überzeugung ausgesprochen, fanden in dem offenen Herzen des Fräuleins freien Eingang, besonders dünkte ihr der Heiligenschein ein Apparatus zu sein, der ihr nicht übel zu Gesicht stehen müßte. Ihre rege Phantasie blieb auf diese Idee geheftet, über welche sie Erläuterung begehrte, und der Graf ergriff die dargebotene Gelegenheit mit beiden Händen, ihr den Christenhimmel so reizend zu schildern, als in seinem Vermögen war; er wählte die anmutigsten Bilder dazu, die ihm die Einbildungskraft darbot, und sprach mit solcher Zuversicht, als wenn er gerade aus dem Schoß der Seligkeit herabgekommen wäre, eine Mission an sie auszurichten. Weil es nun dem Propheten beliebt hat, das schöne Geschlecht in jener Welt mit überaus kärglicher Erwartung auszusteuern – so verfehlte der apostolische Redner seiner Absicht desto weniger, ob sich gleich nicht behaupten läßt, daß er zum Apostelamt eben vorzüglich qualifiziert gewesen wäre. Es sei nun, daß der Himmel selbst dieses Bekehrungsgeschäft begünstigte oder daß der exoterische Geschmack der Prinzessin sich bis auf die religiösen Begriffe der Ausländer ausdehnte oder daß das Personale des Heidenbekehrers mit in Anschlag kam – genug, sie war ganz Ohr und würde, wenn der herandämmernde Abend die Lektion nicht unterbrochen hätte, ihrem Dozenten noch stundenlang mit Vergnügen zugehört haben. Für diesmal ließ sie rasch den Schleier fallen und begab sich ins Serail.

Es ist eine bekannte Sache, daß Fürstenkinder überaus gelehrig sind und in allen wissenswerten Dingen riesenmäßige Fortschritte machen, wie unsere Tagebücher das oft laut urkunden, wenn die übrige Weltbürgerschaft sich nur mit Zwergschritten begnügen muß. Es war daher kein Wunder, daß die Tochter des Sultans von Ägypten, nach kurzem Zeitverlauf, den damaligen Lehrbegriff der abendländischen Kirche so gut innehatte, als der Lehrer ihr solchen mitteilen konnte, einige kleine Ketzereien auf und ab ungerechnet, die ohne Vorsatz seine Unkunde in Glaubenssachen mit einlaufen ließ. Diese Erkenntnis blieb nicht toter Buchstabe bei ihr, sondern erweckte das eifrige Verlangen zu proselytieren. Also wurde der Plan der Prinzessin nun insoweit abgeändert, daß sie nicht mehr darauf bestand, den Grafen zu bekehren, sondern sich von ihm bekehren zu lassen; doch alles das nicht sowohl in Hinsicht einer Glaubenseinigung als in Beziehung des beabsichteten Liebesvereins. Es kam jetzt alles auf die Frage an, wie dieses Vorhaben ins Werk zu richten sei. Sie zog den Grafen, und dieser den flinken Kurt, in den nächtlichen Konsultationen über diese wichtige Angelegenheit zu Rate, und der letztere votierte dahin, das Eisen zu schmieden, dieweil es heiß sei; der schönen Proselytin des Grafen Stand und Herkunft zu eröffnen, ihr den Vorschlag zu tun, mit ihm zu entfliehen; behend übers Meer ans europäische Gestade zu schwimmen und im Thüringerland miteinander als christliche Eheleute zu leben.

Der Graf klopfte diesem wohlausgedachten Plan seines weisen Knappen lauten Beifall zu, es war, als hätt er ihn seinem Herrn aus den Augen gelesen. Ob die Ausführung mit Schwierigkeiten würde verknüpft sein oder nicht, das wurde beim ersten Feuer des romantischen Entwurfs nicht in Erwägung gezogen: Die Liebe trägt alle Berge eben, springt über Mauern und Gräben, hüpft über Abgründ und Schluchten und setzt über einen Schlagbaum mit eben der Leichtigkeit als über einen Strohhalm. In der nächsten Lehrstunde eröffnete der Graf der geliebten Katechumena den gefaßten Anschlag: „Du Abglanz der Heiligen Jungfrau", redete er sie an, „vom Himmel erkoren aus einem verworfenen Volk, über Irrwahn und Vorurteil zu siegen und Teil und Erbe zu empfangen im Wohnplatz der Sonne, hast du den Mut, deinem Vaterlande zu entsagen – so bereite dich zur schnellen Flucht. Ich will dich gen Rom geleiten, wo der Himmelspförtner, Sankt Peters Statthalter, hauset, dem die Schlüssel zur Himmelstür anvertrauet sind, daß er dich aufnehme in den Schoß der Kirche und das Bündnis unsrer Liebe segne. Fürchte nicht, daß deines Vaters mächtiger Arm uns erreichen werde: Jede Wolke über unserm Haupte wird ein Schiff sein, mit einer Besatzung von Engelheerscharen, mit diamantnen Schilden und feurigen Schwertern bewaffnet, die, sterblichen Augen zwar unsichtbar, aber mit Kraft und Stärke gerüstet, zu deiner Hut und Wacht verordnet sind. Auch will ich dir nicht verhalten, daß ich durch Glück und Geburt das bin, wozu mich die höchste Gunst des Sultans erheben könnte: Ich bin ein Graf, das ist ein geborner Bey, der über Land und Leute regieret. Die Grenzen meiner Herrschaft umschließen Städte und Flecken, auch Paläste und feste Bergschlösser. Mir gehorchen Ritter und Knappen, auch Roß und Wagen sind zu meinem Dienst bereit. Du sollst in meinem Vaterlande, von keinen Mauern eines Serails umschlossen, frei herrschen und regieren als eine Königin."

Diese Rede des Grafen dünkte der Prinzessin eine Botschaft vom Himmel zu sein, sie setzte kein Mißtrauen in die Zuverlässigkeit seiner Worte, und es schien ihr zu schmeicheln, daß die schöne Ringeltaube nicht in einem Hänflingsnest, sondern bei einem Gefieder von der Sippschaft der Adler nisten würde. Ihre warme Phantasie war mit so süßen Erwartungen angefüllt, daß sie sich mit der Bereitwilligkeit der Kinder Israels zum Ausgang aus Ägypten bequemte, gleichsam als ob ein neues Kanaan, in einem andern Weltteil, jenseits des Meeres ihrer wartete. Sie würde, im Vertrauen auf den Schutz der ihr verheißenen unsichtbaren Leibwache, alsbald ihrem Geleitsmann außerhalb der Ringmauern des Palastes gefolgt sein, wenn dieser sie nicht belehret hätte, daß noch mancherlei Zubereitungen erforderlich wären, ehe das große Vorhaben mit Hoffnung eines glücklichen Erfolgs könnte ausgeführt werden.

Unter allen Kapereien zu Wasser und zu Lande ist keine mißlicher und mit mehr Schwierigkeiten verbunden, als dem Großherrn seine Favoritin aus den Armen wegzustehlen; einen solchen Meisterstreich kann nur die wildjährende Einbildungskraft eines W-z-ls träumen, und er kann auch nur einem Kakerlak gelingen. Das Beginnen des Grafen Ernst von Gleichen, des Sultans von Ägypten Tochter zu entführen, hatte indessen nicht weniger Schwierigkeiten, und weil doch beide Helden gewissermaßen in Konkurrenz kommen – so scheint das Wagestück des letztern ungleich dreister, weil alles dabei einen natürlichen Gang nahm und sich keine dienstfertige Fee ins Spiel mischte; gleichwohl lief der Erfolg des ähnlichen Unterfangens, bei dem einen so wie bei dem andern, nach Wunsch ab. Die Prinzessin füllte ihr Schmuckkästlein reichlich mit Juwelen an, vertauschte ihr königliches Gewand mit einem Kaftan und schlüpfte eines Abends unter der Geleitschaft ihres Geliebten, seines getreuen Knappen und des dämischen Wasserträgers, unbemerkt aus dem Palast zum Garten hinaus, um die weite Reise ins ferne Abendland anzutreten.

Des Fräuleins Abwesenheit konnte nicht lange verborgen bleiben, ihre Frauenzimmer suchten sie, nach dem Sprichwort, wie eine Stecknadel, und da man sie nicht fand, war die Bestürzung im Serail allgemein. Es war schon dies und das über die geheimen Audienzen des Bostangi gemunkelt worden, man reihte Vermutung und Tatsache aneinander, und daraus entstand freilich keine Perlenschnur, sondern die schauderhafte Entdeckung des eigentlichen Vorganges der Sache. Der Diwan der Damen konnte nicht umhin, höhern Orts davon Bericht zu erstatten. Der Vater Sultan, dem die tugendsame Melechsala, alles wohl erwogen, das Herzleid hätte ersparen können, landflüchtig zu werden, um die Emplette eines Heilgenscheins zu machen, gebärdete sich bei diesem Präadvis wie ein ergrimmter Löwe, der fürchterlich die braune Mähne schüttelt, wenn er durch das Getöse der Jagd und das Gebell der Hunde aus seinem Lager aufgeschreckt wird. Er schwur beim Barte des Propheten dem ganzen Serail den Untergang, wenn bei Sonnenaufgang die Prinzessin nicht wieder in der väterlichen Gewalt wäre. Die mameluckische Leibwache mußte aufsitzen, um auf den Landstraßen von Kairo nach allen vier Himmelsgegenden der Fliehenden nachzueilen, und tausend Ruder peitschten den breiten Rücken des Nils, um sie einzuholen, im Fall sie den Weg zu Wasser genommen hätte.

Bei solchen Anstalten war's unmöglich, dem weitreichenden Arm des Sultans zu entrinnen, wenn der Graf nicht das Geheimnis besaß, sich nebst seiner Reisegesellschaft zu verunsichtbaren, oder die Wundergabe, ganz Ägypten mit Blindheit zu schlagen. Allein von diesen Talenten war ihm keines verliehen. Nur der flinke Kurt hatte einige Maßregeln genommen, die in Ansehung des Effekts die Stelle der Wunder allenfalls vertreten konnten. Er verunsichtbarte die flüchtige Karawane durch die Finsternis eines dunkeln Kellers in dem Haus des großen Schweißtreibers Adullam. Dieser jüdische Hermes begnügte sich nicht daran, die Heilkunde mit gutem Fortgang zu treiben, sondern wucherte auch mit der Gabe, die er aus der Erbschaft seiner Väter empfangen hatte, und ehrte den Merkur in der Qualität eines Schutzpatrons der Ärzte, der Kaufleute und Diebe. Er trieb einen großen Spezerei- und Kräuterhandel mit den Venedigern, der ihm vielen Reichtum erworben hatte.

Der treue Knappe hatte diesen ehrlichen Israeliten, der sich für Geld und Geldeswert zu jeder Tat bereitfinden ließ, ohne ihre Moralität zu untersuchen, durch ein Kleinod aus dem Schmuck-kästlein der Prinzessin gewonnen, die Spedition des Grafen, dessen Stand und Vorhaben ihm unverhohlen blieb, nebst dreien von seinen Dienern auf ein venedisches Schiff, das zu Alexandrien in Ladung gelegt hatte, zu übernehmen; doch blieb es ihm weislich verborgen, daß er die Tochter seines Herrn konterband machen und heimlich aus dem Land praktizieren sollte. Da er den zu versendenden Warentransport in Augenschein nahm, fiel ihm zwar die Gestalt des schönen Jünglings auf; doch dacht er nichts Arges dabei und hielt ihn für den Pagen des Ritters. Bald darauf verbreitete sich das Gerücht über die Stadt, die Prinzessin Melechsala sei verschwunden: Da gingen ihm die Augen auf, tödlicher Schrecken bemächtigte sich seiner Sinne also, daß ihm der graue Bart anfing zu beben, und er hätte wohl gewünscht, mit diesem gefährlichen Handel nichts zu tun zu haben. Jetzt war's zu spät, seine eigene Sicherheit erforderte nun, alle Schlauheit aufzubieten, das halsbrechende Geschäft glücklich zu

beendigen. Zuvörderst legte er der unterirdischen Hausgenossenschaft eine strenge Quarantäne auf, und nachdem die erste
Nachforschung vorüber, die Hoffnung, die Prinzessin wieder aus-
findig zu machen, ziemlich verschwunden, und der Eifer, sie aufzusuchen, erkaltet war, packte er die ganze Karawane säuberlich
in vier Kräuterballen, lud sie auf ein Nilschiff und schickte sie,
nebst einem Frachtbrief unter Gottes Geleit, sicher und wohlbe-

halten nach Alexandrien, wo sie, sobald der Venediger die hohe See gewonnen hatte, des engen Gewahrsams in den Kräutersäcken[6] samt und sonders entledigt wurden.

Ob in einem prächtigen Wolkenzug die himmlische Trabantengarde, mit feurigem Schwert und Schild gerüstet, dem wogenden Schiff folgte, das läßt sich, wegen ihrer Unsichtbarkeit, zwar nicht augenscheinlich dokumentieren: Gleichwohl sind gewisse Anzeichen vorhanden, welche die Sache glaubhaft machen. Alle vier Winde des Himmels schienen sich zu einer glücklichen Seereise vereinigt zu haben; die widrigen hielten den Atem zurück, und die günstigen bliesen so lustig in die Segel, daß das Schiff pfeilgeschwind die sanft spielenden Wellen furchte. Als der freundliche Mond die wachsenden Silberhörner zum zweiten Male aus den Wolken hervorstreckte, lief der Venediger wohlgemut in dem Hafen seiner Vaterstadt ein.

Der wachsame Lauerer der Gräfin Ottilia befand sich noch immer daselbst und ließ die fruchtlose Mühe vergeber Nachfrage sich nicht abschrecken, seine Diäten zu mehren und alle Passanten aus der Levante fleißig zu examinieren. Er befand sich gerade auf seinem Posten, da der Graf nebst der schönen Melechsala ans Land stieg. Er hatte die Physiognomie seines Herrn in so gutem Andenken, daß er sich vermaß, ihn unter tausend unbekannten Gesichtern herauszufinden. Indes machten ihn die fremde Tracht und der Finger der Zeit, der in sieben Jahren an der Gestalt manches ändert, einige Augenblicke zweifelhaft. Um seiner Sache gewiß zu werden, nahte er sich zu dem Gefolge des fremden Ankömmlings, trat den getreuen Knappen an und frug:

„Kamerad, woher des Landes?"

Der flinke Kurt freute sich, einen Landsmann anzutreffen, der ihn in seiner Muttersprache anredete, fand aber nicht für gut, einem Unbekannten Rede zu stehen, und antwortete kurzab: „Aus der See."

„Wer ist der stattliche Junker, dem du folgst?"

„Mein Herr."

„Aus welcher Gegend kommt ihr?"

„Von Sonnenaufgang."

„Wo gedenket ihr hin?"

„Nach Sonnenniedergang."

„In welche Provinz?"

„In unsre Heimat."

„Wo ist die?"

„Hundert Meilwegs ins Land hinein."

„Wie heißest du?"

„Springinsfeld grüßt mich die Welt. Ehrenwert heißt mein Schwert. Zeitvertreib namt sich mein Weib. Spät es tagt, ruft sie die Magd. Schlecht und recht nennt sich der Knecht. Sausewind tauft ich mein Kind. Knochenfaul schelt ich den Gaul. Sporenklang heißt sein Gang. Höllenschlund lock ich den Hund. Wettermann kräht mein Hahn. Hüpf im Stroh heißt mein Floh. Nun kennst du mich mit Weib und Kind und all meinem Hausgesind."

„Du scheinst mir ein loser Gesell zu sein."

„Ich bin kein Gesell, denn ich treibe kein Handwerk."

„Gib Bescheid auf eine Frage."

„Laß sie hören."

„Hast du neue Mär von Graf Ernst von Gleichen aus dem Orient?"

„Warum fragst du ?" – „Darum."

„Lirum, Larum! Warum: darum?"

„Dieweil ich ausgesandt bin in alle Welt von der Gräfin Ottilia, seiner Gemahlin, ihr zu verkundschaften, ob ihr Herr noch am Leben und in welchem Winkel der Erde er zu finden sei."

Diese Antwort setzte den flinken Kurt in einige Verwirrung und stimmte ihn auf einen ganz andern Ton. „Harre, Landsmann", sprach er, „vielleicht weiß der Junker Bescheid von der Sache." Alsbald ging er zum Grafen und raunte ihm die neue Zeitung ins Ohr, bei dem sich eine sehr komplizierte Empfindung darüber regte, woran Freude und Bestürzung gleichen Anteil hatten. Er merkte, daß ihn sein Traum oder die Deutung desselben betrogen hatte und daß ihm das Konzept, sich mit der schönen Reisegefährtin zu vermählen, leicht dürfte verrückt werden. Aus dem

Stegreif wußte er nicht gleich, wie er sich bei diesem verwirrten Handel nehmen sollte, doch überwog das Verlangen, zu erfahren, wie es daheim in seinem Hause stünde, alle Bedenklichkeiten. Er winkte dem Emissarius und erkannte in ihm seinen alten Hofdiener, der mit Freudentränen die Hand seines wiedergefundenen Herrn benetzte und viele Worte machte, was die Gräfin für Jubel anheben würde, wenn sie die frohe Botschaft von der Rückkehr ihres geliebten Gemahls aus dem Heiligen Lande vernähm. Der Graf ließ sich von ihm in die Herberge geleiten, wo er die sonderbare Lage seines Herzens in Erwägung zog und ernsthafte Betrachtungen darüber anstellte, welche Wendung der angesponnene Liebeshandel mit der schönen Sarazenin nehmen werde. Darauf wurde unverzüglich der lauersame Kundschafter an die Gräfin mit einer Depesche abgefertigt, welche einen getreuen Bericht von den Schicksalen des Grafen in der Sklaverei und seiner Erledigung durch die Unterstützung der Tochter des Sultans von Ägypten abstattete; wie sie dem Grafen zuliebe Thron und Vaterland verlassen, unter der Bedingung, daß er sie heiraten sollte, welches er ihr auch, durch einen Traum irregeführt, verheißen habe. Dadurch suchte er seine Gemahlin nicht nur auf eine zweite Teilhaberin am gräflichen Ehebett vorzubereiten, sondern suchte auch unter Anführung vieler triftiger Gründe um ihre Einwilligung hierzu nach.

Frau Ottilia stand eben am Fenster, mit ihrem Witwenschleier angetan, als der Botschafter zum letzten Male den atemlosen Gaul anspornte, den steilen Burgweg heranzutraben. Ihr scharfes Auge erkannte ihn schon in der Ferne, und weil er auch kein Dreischrittseher war, deren es zu Zeiten der Kreuzzüge überhaupt nur wenige gab, so erkannte er die Gräfin gleichfalls, hob die Brieftasche hoch über sein Haupt, schwenkte sie wie eine Standarte zum Zeichen guter Botschaft, und sie verstand dieses Signal so gut, als wenn der Synthematograph von Hanau dabei im Spiel gewesen wär. „Hast du ihn funden, den Mann meines Herzens?" rief sie dem Kommenden entgegen. „Wo weilt er, daß ich mich aufmache, ihm den Schweiß von der Stirn zu trocknen

und ihn rasten zu lassen in meinen treuen Armen von der müh-
seligen Reise?" – „Glück zu, gestrenge Frau", antwortete der
Briefträger. „Euer Gemahl ist wohlauf. Ich hab ihn funden in der
Wasserstadt der Venediger, von wannen er mich mit diesem Brief
unter seiner Hand und Siegel hat hergesandt, Euch seine Ankunft
daselbst zu vermelden." Die Gräfin konnte nicht eilig gnug den
Brief des Siegels entledigen, und wie sie ihres Herrn Schriftzü-
ge erblickte, war ihr das Odem des Lebens zum Leben. Dreimal
drückte sie ihn an die klopfende Brust, und dreimal berührte sie
ihn mit schmachtenden Lippen. Drauf strömte ein Platzregen von
Freudentränen auf das entfaltete Pergament, wie sie zu lesen anhob; allein je weiter sie las, je sparsamer rannen ihre Zähren, und
ehe die Lektüre noch beendigt war, versiegte die Tränenquelle
ganz und gar.

Die Kontenta des Briefs konnten die gute Dame freilich nicht
alle auf gleiche Weise interessieren; der von ihrem Eheherrn in
Vorschlag gebrachte Partagetraktat seines Herzens hatte nicht
das Glück, ihren Beifall zu erhalten. Sosehr bei der heutigen Welt
die Teilungssucht überhandgenommen hat, daß geteilte Liebe
und geteilte Provinzen das Abzeichen unsers Zeitalters worden
sind, sowenig war jene im Geschmack der Vorwelt, wo jedes
Herz seinen eignen Schlüssel hatte und wo ein Hauptschlüssel,
der mehrere schloß, für einen schändlichen Diebsdietrich gehalten wurde. Die Intoleranz der Gräfin in Ansehung dieses Punktes war wenigstens ein redender Beweis ihrer ungefärbten Liebe. „Ach, der verderbliche Kreuzzug", rief sie aus, „ist die einzige
Ursach all dieses Unheils! Ich habe der heilgen Kirche ein Brot
geliehen, von welchem die Heiden gezehret haben, und emp-
fange nun ein Bröcklein davon wieder." Eine nächtliche Vision
im Traum besänftigte indessen ihr Gemüt, und ihre ganze Denkungsart erhielt dadurch eine andere Richtung. Die Phantasie bildete ihr im Schlafe vor, es zögen zwei Pilger vom Heilgen Grabe den gekrümmten Burgweg herauf und begehrten eine
Nachtherberge, welche sie ihnen gutmütig verwilligte. Der eine
schlug seine Nebelkappe auf, und sieh da, es war der Graf, ihr

Herr, den sie freundlich umhalste und große Freude ob seiner Wiederkehr empfand. Die Kindlein traten herein, welche er in die väterlichen Arme schloß, sie herzte und sich ihres Wachstums und Gedeihens freute. Indes tat sein Gefährte die Reisetasche auf, zog daraus hervor goldne Ketten und herrliches Geschmeide von Edelsteinen und hängte sie den Kleinen um den Hals, die an diesen glänzenden Geschenken großen Gefallen trugen. Die Gräfin bewunderte selbst diese Freigebigkeit und frug den verkappten Fremdling, wer er sei. Er antwortete: „Ich bin der Engel Raphael, der Geleitsmann der Liebenden, und habe deinen Gemahl aus fernen Landen wieder zu dir bracht." Das Pilgerkleid verschwand, und es stand vor ihr eine glänzende Engelsgestalt, mit einem himmelblauen Leibrock bekleidet und zwei goldnen Flügeln an den Schultern. Sie erwachte darüber, und in Ermangelung einer ägyptischen Sibylle erklärte sie sich selbst den Traum, so gut sie konnte, fand so viel Ähnlichkeit zwischen dem Engel Raphael und der Prinzessin Melechsala, daß sie nicht zweifelte, die letztere sei unter der Gestalt des erstern ihr im Traum vorgebildet worden; zugleich zog sie in Erwägung, daß ohne den Beistand derselben ihr Gemahl schwerlich jemals der Sklaverei würde entronnen sein. Weil nun dem Eigentümer eines verlornen Gutes ziemt, mit dem ehrlichen Wiederbringer sich abzufinden, der es ganz für sich hatte behalten können, fand sie keinen Anstand, zu williger Abtretung der Halbscheid ihrer ehelichen Gerechtsame sich zu entschließen. Unverzüglich wurde der wegen seiner Wachsamkeit reichlich belohnte Hafenkapitän nach Welschland zurückbeordert, mit dem förmlichen Konsens der Gräfin für ihren Gemahl, das Kleeblatt seiner Ehe vollständig zu machen.

Es beruhte nur darauf, ob Vater Gregorius in Rom seine Benediktion zu dieser Matrimonialanomalie zu erteilen und zugunsten des Grafen, durch einen Machtspruch, Form, Wesen und Gestalt des Ehesakraments umzuschmelzen geneigt sei. Die Wallfahrt ging deshalb von Venedig nach Rom, woselbst Fräulein Melechsala dem Koran feierlich entsagte und sich in den Schoß der Kirche begab. Der Heilige Vater bezeigte über diese geistliche Akquisition so viel Freude, als wenn das gesamte Reich des Antichrists zerstöret oder dem römischen Stuhl unterwürfig gemacht worden wär, und ließ nach der Taufhandlung, bei welcher Gelegenheit sie ihren sarazenischen Namen mit dem orthodoxern Namen Angelika verwechselte, ein pompöses Tedeum in der St. Peterskirche anstimmen. Diesen günstigen Aspekt vermeinte Graf Ernst zu seiner Absicht benutzen zu müssen, ehe die gute Laune des Papstes verdünstete. Er brachte sein Matrimonialpetitum unverzüglich bei der Behörde an: Allein wie gebeten, abgeschlagen. Die Gewissenhaftigkeit des Inhabers von St. Peters Stuhl war so groß, daß er es für eine gröbere Ketzerei hielt, ein eheliches Kleeblatt als den Tritheismus zu proponieren. Soviel scheinbare Gründe der Graf für sich anzuführen hatte, um eine Ausnahme von der gewöhnlichen Eheregel dadurch zu bewirken – sowenig vermochten sie den exemplarischen Papst zu bewegen, ein Auge seiner Gewissenhaftigkeit diesmal zuzudrücken und die begehrte Dispensation zu erteilen, welches dem Grafen großen Kummer und Herzeleid machte. Sein schlauer Anwalt, der flinke Kurt, hatte indessen ein herrliches Expediens ausgedacht, wie sich sein Herr die schöne Neubekehrte könnte ehelich beilegen lassen, ohne daß der Papst oder die ganze werte Christenheit ein Wort dagegen einwenden dürften, nur wagte er nicht damit laut zu werden, aus Sorge, die Ungnade des Grafen damit zu verwirken. Endlich ersah er doch seine Gelegenheit und rückte mit der Sprache heraus. „Lieber Herr", sprach er, „kümmert Euch nicht sosehr über des Papstes harten Sinn. Wenn ihm auf der einen Seite nichts abzugewinnen ist, so müßt Ihr ihm auf der andern beizukommen suchen: Es geht ja mehr als ein Weg ins Holz. Wenn der Heilige Vater ein zu zartes Gewissen hat, Euch zu gestatten, zwei Weiber zu nehmen, so ist's Euch auch vergönnet, ein zartes Gewissen zu haben, ob Ihr schon nur ein Laie seid. Das Gewissen ist ein Mantel, der jede Blöße deckt und dabei noch die Bequemlichkeit hat, daß er sich leicht nach dem Winde drehen läßt; jetzt, da dieser Euch konträr ist, müßt Ihr den

Mantel auf die andere Seite nehmen. Sehet zu, ob Ihr nicht mit der Gräfin Ottilia in einem verbotenen Grad verwandt seid, ist dem also, wie das leicht zu berechnen ist, wenn Ihr ein zartes Gewissen habt, so geb ich Euch gewonnen Spiel. Löset einen Scheidebrief, wer kann Euch dann wehren, das Fräulein zu heiraten?" Der Graf hatte den weisen Knappen so lange angehört, bis er den Sinn seiner Rede wohl begriffen hatte, drauf antwortete er mit zwei Worten kurz und deutlich: „Schurke, schweig!" In dem nämlichen Augenblick befand sich der flinke Kurt streckelang außerhalb der Tür und suchte nach ein paar Zähnen umher, die ihm bei dieser schnellen Expedition abgegangen waren. „Ach, der herrliche Zahn", rief er von außen, „ist das Opfer worden meiner treuen Dienstbeflissenheit!" Dieser Zahnmonolog führte den Grafen natürlich auf die Zurückerinnerung an seinen Traum. „Ach, der verwünschte Zahn", rief er von innen voll Unmut aus, „den ich im Traum verlor, ist Stifter all meines Ungemachs!" Sein Herz schwankte zwischen Vorwürfen einer begangenen Untreue an seiner liebevollen Gemahlin und einer verpönten Leidenschaft gegen die reizende Angelika wie eine Glocke, die von beiden Seiten einen Laut gibt, wenn sie einmal in Bewegung gesetzt ist. Mehr als die auslodernde Liebesflamme brannte und nagte ihn noch die Beule des Verdrusses, daß er die Unmöglichkeit vor Augen sah, der Prinzessin Wort zu halten und mit ihr das Ehebett zu beschreiten. Alle diese Unannehmlichkeiten führten ihn inzwischen auf den richtigen Erfahrungssatz, daß ein geteiltes Herz nicht eben die wünschenswerteste Sache sei und daß es unter diesen Umständen einem Liebenden beinahe ebenso zugute sei wie dem Esel Baldewein zwischen den beiden Heubündeln.

In dieser schwermütigen Lage verlor er sein joviales Ansehen gänzlich, er glich einem Lebenssatten, den an einem trüben Tag die Atmosphäre drückt, daß ihm der Spleen die Seele aus dem Leibe preßt. Fräulein Angelika vermerkte, daß das Antlitz ihres Geliebten nicht mehr war wie gestern und ehegestern, das betrübte sie innigst und bewegte sie zu dem Entschluß, einen Versuch zu wagen, ob es ihr besser gelingen würde, wenn sie den Dispensationshandel in eigner Person betrieb. Sie verlangte bei dem gewissenhaften Gregor Gehör und hatte nach vaterländischer Sitte ihr Gesicht dicht verschleiert. Kein römisches Auge hatte noch ihre Gestalt erblickt, ausgenommen der Priester, Johannes der Täufer, während der Amtsverrichtung. Der Papst empfing die neugeborne Tochter der Kirche mit aller gebührenden Achtung, bot ihr die Palme seiner rechten Hand und nicht den parfümierten Pantoffel zu küssen dar. Die schöne Ausländerin hob den Schleier ein wenig, die segnende Hand mit den Lippen zu berühren, dann öffnete sie den Mund und kleidete ihre Bitte in eine rührende Anrede. Doch diese Insinuation, durchs päpstliche Ohr, schien in der innern Organisation des Oberhauptes der Kirche keinen rechten Bescheid zu wissen, denn anstatt den Weg nach dem Herzen zu nehmen, ging sie zum andern Ohr wieder hinaus. Vater Gregor expostulierte lange mit der reizenden Supplikantin und vermeinte einen Ausweg zu finden, wie auf gewisse Art ihrem Verlangen nach der Vereinigung mit einem Geliebten Gnüge geschehen könnte, ohne daß die Kirchenordnung dabei ins Gedränge kam: Er proponierte ihr einen Seelenbräutigam, wenn sie zu der kleinen Abänderung des Schleiers sich entschließen wollte, den sarazenischen mit dem klösterlichen zu verwechseln. Dieser Vorschlag erweckte bei der Prinzessin plötzlich eine solche Schleierscheu, daß sie den ihrigen alsbald abriß, voller Verzweiflung vor den päpstlichen Fußschemel hinstürzte und mit aufgehobenen Händen und tränenvollen Augen den ehrwürdigen Vater beim heiligen Pantoffel beschwor, ihrem Herzen keine Gewalt anzutun und sie zu nötigen, es anderweit zu vergeben.

Der Anblick ihrer Schönheit war beredter als der Mund, setzte alle Anwesenden in Entzücken, und die Träne, die in dem himmlischen Auge perlte, fiel wie ein brennender Naphthatropfen dem Heiligen Vater aufs Herz, entzündete den kleinen Überrest von irdischem Zunder, der darinnen verborgen war, und erwärmte es zum Wohlwollen gegen die Bittende. „Stehe auf, geliebte Tochter", sprach er, „und weine nicht! Was im Himmel beschlossen ist, soll auf Erden an dir in Erfüllung gehen. In drei Tagen sollst du erfahren, ob deine erste Bitte an die heilige Kirche von der huldreichen Mutter zu gewähren stehet oder nicht." Drauf berief er eine Kongregation von allen Kasuisten in Rom zusammen, ließ jedem ein Laiblein Brot und eine Flasche Wein reichen und sie in die Rotunda einsperren, mit der Verwarnung, daß keiner daraus sollte entlassen werden, bis die Quästion einmütig von ihnen entschieden sei. Solange der Wein und die Semmeln vorhielten, gab's heftige Debatten, daß alle Heiligen, wenn sie wären beisammen in der Kirche gewesen, schwerlich so laut disputiert hätten. Das Pro und Contra wogte hin und her wie das Adriatische Meer, wenn der stürmische Südwind darüber weht. Sobald aber der Magen anfing, Worthalter in der Versammlung zu werden, war alles Ohr für ihn, und glücklicherweise schlug er sich auf die Partei des Grafen, der ein großes Gastmahl hatte zurichten lassen, die ganze kasuistische Klerisei damit zu bewirten, wenn das päpstliche Siegel von der Kirchtür würde abgelöst sein. Die Dispensationsbulle wurde in bester Form rechtens, gegen die Gebühr, ausgefertigt, wobei die schöne Angelika einen tiefen Griff, wiewohl mit Freuden, in die Schätze Ägyptens tat. Vater Gregor gab dem edlen Paar seinen Segen und verabschiedete die Liebenden ehesam. Sie zögerten nicht, das Patrimonium Petri zu verlassen, um die Domäne des Grafen zu erreichen, um daselbst ihre Vermählung zu vollziehen.

Als diesseits der Alpen Graf Ernst wieder vaterländische Luft atmete, tat das ihm sanft und wohl ums Herz. Er schwang sich auf seinen Neapolitaner, trabte, allein von dem dämischen Reisigen begleitet, frisch voran und ließ das Fräulein, unter der Bedeckung des flinken Kurts, in kleinen Tagereisen gemachsam nachziehen.

Hoch klopfte ihm das Herz im Busen, da er in blauer Ferne die drei Gleichischen Schlösser erblickte, er gedachte die gutmütige Gräfin Ottilia unvermutet zu überraschen; aber das Gerücht von seiner Ankunft war auf Adlersfittichen vor ihm

hergeflogen; sie zog ihm mit Junker und Fräuleins entgegen und begegnete, einen Feldweg von der Burg, ihrem Herrn in einer lustigen Aue, welche von dieser fröhlichen Zusammenkunft das Freudental heißt bis auf diesen Tag. Der Empfang war auf beiden Seiten so traulich und zärtlich, als wenn an keinen Partagetraktat jemals wäre gedacht worden, denn Frau Ottilia war ein rechtes Muster einer frommen Gattin, die dem Ehegebot, daß ihr Wille des Mannes Willen sollte unterworfen sein, ohne Auslegung gehorchte. Wenn's ja in ihrem Herzen zuweilen einen kleinen Aufruhr gab, zog sie nicht flugs die Sturmglocke, sondern tat Tür und Fenster zu, daß kein sterblich Auge hineinschauen und sehen konnte, was drinnen vorging, dann lud sie die empörte Leidenschaft vor den Richterstuhl der Vernunft, nahm sie unter den Gehorsam der Klugheit gefangen und legte sich eine freiwillige Buße auf.

Sie konnte es ihrem Herzen nicht vergeben, daß es über die Nebensonne, die an ihrem Ehehorizont glänzen sollte, gemurrt hatte; um dafür zu büßen, ließ sie im geheimen dreischläfrige Bettsponde zurichten von starken föhrnen Stollen, mit der Farbe der Hoffnung überzogen, und einer rundgewölbten Decke in Form eines Kirchhimmels, mit geflügelten pausbäckigen Engelsköpfen geziert. Auf der seidnen Matratze, die zum Prunk über die Flaumenpolster ausgebreitet war, präsentierte sich in künstlicher Stickerei der Engel Raphael, wie er ihr im Traum erschienen war, nebst dem Grafen im Pilgerkleide. Dieser redende Beweis von der zuvorkommenden ehelichen Gefälligkeit seiner Gemahlin rührte ihn in der Seele. Er hing an ihrem Halse und küßte sie außer Atem beim Anblick dieser Anstalten zur Vervollkommnung seiner Ehefreuden. „Herrliches Weib!" rief er mit Entzücken aus. „Dieser Liebestempel erhebt dich über Tausende deines Geschlechts, verkündet, als ein Ehrendenkmal, deinen Namen der Nachwelt, und solange noch ein Span von dieser Sponde übrig ist, werden die Männer ihren Gattinnen deine exemplarische Gefälligkeit anpreisen." Nach wenigen Tagen langte auch Fräulein Angelika glücklich an und wurde wie eine Königsbraut vom Grafen in reicher Hofgala empfangen. Frau Ottilia kam ihr mit offenem Herzen und Armen entgegen und führte sie, als die Mitgenossin aller ihrer Rechte, in das Residenzschloß ein. Der Zwitterbräutigam war unterdessen nach Erfurt zum Weihbischof gezogen, um die Trauung zu bestellen. Dieser fromme Prälat entsetzte sich ob diesem heterodoxen Anmuten nicht wenig und ließ sich vermerken, daß er solch Ärgernis in seinem Kirchsprengel nicht gestatten werde. Allein da Graf Ernst die päpstliche Dispensation unter dem Fischerring im Original produzierte, war ihm das ein Siegel auf den Mund; doch gaben seine bedenkliche Miene und sein Kopfschütteln deutlich zu verstehen, der Obersteuermann des Schiffleins der christgläubigen Kirche habe durch diese Vergünstigung geflissentlich ein Loch in den Kiel desselben gebohrt, davon zu befahren stehe, daß es unter Wasser tauchen und zu Trümmern gehen werde.

Die Vermählung wurde mit Prunk und Pracht vollzogen, Frau Ottilia, welche die Stelle der Hochzeitsmutter vertrat, hatte reichlich zugeschickt, und alle thüringischen Grafen und Ritter kamen weit und breit zusammen, diese ungewöhnliche Hochzeitsfeier mit begehen zu helfen. Ehe der Graf die schöne Braut zum Altar führte, tat sie ihr Schmuckkästlein auf und verehrte ihm den ganzen Schatz der Juwelen, soviel ihr die Dispensationsspesen davon übriggelassen hatten, zum Heiratsgute, und er versah sie dafür mit einer Leibrente auf Ehrenstein zur Gegensteuer. Die keusche Myrte schlang sich am Vermählungstag um eine güldne Krone, welchen Hauptschmuck die Tochter des Sultans, als ein Dokument ihrer hohen Geburt, beibehielt auf ihre Lebenszeit, weshalb sie auch von den Untertanen nur die Königin genannt und von ihrem Hofgesinde als eine Königin bedient und geehrt wurde.

Wer für fünfzig Guineen die teure Wollust erkauft hat, eine Nacht in Doktor Grahams himmlischem Bett in London zu rasten, nur der kann sich das Entzücken träumen, welches Graf Ernst von Gleichen empfand, als die dreischläfrige Bettsponde ihren elastischen Rumpf eröffnete, den Verlobten zweier Geliebten nebst seinem Komitat aufzunehmen. Nach so vielen kummervollen Nächten drückte ein bescheidner Schlummer der Gräfin Ottilia, an der Seite ihres wiedergefundenen Eheherrn, bald die Augen zu und verstattete ihm die unbeschränkte Freiheit, mit der zärtlichen Angelika nach aller Bequemlichkeit den Endreim auf Muschirumi zu suchen. Sieben Tage lang dauerte das hochzeitliche Wohlleben, und der Graf gestand, daß er dadurch reichlichen Ersatz für die sieben traurigen Jahre, die er im vergitterten Turm zu Großkairo zubringen mußte, erhalten habe, welches kein höfisches Kompliment zu sein scheint, das er seinen beiden getreuen Gattinnen machte, wenn anders der Erfahrungssatz richtig ist, daß ein einziger froher Tag den bittern Gram und Harm eines trübseligen Jahres versüßt.

Nächst dem Grafen befand sich bei diesem Wonnetraum niemand besser als sein getreuer Knappe, der flinke Kurt, der sich's bei reichbestellter Küch und Keller wohlsein ließ und den Freudenbecher hurtig leerte, welcher unter dem Hofgesinde fleißig herumging, wobei der volle Tisch das Ohr spitzte, wenn er, sobald der Magen befriedigt war, anfing, seine Abenteuer auszuleeren. Da aber die gräfliche Ökonomie wieder in das gewöhnliche frugale Gleis trat, begehrte er Urlaub, nach Ordruff zu wandern, seine Hausfrau daselbst heimzusuchen und ihr durch seine Heimkehr eine unvermutete Freude zu machen. Er hatte während der langen Abwesenheit seine Keuschheit aufs gewissenhafteste bewahrt und sehnte sich nun nach der billigen Belohnung eines so exemplarischen Wandels durch den Genuß erneuerter Liebe. Die Phantasie malte ihm das Bild seiner tugendbelobten Rebekka mit den lebhaftesten Farben vor Augen, und je näher er den Mauern kam, die sie umschlossen, desto heller wurde dieses Kolorit. Er sah sie mit allen den Reizen vor sich stehen, die ihn am Hochzeitstag entzückt hatten; er sah, wie das Übermaß von Freude über seine glückliche Ankunft ihre Lebensgeister überwältigen und wie sie, mit stummer Betäubung, ihm in die Arme sinken werde.

Von diesem schönen Schattenspiel umgaukelt, gelangte er an das Tor seiner Vaterstadt, ohne es zu bemerken, bis der wachthabende Schildbürger den Schlagbaum vorzog und den Fremdling auskundschaftete, wer er sei, was für Verrichtungen er in der Stadt habe und ob er in friedlicher Absicht käme. Der flinke Kurt gab auf alles redlichen Bescheid und trabte nun gemachsam, damit des Gauls Hufschlag seine Ankunft nicht zu früh verraten möchte, die Straße herauf. Er band das Pferd an den Pfortenring und stahl sich ohne Geräusch in den Hof seiner Wohnung, wo ihn der alte wohlbekannte Kettenhund zuerst mit freudigem Gebell empfing. Doch wunderte er sich baß, als er zweier munterer vollwangiger Knaben, wie die Engel gestaltet am Betthimmel in der Gleichischen Burg, ansichtig wurde, die auf der Hausdiele herumsprangen. Ehe er Zeit hatte darüber zu spekulieren, trat die Hausfrau züchtiglich aus der Tür zu sehen, wer da sei. Ach, welch ein Abstand zwischen Ideal und Original! Der Zahn der Zeit hatte in den sieben Jahren unbarmherzig an ihren Reizen genagt; doch waren die Grundzüge der Physiognomie insoweit verschont geblieben, daß sie dem Auge des Kenners noch so kenntlich waren wie das vormalige Gepräge einer verblichenen Münze. Die Freude des Wiedersehens verschleierte leicht die Mängel der Gestalt, und der Gedanke, daß der Gram über seine Abwesenheit das glatte Gesicht des lieben Weibes also ge-furcht habe, versetzte den gutmütigen Ehekonsorten in eine empfindsame Stimmung; er umhalste sie mit großer Inbrunst und sprach: „Willkommen, trautes Weib, vergiß all deines Herzeleids. Sieh da! Ich lebe noch: Du hast mich wieder!"

Die fromme Rebekka erwiderte diese Zärtlichkeit mit einem derben Rippenstoß, daß der flinke Kurt davon bis an die Wand taumelte, erhob groß Geschrei und rief dem Gesinde, als sei ihrer Keuschheit Gewalt geschehen, schalt und schmähte und gebärdete sich wie eine Höllenfurie. Der zärtliche Ehemann entschuldigte gleichwohl diesen unzärtlichen Empfang damit, daß er die Ursache davon der beleidigten Delikatesse seiner züchtigen Hausfrau durch den dreisten Bewillkommnungskuß zuschrieb, er meinte, er werde von ihr verkannt, erschöpfte seine Lunge, sie aus diesem scheinbaren Irrtum zu ziehen; allein er predigte tauben Ohren und wurde bald belehrt, daß hier kein Mißverstand in der Sache obwalte. „Du schändlicher Kerl!" erhob sie ihre kreischende Stimme. „Nachdem du dich sieben lange Jahre in der weiten Welt herumgetrieben und mit fremden Weibern gebuhlt hast, meinst du mein keusches Ehebett wieder zu beschreiten? Wir sind geschiedne Leute! Hab ich dich nicht an drei Kirchtüren öffentlich zitieren lassen, und bist du nicht deines ungehorsamlichen Ausbleibens halber für mausetot erklärt? Ist mir von der Obrigkeit gestattet worden, meinen Witwenstuhl zu verrücken und den Bürgermeister Wipprecht zu heiraten? Wir leben bereits ins sechste Jahr als Mann und Frau zusammen, und diese beiden Knaben sind ein Segen unserer Ehe. Da kommt der Störenfried und will mein Haus verwirren! Wo du dich nicht stehenden Fußes fortpackst, soll dich der Magistrat stöcken und pflöcken und an den Pranger stellen lassen, zum Exempel aller solcher Irrläufer, die ihre Weiber böslich verlassen." Dieser Willkommen seiner weiland geliebten Ehehälfte war dem flinken Kurt ein Dolchstich ins Herz, die Galle ergoß sich, wie ein Wehr, ins Blut. „O du treulose Metze!" entgegnete er. „Was hält mich, daß ich dir und deinen Wechselbälgen nicht augenblicks den Hals umdrehe? Gedenkest du also deiner Zusage und des oft wiederholten Schwurs im traulichen Ehebett, daß dich der Tod nicht von mir scheiden sollte? Verhießest du mir nicht, ungefordert, wenn deine Seele gleich vom Mund auf gen Himmel führ und ich im Fegfeuer schmachtete, du wolltest vor der Himmelstür wieder umkehren und zu mir herabsteigen, mir kühle Luft zuzufächeln, bis ich aus den Flammen der Vorhölle erlöset wär? Daß dir doch die lügenhafte Zunge verschwarzte, du Galgenaas!"

Obgleich der Primadonna von Ordruff eine geläufige Zunge verliehen war, die auch keineswegs auf die Verwünschung des ungestümen Eheprätendenten erschwarzte: So fand es Dame Rebekka doch nicht gut, sich mit ihm in weitern Wortwechsel einzulassen, sondern gab dem Hausgesinde einen bedeutsamen Wink, worauf Knechte und Mägde über den flinken Kurt herfielen und ihn brevi manu aus dem Hause warfen, bei welchem Aktus der häuslichen Jurisdiktion sie selbst mit dem Kehrbesen den verabschiedeten Ehegespan zur Tür hinausfächelte. Halb geradebrecht schwang er sich wieder aufs Roß und flog spornstreichs die Straße hinab, die er so bedachtsam vor wenigen Minuten heraufgezogen war.

Als sich auf dem Heimweg sein Blut anfing zu verkühlen, berechnete er Gewinn und Verlust und gab sich über den letztern zufrieden: Denn er befand, daß er eigentlich nichts eingebüßt hatte als den Trost, in dem Zustand der Seele nach dem Tode der Kühlung eines Sonnenwedels sich zu erfreuen. Er zog nimmer wieder nach Ordruff, sondern blieb auf dem Schlosse des Grafen von Gleichen seine Lebenszeit und war ein Augenzeuge der unglaublichsten Begebenheit, daß zwei Damen sich in die Liebe eines Mannes teilten ohne Zwist und Eifersucht und sogar unter einem Betthimmel. Die schöne Sarazenin blieb kinderlos, liebte und pflegte jedoch die Kinder ihrer Mitgenossin als die ihrigen und teilte mit ihr die Sorgen der Erziehung. Sie war von dem dreiblättrigen Kleeblatt dieser glücklichen Ehe das erste, welches im Herbste des Lebens dahinwelkte, ihr folgte die Gräfin Ottilia, und der betrübte Witwer, dem's nun im Schlosse und in dem geräumigen Bett zu weit und einsam war, machte nach wenig Monaten den Beschluß. Die von den gräflichen Konsorten bei Lebzeiten festgesetzte Ordnung im Ehebett erlitt auch nach dem Tode keine Veränderung. Sie ruhen alle drei in einem Grab vor dem Gleichischen Altar in der Sankt Peterskirche zu Erfurt auf dem Berge, allwo ihr Grabmal noch zu sehen ist, mit einem Steine bedeckt, auf dem die edle Bettgenossenschaft nach dem Leben abgebildet ist. Zur Rechten die Gräfin Ottilia mit einem Spiegel in der Hand, dem Sinnbild ihrer lobwürdigen Klugheit, zur Linken die Sarazenin mit einer Königskron geschmückt, und in der Mitte der Graf, auf sein Wappenschild, den gelöwten Leoparden sich lehnend. Die berühmte dreischläfrige Sponde wird noch im alten Schlosse, in der sogenannten Junkernkammer, aufbewahrt, und ein Span davon statt des Blankscheits in dem Schnürleib getragen, soll die Kraft haben, alle Regungen von Eifersucht in dem weiblichen Herzen zu zerstören.

[1] Zu Zeiten des Grafen von Gleichen war es gewöhnlich, alle Nichtchristen, folglich auch die Mohammendaner, Heiden zu nennen.

[2] Kalaf, ein Strauch, aus dessen Blüten ein Wasser gezogen wird, das mit unserm Kirsch- oder Lindenblüten-Wasser übereinkommt und in Hauskuren häufig gebraucht wird. Bahobab, eine Frucht, welche die Ägypter sehr lieben.

[3] Verschiedene Arten von Nilschiffen.

[4] Obergärtner.

[5] Hyacinthus muscari.

[6] Die Erfindung, in einem Sack zu reisen, wurde zu Zeiten der Kreuzzüge mehrmals benutzt. Dietrich der Bedrängte, Markgraf

zu Meißen, kehrte unter eben diesem Inkognito aus Palästina in seine Erblande zurück, um den heimlichen Nachstellungen Kaiser Heinrichs des Sechsten, der eine Absicht auf die ergiebigen freibergischen Bergwerke hatte, zu entgehen.

Der Schatzgräber

Am Dienstag nach Bartholomäi des Jahrs, als Kaiser Wenzel mit der schönen Bademagd der Prager Haft entfloh, hielt nach altem Herkommen die Schäfergilde zu Rothenburg in Franken, soviel Teilhaber drei Meilweges im Umkreis um diese Reichsstadt weideten, den jährlichen Umgang, und nachdem sie in der Sankt-Wolfgangs-Kirche vor dem Klingentor die Messe gehört, zogen sie ins Wirtshaus zum Güldnen Lamm, lebten den ganzen Tag in Saus und Schmaus, flöteten und schalmeieten und hielten ihren Schäfertanz auf offnem Markte bis zu Sonnenuntergang. Das junge Volk verlief sich dann wieder aus der Stadt; die alten wohlhabenden Hirten aber saßen beim Zechgelag beisammen um die Weinkanne bis tief in die Nacht, und wenn der Wein das Band der Zunge gelöst hatte, wurden sie laut und plauderten von mancherlei Dingen. Einige machten auch Wetterbeobachtungen, trotz unsern luftigen Windspähern, und ihre Prophezeiungen aus der Laune, mit welcher Maria übers Gebirge gegangen war, aus dem heitern oder trüben Aspekt des Siebenschläfers und aus der Blüte des Heidenkrauts trafen richtiger zu als der Hahnenruf des Schleswiger Wetterpropheten, ob sie gleich nicht begehrten, ihr Licht dem gesamten deutschen Vaterlande aufzustecken, sondern gleichsam nur unter dem Scheffel weissagten. Andere erzählten die Abenteuer ihrer Jugend, wie sie unter dem Beistand des getreuen Phylax den Wolf von der Herde abgewehrt und seinen Schreckensbruder, den grimmigen Werwolf, durch den kräftigen Andreassegen weggescheucht hatten oder wie sie in Wüsten und Wäldern von Hexen und Gespenstern zur Nachtzeit gefoppt und geängstigt worden waren; was sie für Wunderdinge gehört, gesehen und erfahren hatten. Diese Erzählungen waren zum Teil so grausend, daß den städtischen Zuhörern davon die Haut schauerte und die Haare zu Berge stiegen: Denn eine löbliche gemeine Bürgerschaft nahm an dem ländlichen Schäferfest in den Stunden des Feierabends vergnügten Anteil. Viele Zünftler und Handwerker begaben sich in die Trinkstube des Wirtshauses zum Güldnen Lamm, zahlten einen Schoppen Wein, hörten diesen Schnack mit an und gaben ihr Wort auch mit dazu.

Am besagten Abend war der silberbehaarte Martin, ein munterer Greis von achtzig Jahren, der wie der fromme Erzhirte Jakob ein ganzes Schäfergeschlecht aus seinen Lenden hatte hervorsprossen sehen, über alle Maßen heiter und gesprächig. Er ließ sich, da es schon anfing, in der Trinkstube an Gästen licht zu werden, noch einen Becher Fernewein zum Schlaftrunk zapfen. Es tat ihm wohl, daß das Geräusch um ihn her sich verminderte und daß er nun auch zu Wort kommen konnte. „Kameraden", hob er an, „ihr habt viel von euren Abenteuern geplaudert, die zum Teil wunderseltsam gnug klingen; doch will mich bedünken, der Wein habe zuweilen mit eingeschwatzt, ich weiß auch eins, das mir in meiner Jugend begegnet ist und das euch, ob ich gleich nur die reine Wahrheit dabei einschenkte, wunderbarer vorkommen würde als alle die eurigen; aber 's ist schon zu weit in die Nacht, ich kann's nimmer enden." Alles schwieg, da der ehrwürdige Graukopf den Mund auftat, es herrschte solche Stille in der Trinkstube, als wenn der Bischof von Bamberg stille Messe läs; und da der Greis schwieg, wurde alles laut um ihn her, und seine Nachbarn und Gefreundten riefen einmütig: „Vater Martin, laß uns dein Abenteuer hören! Warum hältst du damit hinterm Berge? Gib's uns zum Feierabend." Selbst einige Bürger aus der Stadt, die eben im Begriff waren heimzugehen, hängten Mantel und Hut wieder an den Haken und ermahnten ihn, zum Valet seine Wundergeschichte mitzuteilen. Altvater Martin konnte dieser dringenden Aufforderung nicht widerstehen und redete also.

„Anfangs ging mir's gar kümmerlich in der Welt. Als ein verlaßner elternloser Knabe mußt ich mein Brot vor den Türen suchen, hatte keine Heimat, war allerorten zu Haus und zog mit meinem Ranzen von Dorf zu Dorf im Lande herum. Wie ich heranwuchs, stark und bengelhaft wurde, verdang ich mich als Bub bei einem Schäfer auf dem Harz und diente ihm bis ins dritte Jahr bei den Schafen. Zu Anfang des Herbsts desselben Jahres fehlten eines Abends beim Heimtreiben zehn Stück von der Herde, da schickte mich der Großknecht aus, sie im Walde zu suchen. Der Hund geriet auf eine falsche Spur, ich irrete im Gebüsch umher, die Nacht brach ein, und weil ich der Gegend unkundig war und mich nicht wieder heimfinden konnte, beschloß ich, unter einem Baum zu übernachten. In der Mitternachtsstunde wurde der Hund unruhig, fing an zu heulen, zog den Schwanz ein und drückte sich dicht an mich, da vermerkt ich, daß es hier nicht geheuer sei, ich schauete umher und sah bei hellem Mondschein, daß eine Gestalt mir gegenüber stund, als ein Mann mit zottigen Haaren am ganzen Leibe, er hatte einen langen Bart, der ihm bis über den Nabel reichte, um das Haupt trug er einen Kranz, um die Lenden einen Schurz von Eichenlaub, und hielt einen ausgewurzelten Tannenbaum in der rechten Hand[1]. Ich zitterte wie ein Espenlaub, daß mir vor Entsetzen die Seele bebte. Das gespenstische Ungetüm winkte mir mit der Hand, ihm zu folgen; aber ich rührte mich nicht von der Stelle, drauf vernahm ich eine heisere grölzende Stimme, die sprach: ,Feigherz, fasse Mut, ich bin der Schatzhüter des Harzes. Gehe mit mir, so du willst, sollst du einen Schatz heben.' Ob mir die Angst gleich kalten Todesschweiß austrieb, so ermannete ich mich doch endlich, schlug ein Kreuz vor mich und sprach: ,Hebe dich weg von mir, Satan, ich bedarf deines Schatzes nicht!' Da grinsete mir der Geist ins Gesicht, stach mir den Gecken und rief: ,Tropf, du verschmähest dein Glück! Nun, so bleib ein Lump all dein Lebtag!' Er wendete sich von mir, als wollt er förder gehen; doch kam er bald wieder zurück und sprach: ,Besinn dich, besinn dich, Schelmendeckel, ich füll dir den Ränzcl, ich füll dir den Säckel.' – ,Es stehet geschrieben', antwortete ich: ,Laß dich nicht gelüsten, weiche von mir, du Ungetüm, mit dir hab ich nichts zu schaffen!'

Da der Geist sah, daß ich ihm kein Gehör gab, ließ er ab, in mich zu dringen, und sprach nur soviel: ,Du wirst's bereuen!', sah mich dabei trübselig an, und nachdem er sich eine Zeitlang bedacht hatte, fuhr er fort: ‚Merke, was ich dir sage, und nimm's wohl zu Herzen, ob dir's einmal frommen möchte, wenn du zu Verstande kommst. Es liegt ein ungeheurer Schatz an Gold und Edelsteinen tief unter der Erde im Brocken verwahret, der im Zwielichten versetzt ist und darum sowohl am hellen Tage als zur Mitternachtsstunde gehoben werden kann. Ich hüte sein seit siebenhundert Jahren; aber von heut an wird er wieder gemeines Gut, daß ihn nehmen kann, wer ihn findet: Meine Zeit ist um. Darum gedacht ich, ihn in deine Hände zu geben, denn ich gewann dich lieb, da du auf dem Brocken weidetest.‘ Darauf gab mir der Geist Kundschaft von dem Orte, wo der Schatz zu finden sei, und von der Weise, wie ich dazu gelangen sollte. 's ist mir noch, als wenn's heute geschähe, sogar erinnere ich mich aller seiner Worte. ‚Geh nach dem Andreasberg‘, sprach er, ‚und frag dort nach dem schwarzen Königstale, jetziger Zeit das kleine Morgenbrodstal genannt. Wenn du an ein Bächlein gelangst, die Duder, Oder, auch Eder benamt, so folge demselben, dem Strom entgegen, bis an die steinerne Brücke, an einer Sägemühle gelegen. Gehe nicht über die Brücke, sondern halte dich rechter Hand längs dem Bächlein hinauf, bis dir eine hohe Steinklippe entgegen stehet. Einen Bogenschuß davon wirst du wahrnehmen eine eingefallene Grube, als ein Grab, wo man einen Toten hineinleget. Wenn du das Grab hast, so räume es getrost auf; ob du saure Arbeit daran tust, wirst du doch vermerken, daß die Erde mit Fleiß dareingeschüttet sei. Hast du nun feste Steine auf beiden Seiten, so fahre mit der Arbeit fort, bald wirst du eine viereckige Steinplatte eingemauert finden, eine Elle hoch und breit, diese zwänge aus der Mauer, so bist du im Eingang des Schatzbehälters. In diese Öffnung mußt du auf dem Bauche hineinkriechen, mit dem Grubenlicht im Munde, die Hände frei, daß du nicht mit der Nase an einen Stein stößest: Es fällt darinne sehr talein und hat scharfes Gestein. Wenn dir schon die Kniescheiben etwas bluten, so acht es nicht, denn du bist auf gutem Wege. Raste nicht, bis du eine breite steinerne Treppe erreichest,

von welcher du auf zweiundsiebenzig Stufen gemächlich in die
Tiefe hinabsteigest in eine geräumige Halle mit drei Türen von
innen, zwei davon stehen offen, die dritte ist feste verwahrt mit
eisernem Schloß und Riegel. Gehe nicht ein durch die zur Rechten, daß du nicht verunruhigest die Gebeine des ehemaligen
Schatzherrn. Gehe auch nicht ein durch die zur Linken: Es ist
die Unkenkammer, wo Ottern und Schlangen innen hausen, sondern öffne die verschloßne Tür mittelst der wohlbekannten
Springwurzel, welche bei dir zu tragen du nicht vergessen darfst,
sonst ist all dein Tun verloren und du endest nichts mit Werkzeug und Brecheisen. Wie du sie erlangen mögest, darum frage
einen erfahrnen Weidmann: Es ist eine gemeine Jägerkunst, und

die Wurzel ist nicht schwer zu überkommen. Sei unverzagt, ob die Tür gleich mit großem Krachen und Geprassel auffährt wie dem Knall einer Donnerbüchse: Es geschiehet dir kein Leid, und die Kraft kommet aus der Springwurzel. Bedecke nur dein Grubenlicht, daß es nicht verlösche, so wirst du vermeinen zu erblinden von dem herrlichen Glanz und Schimmer des Goldes und der Edelsteine an den Wänden und Pfeilern des innern Gewölbes; aber hüte dich, deine Hand danach auszustrecken, es wär, als ob du einen Kirchenraub begingest. In der Mitte des Kellers stehet eine kupferne Truhe, gleich einem hohen Altar in der Kirche, darinnen findest du Goldes und Silbers gnug und magst daraus nehmen, soviel dein Herz begehrt. Wenn du so viel hast, als du tragen kannst, so hast du gnug auf deine Lebenszeit, auch magst du dreimal wiederkommen, nur zum vierten Mal wär dein Beginnen umsonst – auch würdest du ob deiner Gierigkeit hart gestraft werden, auf der steinernen Stiege ausgleiten und ein Bein brechen. Verabsäume nicht, jedesmal den Schurf wieder zuzuwerfen, wodurch du den Eingang in die Schatzkammer des Königs Bruktorix dir eröffnet hast[2].'

Als der Geist das gesagt hatte, spitzte der Hund die Ohren und fing an zu bellen, ich vernahm das Klatschen von Fuhrmannspeitschen und das Rasseln der Räder in der Ferne, und da ich mich umsah, war das Gespenst verschwunden."

Hiermit endigte der graubärtige Geisterseher sein Abenteuer, das auf die Zuhörer ganz verschiedenen Eindruck machte. Einige hatten ihren Spott damit und sprachen: „Alter Vater, das hat dir geträumet!" Andere gaben der Sache guten Glauben; noch andere waren Eiertreter, nahmen eine weise Miene an und gingen mit der Sprache nicht heraus. Der Wirt zum Güldnen Lamm war ein großer Schlaukopf, sein unvorgreifliches Ermessen der Sache ging dahin, aus dem Erfolg lasse sich die Kontrovers am sichersten entscheiden: Alles käm darauf an, ob der Altvater die unterirdische Wallfahrt begonnen habe und mit vollem Säckel wieder zu Tage ausgefahren sei oder nicht. Er schenkte ihm einen Becher aus der frischen Flasche ein, um seine gesprächige

Laune zu unterhalten, und frug traulich: „Vater Martin, sag an, bist du im Berge gewesen und hast du funden, was dir der Geist verheißen hat; oder ist er an dir zum Lügner worden?" – „Mitnichten", antwortete der ehrliche Weißbart, „ich kann den Geist nicht Lügen strafen, denn ich habe nie einen Schritt darum getan, das Grab zu suchen oder es aufzuschürfen." – „Und warum nicht?" – „Um zweierlei Ursach willen – einmal darum, weil mir mein Hals zu lieb war, als daß ich ihn dem Teufelsspuk hätte preisgeben sollen, und hernach darum, weil mir kein Mensch jemals hat berichten können, wie die Springwurzel zu erlangen stehe, wo sie wachse und auf welchen Tag und zu welcher Stunde sie müsse gegraben werden, ob ich gleich manchen wackern Weidmann darum befragt habe." Der Wirt zum Güldnen Lamm war mit seiner Untersuchung nun schon zu Ende, ohne daß ihm ein Licht im Verstande dadurch angezündet wurde. Dagegen erhob Nachbar Blas, ein bejahrter Hirt, seine Stimme und sprach: „Jammer und Schade, Vater Martin, daß deine Heimlichkeit mit dir veraltet ist. Hättest du vor vierzig Jahren ausgebeichtet, die Springwurzel sollte dir traun nicht gefehlt haben. Ob du schon den Brocken nimmer besteigen wirst – so will ich doch Kurzweil halber dir anzeigen, wie sie zu erlangen ist.

Am leichtesten geht das vonstatten durch Hilfe eines Schwarzspechts. Merke im Frühling, wo er in einem hohlen Baum nistet, wenn nun die Brutzeit vorbei ist und er ausfleucht, Nahrung zu suchen, so treibe einen harten Quast in die Öffnung des Einflugs. Stelle dich hinter dem Baum auf die Lauer, bis der Vogel zurückkommt zur Futterzeit. So er wahrnimmt, daß das Nest wohl verspündet sei, wird er mit ängstlichem Geschrei um den Baum schwirren und seinen Flug plötzlich gegen Sonnenuntergang nehmen. Wenn das geschiehet, so sei bedacht, einen roten scharlachen Mantel aufzutreiben; oder in dessen Ermanglung geh zum Krämer und kaufe von ihm vier Ellen rotes Tuch, verbirg's unter dein Kleid und harre beim Baume einen, auch wohl zween Tage lang, bis der Specht wieder zu Neste fliegt, mit der Springwurzel im Schnabel. Sobald er damit den Pfropf berührt, wird dieser aus dem Astloch mit großer Gewalt wie ein Kork aus einer gärenden Flasche fahren. Dann sei behend und breite den roten Mantel oder das Tuch unter den Baum: So meint der Specht, es sei Feuer, erschrickt davor und läßt die Wurzel fallen. Einige zünden auch unter dem Baum wirklich ein zartes Feuerlein an, das nicht viel raucht, und streuen die Blüte von dem Kraut Spickenardi darauf. Aber es ist damit ein mißlich Tun, wenn die Flamme nicht rasch gnug auflodert, entfliegt der Specht und trägt die Wurzel mit sich davon. Hast du sie nun in deiner Gewalt, so unterlaß nicht, jeden Tag ein Stücklein Kreuzdornholz dabeizubinden: Denn wofern du die Wurzel frei aus der Hand legen wolltest, wär sie ohne Genuß verloren." Es wurde über diese Prozedur noch mancherlei gekannegießert, und es war bereits hoch Mitternacht, ehe die Zechgäste auseinanderschieden.

Von aller menschlichen Gesellschaft abgesondert, hatte neben Hund und Katze hinter dem Ofen in des Wirts ledernem Polsterstuhl ein Zechgast Posto gefaßt, der den ganzen Abend ein so tiefes Stillschweigen beobachtete, als wenn er sich vorbereite, in einem Kartäuserkloster Profeß zu tun. Sowenig Kontemplationsgeist er sonst besaß – sosehr war er diesmal ganz in sich gekehrt und in tiefem Nachdenken begriffen, wozu er durch mehr als eine Ursache Veranlassung fand. Weiland eines weisen Magistrats und gemeiner Stadt Garkoch und Weinmeister, nachher Brunnenmeister und endlich als Privatus Lungerer und Hungerer, war Meister Peter Bloch seit dem letzten Jahrzehnt die große Leiter von Glück und Ehre Sprosse für Sprosse immer abwärts gestiegen, welches der merkliche Abfall vom Weinmeister zum Brunnenmeister allgenugsam zu erkennen gibt, der dem Abstand vom Kaiser zum Küster wohl wenig nimmt. Er war in seinem vormaligen Wohlstand ein jovialischer Mann, recht wie zum Scherztreiber geboren, der auf Ehrenmahlen, die ihm verdungen wurden, Geist und Magen der Gäste in gleichem Maße wohl zu nähren und zu vergnügen wußte. In der Kochkunst tat es ihm nicht leicht ein anderer zuvor. Er verstund einen Auerhahn mit einem gehämmerten süßen Sode herrlich zuzurichten, auch ho-

he Gallerte von Fischen zu bereiten, desgleichen köstliche Syn-
andtfladen, Quittentorten, Kuchen mit Oblaten, und allen
Schweinsköpfen übergüldete er die Ohren. Er hatte sich früh-
zeitig nach einer Gehilfin umgetan; aber unglücklicherweise war
seine Wahl auf ein Mädchen gefallen, das seiner bösen Zunge

halber, womit es wie eine Natter stach, in der ganzen Stadt ver-
schrien war. Wer ihr in Wurf kam, Freund oder Feind, das kümmerte sie nicht, dem wußte sie in einem Atem neunerlei Schande nachzusagen. Sie verschonte selbst die Heiligen im Himmel
nicht und war mit ihrer Lästerchronik so gut bekannt als Frau
Schnips kurzweiligen Andenkens; nur glückte es ihr nicht wie
dieser, von Freund Bürgers fruchtbarer Laune beschwängert, die
Lacher auf ihrer Seite zu haben. Vollbrechts Ilse war durchgän-
gig verhaßt, die jungen Gesellen gingen ihr meilenweit aus dem
Weg, denn sie wußte auf jeden einen Ekelnamen. Daher wurde
sie überreif wie eine Hagebutte, die um der Stachel willen am
Stock sitzen bleibt. Endlich ließ sich Meister Peter, dem ihre An-
stelligkeit und Häuslichkeit vorgelobt wurden, dennoch bereden,
um sie zu werben. Da ging ein Knittelreim in der Stadt herum,
der lautete also:

Vollbrechts Ilse,
Niemand will se,
Die böse Hülse:
Da kam der Koch,
Peter Bloch,
Und nahm sie doch.

Das traute Paar war kaum vom Altar zurück, so führte schon die Zwietracht den Hochzeitsreihen an. Der Stadt Weinmeister hatte sich in der Fröhlichkeit des Herzens an seinem Ehrentag vom Wein übermeistern lassen, welcher Zufall ihm auch wohl an einem gemeinen Werkeltage begegnete, und taumelte der Braut in die Arme. Darüber gab's schon einen harten Strauß, und der Ehekalender prophezeite den Brautleuten stürmische unfreundliche Witterung, schwere Donnerwetter mit Schloßen und Platzregen, wenig Sonnenschein und viel kalte Nächte.

Das Prognostikon traf auch richtig zu bis auf den letzten Punkt: Denn der reiche Kindersegen, den diese zwiespältige Liebe in der Folge erntete, ließ wenigstens mitunter fruchtbares Wetter und lauwarme Nächte vermuten.

Demungeacht hatte Meister Peter lange Zeit nicht die Freude, den süßen Vaternamen lallen zu hören: Seine Deszendenz bestand aus eitel Sterblingen, die so hinfällig waren, daß sie, wenn sie kaum die vier Wände beschrien hatten, an heftigen Zuckungen dahinstarben, gleich wie die jungen Zicklein im kalten Winter. Die Zornwut des zänkischen Weibes verpestete die nahrhaften Säfte der balsamischen Muttermilch und verwandelte sie in ätzenden Schierlingssaft, welchen der zarte Säugling aus der Quelle des Lebens trank.

Obgleich Meister Peter keine großen Güter zu vererben hatte, so war's ihm doch ungemütlich, kinderlos zu bleiben, er beklagte sich oft gegen seine Nachbarn über diesen Unstern, und wenn er ein Kind begraben ließ, sprach er: „'s hat wieder in die Kirschblüten geblitzt, daß keine Frucht davon zur Reife kommt." Da eröffnete ihm eine kluge Frau die Ursache seiner häuslichen

Mortalität, und als ihm ein Sohn geboren ward, legte er ihn einer gesunden Amme an die Brust. Der Knabe wuchs und ward stark, und der Vater hatte große Lust und Freude an ihm. Er nahm den trauten Görgel ganz allein unter seine Zucht und Aufsicht, und nachdem er ihn behost hatte, führte er ihn in die Küche anstatt in die Schule ein, versagte ihm keinen Leckerbissen und zog

einen kleinen Fresser aus ihm. Zur Mittagszeit, wenn den Speisegästen angerichtet wurde, stand er auf der Lauer, gabelte in die Schüssel nach einem Leberlein oder deutete auf einen Hahnenkamm, und der tätschelnde Vater reichte ihm alsbald, in ein wenig Salz getaucht, die verlangte Schleckerei. Wenn er aber bei der Mutter so ein feines Stücklein praktizieren wollte, ging's ihm nicht ungenossen aus, sie schalt und kiff ob dieser Unart und schlug dem kleinen Lecker mit dem Kochlöffel wohl gar auf die Finger. Da weinte das liebe Kind, daß es das väterliche Herz erbarmte und dem Meister Koch die Butter ins Feuer entfiel. Er sprach sodann gutmütig bittend zu der stürmischen Hausehre in seiner fränkischen Mundart: „Weibelä, gib doch dem Bübelä ä Schlägelä von dem Hennelä." So trieb's der gute Vater mit seiner Zucht bis ins siebente Jahr, da war der traute Görgel zu Tode gefüttert. Es blieb ihm von allen seinen Kindern keins übrig als nur eine einzige Tochter von so fester Masse, daß weder die Bilsenessenz der Muttermilch noch die Mast der Vaterliebe sie vergiften konnte: Sie wurde unter der mütterlichen Strenge und des Vaters Nachsicht groß und schön; auch ließ sich dieser nie bereden zu glauben, daß ihm der Teufel ein Ei in die Wirtschaft gelegt habe, da ihm eine hübsche Tochter war geboren worden.

Unterdessen hatten sich die Glücksumstände der Familie merklich geändert. Meister Peter war in der Jugend in der Rechenschule versäumt, hatte keine Spezies aus dem Grunde begriffen. Die Subtraktion, die Addition und Multiplikation wollten ihm nie ein, und mit der Division hatte er sich all sein Lebtag nicht zu befassen gewußt. Es kostete ihn zuviel Anstrengung, Ausgabe und Einnahme in seiner Ökonomie gegeneinander abzuwägen; hatte er Geld, so versorgte er Küch und Keller reichlich, gab den Schmarotzern, die seine Speisekunden waren, Kredit, soviel sie begehrten, hielt die lustigen Brüder, die gute Schwänke zu erzählen wußten, zechfrei und füllte allen Hungerleidern, die sich an ihn wandten und sein Mitleid rege zu machen wußten, den Magen. War seine Kasse erschöpft, so borgte er vom Wucherer gegen hohe Zinsen, und weil er das Pantoffelregiment des zänkischen Weibes fürchtete, gab er gegen die strenge Domina vor, es wären eingegangene Schulden. Sein Grundsatz, der sich mit seiner Gemächlichkeit gar wohl vertrug und nach welchem noch viel bequeme Wirte kalkulieren, war der: Am Ende wird sich wohl alles finden. Und es fand sich auch wirklich am Ende, daß Meister Peter in Konkurs verfiel und sich genotdrungen fand, zur allgemeinen Bedauerung aller Gutschmecker und feinen Züngler seiner Vaterstadt das Küchen- und Kellerschild einzuziehen. Weil er sich aber mit seinen Küchentalenten viel Tischfreunde erworben hatte, versah ihn ein wohlweiser Magistrat aus Kommiseration mit dem dürftigen Amt eines Brunnenmeisters; denn die Herren fürchteten eine üble Nachrede, wenn's hieß, in der Reichsstadt Rothenburg sei der Garkoch verhungert. Allein, auch bei diesem kleinen Amt hatte der Exkoch weder Glück noch Stern. Es entstand ein Gerücht, die Judenschaft habe die Brunnen vergiftet, drauf wurden in einem wütigen Auflauf die Juden zum Teil erschlagen, zum Teil aus der Stadt gejagt und ihr Hab und Gut geplündert, darauf war's mit dem Gerede von dem losen Gesindel in der Stadt eigentlich abgesehen; aber Meister Peter verlor unverschuldeterweise dabei sein Brunnenamt, unter der Anschuldigung, er habe nicht sorgfältig gnug auf die Wasserbehälter invigiliert. Jetzt wußt er weder Rat noch Hilfe: Graben mocht er nicht, so schämt er sich zu betteln. In jenen frugalen Zeiten, da sich die stattliche Hausfrau nicht scheute, eigenhändig den schwarzen Topf ans Feuer zu rücken und ihre Küche zu besorgen, war bei den Herrschaften um einen Koch eben keine Nachfrage:

Die gallische Küche hatte den deutschen Gaumen noch nicht verwöhnt. In diesem trübseligen Zustand mußt er von des beißigen Weibes Gnade leben, das sich von einem kleinen Mehlhandel dürftig nährte. Für die Kost leistete er ihr die Dienste eines Esels, welches Haustier bei dem neuen Wirtschaftsgewerbe ohne diesen Stellvertreter ihr unentbehrlich gewesen wär. Sie belud die ungewohnte Schulter des trägen Ehgespans mit manchem schweren Sack Getreide, den er keuchend in die Mühle trug, maß ihm dafür kärglich gnug sein Futter zu, und wenn er sein Tagewerk nicht förderte, schlug ihn der Satansengel wohl gar mit Fäusten.

Das jammerte der weichgeschaffenen Seele der tugendlichen Tochter über alle Maßen und kostete ihr manche stille Träne. Sie war der Augapfel des Vaters, er hatte sie von Jugend auf nach seiner Weise gegängelt, sie erwiderte auch die väterliche Liebe mit kindlicher Zutätigkeit, und das tröstete den guten Vater für alle häuslichen Kalamitäten. Die liebenswürdige Lucine hatte die Nadel zum Nahrungszweig gewählt, ihren Unterhalt damit zu gewinnen, und sie hatte in der Näherei, und besonders in der Bildnerei mit der Nadel, große Kunstfertigkeit erlangt: Was ihre Augen sahen, das konnten ihre Hände. Sie stickte Meßgewänder, Altartücher und köstliche buntfarbige Tischteppiche, die damals im Gebrauch waren, hatte die biblischen Historien des Alten Testamentes von Erschaffung der Welt an bis auf die keusche Susanna von Wolle und Seide hineingewebt, und es ist kein Zweifel, daß sie, wenn sie unsere Zeitgenossin gewesen wär, mit den drei kunstreichen Schwestern in Zelle würde gewetteifert, seidenes Frauenhaar in ihre Nadel eingefädlt und mit täuschender Kunst die Schöpfung des Grabstichels nachgeahmt haben. Ob sie den Gewinn ihrer Arbeit gleich der strengen Mutter genau berechnen mußte und solchen auch gern und willig zu den gemeinsamen häuslichen Bedürfnissen beitrug – so wußte sie doch zuweilen diese um einen Dreibätzner zu berücken, den sie beiseitlegte und dem guten Vater heimlich zusteckte, daß er in ein Weinhaus schleichen und sich gütlich davon tun konnte. Zu dem bevorstehenden Schäferfest hatte sie eine doppelte Zehrung aufgespart, welche sie dem durstigen Vater mit heimlicher Freude verstohlen in die Hand drückte, nachdem er zur Abendzeit aus der Mühle zurückkam und eben einen vollen Mehlsack abgeschultert hatte. Er machte dem lieben Mädchen dafür das freundlichste Gesicht, das ihm zur Gebot stund, wenn er unter den Lasten schier erlag, die ihm sein Hausdrache von Weib aufbürdete, wie er hinter ihrem Rücken die gurrige Ehehälfte aus gerechtem Eifer zu nennen pflegte. Die Gutmütigkeit der liebevollen Lucine griff ihm diesmal in die Seele, und er wurde dadurch so gerührt, daß ihm die Augen wässerten, denn er trug einen Plan mit sich herum, der diesen Abend zur Reife gedeihen sollte, womit er von seiten der frommen Tochter eben kein Trinkgeld zu verdienen glaubte. In ernstes Nachdenken vertieft, wandelte er die Straße hinab ins Wirtshaus zum Güldnen Lamm, drängte sich durch das Getümmel der Zechgäste, forderte einen Schoppen Wein und pflanzte sich damit, ohne an der Gesellschaft Anteil zu nehmen, hinter den Ofen auf des Wirts ledernen Polsterstuhl, der ungeachtet aller Bequemlichkeit wegen seines ungeselligen Standort unbesetzt war. Hier gab er, nachdem der Wein die Wirbel der abgespannten Nerven ein wenig zurechtgeschraubt und die Lebensgeister angefrischt hatte, seinen Gedanken freie Audienz und zog die kritische Proposition, die ihm in Ansehung der schönen Lucine war gemacht worden, in reife Überlegung.

Ein junges Genie, seiner Profession nach ein Maler, und beinahe ein ebenso aufgedunsener Flachkopf als sein jüngerer Kunstgenoß, der famose junge Maler am Hofe, welcher in zwei voluminösen Bänden eine so gar fade Rolle in der Lesewelt spielt, hatte sich in Rothenburg gesetzt, um daselbst seine Kunst zu treiben. Das höchste Ideal der weiblichen Schönheit war sein Hauptstudium. Wo er eines wohlgestalten Mädchens ansichtig wurde, am Fenster, auf freier Straße oder in der Kirche, da zog er seine Pergamenttafel hervor und konterfeite es mit der Bleifeder ab, hernach setzte er das Bild in Ölfarbe, verkauft' es in die Klöster für eine heilige Veronika oder Madonna und fand damit guten Vertrieb, sonderlich bei jungen Mönchen, die ihre Andacht dabei hatten. Am Fronleichnamsfest war ihm bei der feierlichen Prozession die schöne Lucine zuerst in die Augen gefallen, er hatte flugs den Rötelstift zur Hand genommen, die herrliche Physiognomie zu erhaschen; allein sie war kein Alltagsgesicht, das sich mit der Leichtigkeit wie ein Schattenbild an der Wand abnehmen ließ. Die Züge des reizenden Mädchens waren so sanft ineinander verschmolzen und die ganze Wohlgestalt so fein abgerundet, daß die Kopie dem Original durchaus nicht entsprach. Sosehr der Künstler bemüht war, aus dem ersten Entwurf durch Beihilfe der Einbildungskraft das liebliche Dosenstück herauszupinseln – sowenig wollte es ihm damit glücken, es blieb immer in Vergleich des Urbildes ein steifer Haubenkopf, darum strich er aus Verdruß die unbehilfliche Larve wieder aus.

Bald nachher machte ein reicher Graf zur Ausschmückung seines neuerbauten Schlosses eine Bestellung bei ihm von verschiedenen Gemälden, wozu er die Ideen selbst angab. Das Hauptstück sollte die Geburt der Venus vorstellen, wie sie, als das Meisterstück der schönen Natur, aus dem Schoße des Meeres hervorstieg, von Göttern und Meerwundern angestaunt. Zu dieser Komposition wußte der Maler kein vollkommner Muster, die Liebesgöttin darnach zu schildern, als des vormaligen Garkochs, Meister Peter Blochs, schöne Tochter; nur war die Frage, ob das züchtige Mädchen die ganze Summe ihrer Reize dem Auge des Künstlers preisgeben würde, um in ihre Körperform eine Göttin zu kleiden, die er nach der Natur zu zeichnen vorhatte. Um den geradesten Weg einzuschlagen, der zu dieser Absicht führte, wendete er sich unmittelbar an den Vater, machte sich ein Gewerbe bei ihm, ließ von ihm Farben reiben und vergalt ihm seine Mühe reichlich. Nach gemachter Bekanntschaft führte er ihn eines Tages ins Weinhaus, ließ ihm wacker einschenken und rückte, da er merkte, daß der Gast bei guter Laune war, mit seiner Petition heraus, nebst angefügter Verheißung eines namhaften Grazials im Fall zugestandener Verwilligung. Aber Meister Peter nahm das Ding schief, erboste sich heftig über den unziemlichen Antrag, argwöhnte von dem angeblichen Befugnis des Malers, zum Behuf der Kunst die schöne Natur zu entschleiern, unlautere Absichten auf Ehre und Tugend der schönen Lucine und sprach mit zorniger Gebärde: „Wie versteht das der Herr? Ist's gekurzweilt oder soll's geernstet sein? Meint er, daß ich ihm meine Tochter barleibig, als ein gerupft Hühnlein, verkaufen soll? Das letzte hab ich wohl vormals als Garkoch getan; aber das erste ziemt keinem rechtschaffnen Reichsbürger." Das Kunstgenie hatte seine ganze Beredsamkeit nötig, um dem Freund Garkoch das eigentliche Verständnis zu eröffnen. Er führte ihm das Beispiel der freien Reichsstadt Kroton in Großgriechenland an, wo weiland eine löbliche Bürgerschaft sich um die Wette beeifert habe, die schönsten Stadtjungfern seinem Kunstverwandten, dem Maler Zeuxis, zu dem nämlichen Behuf vor die Staffelei hinzustellen, und zwar wie sie aus der Hand der Natur hervorgegangen wären, ihrer jungfräulichen Ehre und Reputation unbeschadet. Vielmehr wären die fünf auserwählten Schönheiten, aus welchen der Kunstmeister das Ideal der Liebesgöttin zusammenstudiert habe, allerseits glücklich an den Mann gebracht und überdies noch gar viel zu ihrem Lobe poetisiert worden.

So einleuchtend dieses Exempel war, sowenig machte es auf den ehrbaren Rothenburger Eindruck, der es für unschicklich hielt, mit der sittsamen Lucine eine Prozedur vornehmen zu lassen, für welche, in unsern Tagen, ein Vizekönig von Indien responsabel gemacht wird, weil er die Grazien von Oude im griechischen Kostüm zur Schau soll ausgestellet haben[3]. „Freund, ich sehe wohl", sprach der Maler, „daß wir des Handels nicht einig werden, du hast deinen freien Willen. Inzwischen wenn du deinen Vorteil, als ein guter Koch, verstanden hättest, so würdest du diese zwanzig Goldgülden bar aufgezählt nicht verschmähen, den bildenden Künsten einen Augenschmaus dafür aufzutischen." Der Anblick des Goldes erschlaffte die Strenge der reichsbürgerlichen Tugend dergestalt, daß sie nachgebend und geschmeidig wurde wie sämisches Leder. In den kümmerlichen Umständen, worin sich Meister Peter befand, war diese Summe eine zu süße Lockspeise. Er bedachte, wie gütlich er sich von einem Goldgülden tun könnte, und zwanzigmal diesen Genuß zu wiederholen, das überwog alle Bedenklichkeiten. Er versprach, die Sache in Überlegung zu ziehen und auf Mittel zu denken, die schöne Lucine dem Künstler in die Hände zu spielen, dem er es überließ, dafür zu sorgen, wie er zum Anschauen ihrer verborgenen Reize gelangen möchte. Selbst zu einer solchen unsittsamen Gefälligkeit sie zu überreden, gestand er frei sein Unvermögen. Der junge Weltmann lachte über diese kleinstädtische Delikatesse und nahm es auf sich, diesen Punk in Richtigkeit zu bringen. „Meinst du, Vater Peter", sprach er, „daß es mich große Schwierigkeit kosten wird, das Mädchen aus dem Ei zu schälen? Ist dir unbekannt der Wettstreit der Sonne und des Sturmwindes um den Reisemantel eines Wanderers? Was der Orkan nicht mit seinem gewaltsamen Sausen vermochte, das wirkte jene mit ihren sanften Strahlen. Von dir würde sich die schöne Lucine freilich nicht überreden lassen, ihr Gewand zu enthüllen: Du würdest dem Sturmwind gleichen; aber ich werde ihr Sonnenstrahl sein."

Der Kontrakt mit dem Maler Duns war so gut als geschlossen, es kam nur auf die Lieferung an, und dabei fand Meister Peter noch manchen Skrupel. Er drückte den Polsterstuhl des Wirts zum Güldnen Lamm schon stundenlang, ohne daß er es spitzig gnug einzufädeln wußte, wie er mit der angesponnenen Schelmerei zum Zweck gelangen, das Mädchen der Mutter vor den Augen wegstehlen und mit guter Manier an seinen Kundmann liefern sollte. Der Angstschweiß trat ihn an die Stirn, wenn er daran gedachte, was am Ehehorizont sich für ein Ungewitter auftürmen und wie es auf ihn herab blitzen und donnern würde, wenn Eumenide Ilse den väterlichen Hochverrat an der leiblichen Tochter in Erfahrung bringen sollte. Überdies pochte der Gewissenshammer hart an seine Herzenskammer, jeder Tropfen Wein, den ihm die kindliche Gutmütigkeit gern in Nektar verwandelt hätte, gewann hinterher einen Gallen- und Wermutgeschmack, wenn er erwog, daß das liebe Mädchen alles bei Heller und Pfennig zusammensparte, ihm einen Labetrunk zu gewähren, und dieser sollte ihn jetzt zu einer Arglist begeistern, ihre Zucht und Scham auf eine harte Probe zu stellen. Alles wohl abwägend, war es für einen Vater auch eben nicht das löblichste Vorhaben, mit der Frucht seines Leibes unziemlichen Wucher zu treiben, höchstens ließ es sich durch die Entreprise eines poetischen Negerhandels mit den Produkten des Geistes entschuldigen.

Die gierige Habsucht und der altdeutsche Biedersinn kämpften einen harten Kampf miteinander, und der Sieg war noch zweifelhaft, da der Altvater Martin sein Abenteuer zu erzählen begann. Dieses sonderbare Phänomen reizte die Aufmerksamkeit des Anachoreten hinter dem Ofen, er gebot den streitenden Parteien Stillstand und postierte Seele und Geist gerade hinter das Trommelfell seiner beiden Ohren, um die Geschichte genau zu vernehmen. Es fehlte ihm nicht ein Wort daran, und je weiter Vater Martin in der Erzählung fortrückte, desto interessanter wurde sie dem stillen Horcher. Bisher hatte die Neugierde nur seine Aufmerksamkeit gespannt; als aber Nachbar Blas mit der Theorie herausrückte, dem Schwarzspecht die Springwurzel, das unumgängliche Erfordernis der Schatzgräberei, abzulocken, glühte auf einmal seine ganze Phantasie. Er stand schon mit Leib und Seele, in der Einbildung, vor der kupfernen Truhe im Brocken und säckelte Goldstücke ein. Mit Unwillen verwarf er jetzt die dürftige Malerproposition, seine Gewinnsucht labte sich an einem fettern Köder. Zwanzig Goldgülden würde er der Mühe kaum wert geschätzt haben, sich darum zu bücken, wenn sie ihm vor den Füßen gelegen hätten. Das Harzpotosi und der Weindunst hatten ihn so begeistert, daß er den raschen Entschluß faßte, sein Heil auf dem Brocken zu versuchen. Der schwere irdene Kochtopf war gleichsam vergeistigt und in einen Aerostat verwandelt, der, mit entzündbarer Luft gefüllt, hoch in den Lüften schwebte, sich's in diesem ungewohnten Element wohlsein ließ und Schlösser darin erbaute.

Die Wurzel alles Übels, Geldgeiz und Habsucht, waren eigentlich seine Fehler nicht: Solange sein Wohlstand dauerte, ging ihm das Geld gar glatt durch die Hand; desto unbehaglicher war es ihm nachher, Dürftigkeit mit Gleichmut zu ertragen. Wenn er sich also goldne Berge wünschte oder träumte, so geschah es bloß darum, das von seiner Hausehre ihm aufgebürdete Eselsvikariat mit Anstand zu resignieren, keine Säcke mehr in die Mühle zu tragen und das liebe Mädchen, seine Tochter, mit einer reichen Mitgift auszusteuern. Wiewohl es auch Zeiten gab, da er sich hätte bereden lassen, nach Art der Tscheremissen Zahlung für sie anzunehmen und sie an den Meistbietenden zu verhandeln; doch das waren nur seine Teufelsaugenblicke. Ehe er sich von des Wirts oftbelobtem Polsterstuhl erhob, war der Reiseplan nach dem Harz, bis auf eine Kleinigkeit, die Zehrung betreffend, ausgedacht und der nächste Sonntag zu dessen Ausführung anberaumt.

Meister Peter ging so leichten frohen Mutes nach Hause, als wenn er im Güldnen Lamm das kolchische güldne Vlies erobert hätte. Auf dem Heimweg aber störte der leidige Einfall, daß er noch nicht im Besitz der magischen Springwurzel sei, schon diese idealische Glückseligkeit, und da er sich zugleich besann, daß auf Egidi zwar der Hirsch auf die Brunft trete, aber nicht der Specht zu Neste trage – so war's auf einmal wieder so finster in seiner Seele, als wenn in einem Hochzeitshaus die Lichter ausgetan werden und der Schmaus zu Ende ist. Er schlich sich ganz trübsinnig in seine Kammer, warf sich auf die harte Strohmatte, konnte aber weder ruhen noch rasten. Da war's, als wenn ihm eine innere Stimme das Sprüchlein zuflüstere, aufgeschoben sei drum nicht aufgehoben. Flugs schlug er Licht an, spitzte eine Feder und brachte den ganzen Schatzprozeß, vom Anfang bis zum Ende, treulich zu Papier, damit ihm kein Titel davon aus dem Gedächtnis entschwinden möchte. Und da es ihm so fein aus der Feder floß und alles dastand, als ob er's vor Augen hätte, tauchte er die spröde Rinde seines Kummers wieder in den Honigtopf süßer Hoffnung ein und tröstete sich damit, wenn er gleich noch einen Winter eseln müsse, so werde er doch die Wallfahrt des Lebens nicht auf dem traurigen Mühlenpfade enden.

Der Tag vertrieb die finstre Nacht, die muntere Hausfrau wurde bereits rege, orgelte bei der Revision ihrer Ökonomie das gewöhnliche Morgenlied aus gellender Kehle, und der niedliche Finger der arbeitsamen Lucine fädelte den seidenen Faden schon wieder in die blanke Nadel ein, ehe der geschäftige Konzipient die Feder niederlegte. Das hastige Weib öffnete rasch die Kammertür und fand den trauten Eheschatz in voller Arbeit. „Du Vollzapf!" war ihr Morgengruß. „Hast du die liebe, lange Nacht wieder beim Saufgelag gesessen und das Geld verpraßt, das du mir aus der Wirtschaft heimlich stiehlst? Ins Spital mit dir, du Trunkenbold!" Meister Peter, der dieser herzigen Salutation längst gewohnt war, ließ sich dadurch nicht aus der Fassung bringen und wartete, bis der Sturmwind ausgetobt hatte, dann sprach er mit gelaßnem Mute: „Liebes Weib, entrüste dich nicht, ich habe

ein gutes Geschäfte vor, das wohl nutzen und frommen mag." –
„Du Lungerer", schmähete sie, „du und ein gutes Geschäft! Ja,
du siehst mir darnach aus!" – „Weib, laß dir sagen", entgegnete
er, „ich mache mein Testament, so mein Stündlein kommt, weiß
nicht wie oder wann, daß mein Haus bestellet sei." Der frommen Lucine schnitt diese Rede, die ihr ganz unerwartet kam,
durchs Herz, ihre blauen Augen, heiter wie der Morgen, überströmte ein milder Tränenregen, und ihr Mund brach in lauter
Lamenti aus. Sie meinte, der gute Vater habe eine böse Ahnung
gehabt, die sein baldiges Hinscheiden ihm verkünde, und es fiel
ihr dabei ein, daß ihr die vergangne Nacht geträumt hatte, sie
sähe ein neues Grab. Hierzu kam, daß es ganz gegen seine Gewohnheit war, an die vier letzten Dinge, Tod und Begräbnis, Auf-
erstehung und Gericht, zu gedenken, wenn er Tages vorher zu
Weine gewesen war. Mutter Ilse dagegen achtete auf keine Ahnungen, ihr felsenhartes Herz wurde durch die Vorstellung des
vermutbaren Verlustes ihres getreuen Ehekonsorten im geringsten nicht zu einer sanften Empfindung bewegt, welche dieser,
allem Anschein nach, durch den schlauen Vorwand einer
Testamentsverfügung beabsichtet hatte. Vielmehr führte sie ihr
Thema in ebenso rauhen Dissonanzen aus, als sie angehoben hatte. „Du Schlemmer", sprach sie, „hast Hab und Gut vergeudet
und willst ein Testament machen? Was hast du denn zu vererben?" Er: „Meinen Leib, meine Seele, mein Weib und mein
Kind." Sie: „Ei, da muß ich auch drum wissen! Wen hast du zum
Erben eingesetzt?" Er: „Den Himmel und die Erde, das Lieb-
frauenkloster und die Hölle, jedem Part ist ein Legat vermacht."
Sie: „Und welches?" Er: „Mein Leib der Erde, meine Seele dem
Himmel, mein Weib der Hölle und mein Kind dem Kloster." Anstatt der Antwort sprang ihm das wütige Weib wie eine wilde
Katze an den Hals, zerzauste dem freimütigen Testator den
Krausbart und war stark dran her, ihm die Augen auszukratzen,
welche wohlmeinende Absicht doch ein kräftiger Bombenwurf
seiner geballten Faust in ihr knöchernes Angesicht, der ihr die
ganze Physiognomie verschob, noch zum Glück verhinderte, wo-

durch der ehelichen Fehde sogleich ein Ende gemacht wurde. Der häusliche Burgfriedebruch wurde, dem Herkommen nach, nicht weiter geahndet, und unter Verwendung der friedlichen Lucine kam's bald zu einem gütlichen Austrag der Sache. Meister Peter wandelte wieder auf seinem Berufsweg nach der Mühle, und alles ging den vorigen Gang.

Fünfzigmal hatte er den Storch und die Schwalbe wieder zurückkehren sehen, ohne darauf acht zu haben, und gar oft hatte er am grünen Donnerstag aus Brunnkreß und acht andern Kräutern seinen Kunden ein Gemüse als das Neue vom Jahr aufgetragen, ohne selbst davon zu kosten. Aber den magergeschmälzten Kohl, womit ihn seine frugale Speisewirtin im nächsten Lenz zum erstenmal beköstigte, hätte er nicht um die Martinsgans vertauscht, und als er der ersten Schwalbe ansichtig wurde, feierte er ihre glückliche Wiederkunft mit einem Schoppen Wein im Güldnen Lamm. Außerdem sparte er jede geheime Rente von der fleißigen Hand der Tochter, um davon Kundschafter zu besolden, die ihm das Nest eines Schwarzspechts ausspüren sollten. Er wählte dazu einige müßige Gassenbuben und schickte sie aus in Wälder und Felder. Die mutwilligen Knaben trieben jedoch nur ihr Gespött mit ihm, führten den Gecken in den April, jagten ihn meilenweit über Berg und Tal, und an Ort und Stelle fand er Rabenbrut oder ein Gehecke Eichhörnchen in einem hohlen Baum.

Wenn er darüber ungehalten war, lachten sie ihm ins Gesicht und liefen davon. Einer seiner Spione, der kein Schalk war, witterte doch in dem Wiesengrund an der Tauber einstmals einen Schwarzspecht aus, der auf einem halberstorbenen Erlenbaum genistet hatte, kam außer Atem und verkündigte seinen Fund. Der unbelehrte Naturforscher ging eilig hinaus, zu untersuchen, was an der Sache sei. Sein Kundschafter führte ihn zu dem Baum, er sah auch einen Vogel ab- und zufliegen, der daselbst sein Nest zu haben schien; aber weil der Specht nicht zu dem Geflügel gehört, dessen die Küchendynastie sich bemächtiget hat, auch weder so gesellig ist als der Spatz und die Schwalbe, noch so häufig als der Rabe und seine Gefreundin, die Dohle, gefunden wird, so zweifelte er, ob sein Gewährsmann ihm auch recht berichtet habe: Denn er hatte einen Schwarzspecht sowenig mit Augen gesehen als den Vogel Phönix. Zum Glück zog ein Jäger vorüber, der den Zweifelsknoten löste und den Ausspruch tat, wie der Frager wünschte, auch die ganze Naturgeschichte des Vogels ungebeten abhandelte, ob er gleich von der vorzüglichsten Eigenschaft desselben keine Kundschaft zu haben schien.

Der geheimnisvolle Planmacher freute sich in der Seele über die gemachte Entdeckung, ging tagtäglich die Runde nach dem Baum und las sein angeblich Testament so fleißig als sein Gebetbuch. Als es ihn gerechte Zeit zu sein bedünkte, sein Vorhaben ins Werk zu richten, tat er sich nach einem roten Mantel um. Es war aber in der ganzen Stadt nicht mehr als ein einziges Exemplar vorhanden, und das befand sich in der Garderobe eines Mannes, den man ungern um eine Gefälligkeit anspricht: Der Besitzer davon war Meister Hämmerling, der Scharfrichter. Es kostete viel Überwindung, ehe sich der wohlachtbare Reichsbürger entschließen konnte, seine Reputation auf ein so mißliches Spiel zu setzen, wobei er Gefahr lief, daß ihm, wenn die Sache auskam, keiner seiner Zechbrüder im Güldnen Lamm mehr Bescheid tun würde; indessen sah er sich doch gezwungen, in den sauren Apfel zu beißen. Er brachte sein Wort bei dem Freund Rotmantel an, und dieser fand sich auf gewisse Art geehrt dadurch, daß ein rechtlicher Mann sich seiner Amtskleidung bedienen wollte, und gewährte ihm gern und willig seine Bitte. Mit diesem nötigen Apparatus versehen, machte sich der Wurzelsucher auf, laut Instruktion die Prozedur aufs pünktlichste zu beginnen. Er verspündete das Nest, und alles erfolgte, wie Nachbar Blas angegeben hatte. Als der Specht mit der Wurzel im Schnabel angeflogen kam, wischte Meister Peter hurtig hinter dem Baum hervor und machte sein Manöver so gut und behend, daß dem Vogel über den Anblick des feuerroten Mantels vor Schrecken die Wurzel samt einer Beilage entfiel, wodurch der gute Mann leicht hätte um sein Gesicht kommen können wie der

Altvater Tobias. Die Jägerkunst war glücklich gelungen und die magische Wurzel, als der Kapitalschlüssel zu allen verschlossenen Türen, erlangt, welches den Besitzer in unbeschreibliche Wonne versetzte. Er unterließ nicht, sie in eine ganze Reisigwelle von Kreuzdornholz einzuschließen, und wanderte damit so vergnügt, als wenn er schon den Schatz gehoben hätte, nach Hause.

Natürlicherweise war nun seines Bleibens nicht länger in seiner Vaterstadt, all sein Dichten und Denken war auf den Brocken gerichtet, darum machte er schleunige Anstalten, in aller Stille zu dekampieren. Seine Reisebedürfnisse waren sehr mäßig, sie bestanden in nichts weiter als in einem handfesten Wanderstab und einem dichten Mantelsack, zu dessen Akquisition, unter einem andern Vorwande, die Sparbüchse der gefälligen Lucine ihm willigen Vorschuß leistete. Glücklicherweise fügte sich's, daß an dem zur Emigration bestimmten Tag Mutter und Tochter zu den Urselinerinnen gegangen waren, wo eine Nonne eingekleidet wurde. Vater Peter nahm diese gute Gelegenheit wahr, von der Schildwache zu desertieren: Denn ihm war die Hut des Hauses während der Abwesenheit der weiblichen Insassen anbefohlen.

Als er eben im Begriff war, die Penaten zu gesegnen, fiel ihm ein, daß es nicht undienlich sein möchte, einige Vorübungen mit der Springwurzel zu versuchen, um sich augenscheinlich von der angepriesenen Wirksamkeit derselben zu überführen. Mutter Ilse hatte ein in die Wand ihrer Kammer eingemauertes Schränkchen, worinnen sie unter sieben Schlössern, als eine kluge Wirtschafterin, ihr Spargut auf den Notfall nebst dem Patengeld ihrer einzigen Leibeserbin verwahrte, die Schlüssel dazu trug sie, wie ein Amulett, stets mit sich herum. In dem häuslichen Finanzkollegium hatte Vater Peter weder Sitz noch Stimme, folglich waren ihm diese arcana domus völlig unbekannt, ihm ahnte nur so etwas von einem hier verborgenen Schatz: Denn wenn ihm der Schrank in die Augen fiel, schlug ihm das Herz gleich einer Wünschelrute, und dieses Herzklopfen hielt er immer für ein untrügliches Zeichen, daß Geld oder Geldeswert in der Nähe sei.

Jetzt kam's auf ein Experiment an zu erfahren, ob sein Wünschelrutengefühl probat sei oder nicht. Er zog gar säuberlich die Wurzel hervor und berührte damit die Schranktür. Zu seinem Erstaunen haspelten sich alsbald die sieben Schlösser auf, die Tür krachte und öffnete sich mit Geräusch. Da funkelte ihm der Mammon der sparsamen Hausfrau nebst dem Patenpfennig der frommen Lucine in die Augen. Er wußte nicht, ob er sich mehr über die Wirksamkeit der magischen Wurzel oder über den gefundenen Schatz freuen sollte, und stand voll Verwunderung da wie ein stummer Ölgötz. Endlich dachte er an seinen Schatzgräberberuf und an die vorhabende Wanderschaft, darum eignete er sich den Fund als eine Wegzehrung zu. Nachdem er den Schrank rein ausgeleert hatte, schloß er, wie Nikol List, der Dieb der goldnen Tafel in Lüneburg, die Schlösser insgesamt gar bedächtlich wieder ab und zog frohen Mutes unverweilt nach wohlverwahrter Haustür seiner Straße.

Die andächtigen Weiblein, die mit großer Inbrunst dem klösterlichen Gepränge beigewohnt hatten, wunderten sich, daß sie das Haus verschlossen und den Hüter desselben nicht auf seinem Posten fanden, sie schellten, sie pochten, sie riefen: „Vater Peter, tu auf!" Es regte und rührte sich nichts von innen als das zutätige Hausvieh, die miauende Katze. In Ermanglung der wirksamen Wurzel wurde der Schlosser mit seinem Bund Dieterichen herbeigerufen, das Haus zu eröffnen. Während der Zeit hatte Mutter Ilse eine gar emphatische Predigt ausgedacht, in welcher die Epanorthosis nicht gespart war, die sie dem faulen Heinz, der ihrer Meinung nach der Ruhe pflegte, zu halten vorhatte, denn sie sprach: „Baal schläft!" Das ganze Haus wurde vom Söller bis zum Keller durchsucht; aber Baal war nicht zu finden. Wer weiß, dachte sie, wo das Ungetüm in einem Weinhaus schon am frühen Morgen schwelgt. Urplötzlich durch diesen Gedanken aufgeschreckt, fühlte sie mit der Hand in die Tasche nach dem Schlüsselbund: Denn sie argwöhnte, das Amulett sei von ihr nicht in Obacht genommen und der Schatz von dem durstigen Ehekonsorten geraubt worden. Aber das Schlüsselbund fand sich an Ort

und Stelle, und der Schrank machte die ruhigste unbefangenste
Miene von der Welt, daß sie nichts Arges vermutete.

Es wurde Mittag, hernach Abend und endlich Mitternacht:
Vater Peter kam nicht zum Vorschein. Nun wurde die Sache bedenklich, Mutter und Tochter konsultierten ernstlich über Ursa-

che und Zweck dieser sonderbaren Verschwindung. Es kamen seltsame Vermutungen auf die Bahn, und da die schauervolle Mitternachtsstunde leichter mit traurigen und schwermütigen als mit heitern und fröhlichen Ideen sich paart, auch Mutter Ilse wohl wußte, daß sie für ihren Mann ein wahres Plagholz war: So brannte ihr diese Gewissensrüge wie Feuer auf der Seele und gebar die schwärzesten Vorstellungen. „Ach", rief sie mit Händeringen aus, „daß es Gott im Himmel erbarme! Lucine, es ahnet mir, dein Vater hat sich ein Leids getan!" Das sorgsame Mädchen, dem gleichwohl ein solcher schreckbarer Gedanke noch nicht eingefallen war, erbebte vor Entsetzen, tat einen hellen Schrei, alle ihre Sinne umnebelten sich, und sie sank ohnmächtig dahin. Die resolute Hausmutter säumte indessen nicht, mittels eines brennenden Schwefelfadens ihre erstorbenen Lebensgeister wieder aufzuwecken. Aber nachdem sie sich erholt hatte, schrie sie Ach und Weh über das vermutbare Unglück, schluchzte und jammerte bis zum Anbruch des Tages.

Alle Winkel des Hauses wurden nochmals durchsucht, jeder Nagel an der Wand und jeder Balken beschaut; jedoch wurde Meister Peter zum Glück an keinem gefunden, und daraus ergab sich denn doch so viel, daß er sich weder erhenkt noch entgurgelt hatte. Drauf wurden Leute mit Störstangen ausgeschickt, die alle Tiefen und Tümpel längs der Tauber untersuchen mußten; allein auch diese Mühe war fruchtlos. Mutter Ilse war schnellen Sinnes, flugs war bei ihr Feuer im Dach, das auch bald wieder verlöschte, daher beruhigte sie sich leicht über den Verlust des abhandengekommenen Ehekumpans und war zufrieden, daß er sich nur mit Leib und Seele zugleich aus der Welt gestohlen und ihr die Schmach erspart hatte, seinen Leichnam durch Meister Hämmerlings Hausgesinde zur Erde bestatten zu lassen. Nun war sie mit Ernst darauf bedacht, seinen vakanten Platz in der Wirtschaft durch einen rüstigen Esel zu ersetzen, sie traf eine gute Wahl und wurde mit dem Eigentümer des lastbaren Tieres über den Preis desselben einig, beschied ihn des folgenden Tages zu sich, um für den Sukzessor des trauten Ehekonsorten gute Zahlung zu leisten. Sobald sie aus dem Bett fuhr, war ihre erste Sorge, die Kaufsumme zu berichtigen. Sie öffnete die sieben Schlösser des Wandschranks, ein Darlehen aus dem Schatzgeld zu diesem Behuf zu erborgen. Ach, wie wurde ihr zu Sinne, als sie alle Fächer leer und ledig fand! Einige Augenblicke stand sie in stiller Betäubung; bald aber ging ihr ein Licht auf, und sie geriet in eine solche Wut über den entlaufnen Hausdieb, daß sie wie Madame la Motte, als diese die Lossprechung des Kardinals vernahm, vor großem Grimm das Nachtgeschirr sich vor der Stirn entzweischlug und sich mit den Scherben die Haut verletzte. Sie erhob dabei ihre Stimme mit so greulichen Verwünschungen, daß die schöne Lucine voller Bestürzung herbeieilte, zu sehen, welches Unglück sich begeben habe. Als ihr nun die Mutter der Länge nach die gemachte Entdeckung mitteilte, auch ihr unverhalten ließ, daß der Patenpfennig zugleich mit verschwunden sei, freute sich die fromme Tochter mehr über den Verlust, als daß sie sich darüber betrübt hätte: Sie war nun augenscheinlich überzeugt, daß der liebe Vater sich kein Leid getan habe, sondern in die Welt gegangen sei, sein Glück anderwärts zu versuchen.

Ungefähr einen Monat nach dieser häuslichen Katastrophe schellte jemand an der Tür. Mutter Ilse ging hinaus aufzutun, in der Meinung, es sei eine Mehlkundschaft. Da trat herein ein stattlicher junger Mann von feinem Ansehen, wohlgekleidet als ein Junker, bezeigte ihr große Reverenz, freute sich ihres guten Wohlseins, frug nach der schönen Lucine und tat ganz bekannt, ob sich das Weib gleich nicht besann, ihn jemals mit Augen gesehen zu haben. Die Nachfrage nach der Tochter belehrte die Mutter zwar bald, daß der Besuch ihr nicht eigentlich gelte, doch hieß sie den Unbekannten in die Stube treten, rückte ihm einen Schemel und frug nach seinem Gewerbe. Der Fremdling nahm eine etwas geheimnisvolle Miene an und begehrte die kunstreiche Näherin zu sprechen, von der so viel Rühmens gemacht werde, er habe eine Bestellung an sie. Mutter Ilse hatte ihre eignen Gedanken darüber, was das für eine Bestellung sein mochte, die ein junger Passagier, der in der Stadt fremd war, an ein hübsches

Mädchen auszurichten habe. Da indessen alles in ihrer Gegenwart verabhandelt werden sollte, hatte sie nichts dagegen und rief die fleißige Tochter, welche auf das mütterliche Geheiß den Nährahmen verließ und herabkam. Die sittsame Lucine errötete, da sie des Fremden ansichtig wurde, und schlug beschämt die Augen nieder. Er faßte traulich ihre Hand, welche sie zurückzog, blickte sie mit innigster Zärtlichkeit an, wodurch sie noch in größere Verlegenheit kam; wollte reden, sie schien ihn nicht anhören zu wollen, sondern brach das Stillschweigen zuerst mit diesen Worten: „Ach, Friedlin, wo kommst du hierher? Ich dachte, du wärest hundert Meilen weit von mir. Du kennst meine Gesinnung und kommst mich von neuem zu quälen!" – „Nein, liebes Mädchen", antwortete er, „ich komme, dein und mein Glück zu vollenden. Mein Schicksal hat sich geändert. Ich bin nicht mehr der arme Kunz, der ich vormals war: Es ist mir ein reicher Vetter gestorben, ich bin Erbe seines Vermögens und habe Geld und Gut vollauf, darf mich nun ohne Scheu vor deiner Mutter sehen lassen. Daß ich dich liebe, das weiß ich, daß du mich liebest, das hoff ich; das erste ist wahr, drum warb ich um dich; ist das andre wahr, so freist du mich."

Die blauen Augen der schönen Lucine heiterten sich während dieser Rede auf, und bei den letzten Worten verzog sich ihr kleiner Mund zu einem sanften Lächeln; sie warf einen verstohlnen Blick auf die Mutter, gleichsam ihre Gesinnung zu erforschen, die in wunderbare Betrachtungen vertieft schien. Es war ihr unbegreiflich, wie das sittsame Mädchen einen Liebeshandel, ohne daß sie Notiz davon erhielt, habe anspinnen können. Sie kam nie aus dem Hause, als von der Mutter vergesellschaftet, und im Hause hatte sich, außer dem Vater, nie eine männliche Gestalt blicken lassen. Mutter Ilse hätte einen körperlichen Eid darauf getan, daß es ein Mädchenspäher kunstvoller würde anstellen müssen, sich in das Herz ihrer Tochter zu stehlen, als eine Linse durch ein Nadelöhr zu werfen; gleichwohl bewies die Tatsache, daß der schlaue Friedlin die mütterliche Wachsamkeit beschlichen und dem unbefangenen jungfräulichen Herzen die

Liebe eingeimpft habe. Die große Lehre aus dieser Erfahrung war diese, daß das Herz einer schönen Tochter, unter der Hut und Wacht der Mutter, für Dieberei sowenig gesichert sei als ein Sparpfennig unter sieben Schlössern.

Ehe sie noch mit ihren Glossen über diese geheime Verbindung zu Ende war, legitimierte der rasche Freiwerber sein Gewerbe auf eine sehr gültige Weise durch Aufzählung eines ganzen Tisches voll Goldstücken, welche auf der schwarzen Schiefertafel einen solchen Glanz der Mutter ins Gesichte strahlten, daß sie nicht umhin konnte, ein Auge über den verborgenen Liebeshandel zuzudrücken, von dem sie ohnehin vermutete, daß er in aller Zucht und Ehrbarkeit sei betrieben worden. Die schlaue Lucine hatte bisher immer einen kräftigen Exorzismus der strengen Domina gefürchtet, welcher den lieben Getreuen aus dem Hause bannen würde: Im Grunde liebte sie ihn so herzig und inbrünstig wie die zärtliche Psyche den Amor, denn es war ihre erste Liebe. Doch diese Sorge war diesmal überflüssig: Das stürmische Weib war so fromm wie ein Lamm, es hegte den gesunden Grundsatz, daß man mit reifen Töchtern nicht lange Markt halten, sondern sie um ein leidliches Gebot losschlagen müsse, überdas sei der erste Käufer auch insgemein der beste. Sie hatte daher ihre mütterliche Einwilligung schon in Gedanken zurechtgelegt, damit sie gleich beihanden wäre, wenn der reiche Freier sie darum ansprechen würde.

Sobald er sein Geld aufgezählt hatte, brachte er sein Wort in bester Form rechtens bei der harrenden Mutter an, und es war bei ihr alles Ja und Amen. Der Heiratshandel kam rascher zustande als der Handelstraktat über das getreue Hausvieh, den Esel. Der deklarierte Bräutigam strich hierauf die Hälfte der Schaumünzen in den Hut und schüttete sie der Braut in die Schürze, zum Mahlschatz; mit der andern überströmte er, als mit einem goldnen Regen, das dürre Land der mütterlichen Habsucht, um davon die Hochzeit auszurichten. Nachher bat er seine Geliebte um eine geheime Audienz, welche ihm nun als ein legales Tête-à-tête unweigerlich zugestanden wurde. Die

reizende Lucine kam mit der heitersten Miene nach Verlauf einer Stunde wieder zum Vorschein und belohnte den aufrichtigen Friedlin für die Auflösung manches Zweifelsknotens, in Ansehung seiner Glücksveränderung, mit dem ersten sanften Kusse von ihrem Rosenmund. Die geschäftige Mutter hatte indessen vor allererst ihren Reichtum in Sicherheit gebracht und solchen, weil sie nicht Zeit hatte, ihn an einen heimlichen Ort im Keller zu vergraben, dem ungetreuen Wandschrank vorderhand wieder anvertraut, hierauf das ganze Haus geschmückt und mit Besen gekehrt; auch ließ sie durch eine dienstfertige Nachbarin Küche und Keller wohl bestellen und schlug in einer ledigen Kammer ein herrliches Gastbett für den neuen Eidam auf, welcher ihrer Meinung nach allzulange zögerte, seiner Geliebten gute Nacht zu sagen und die Federn zu suchen.

Die Neugierde zu erfahren, wes Standes und Herkommens der Fremdling sei, wie sich die erste Bekanntschaft mit ihm ergeben, wie das geheimnisvolle Minnespiel der Liebenden angehoben habe und durch welche List ihre Argusaugen waren geblendet worden, setzte die Lebensgeister der lauersamen Mutter in so ungewohnte Bewegung, daß ihr kein Schlaf in die Augen kam, ob sie sonst gleich mit den Hühnern aufzufliegen pflegte und dabei oft das Sprüchlein anzog: Morgenstunde hat Gold im Munde. Der verschwiegnen Lucine stand in der Mitternachtsstunde noch ein scharfes Examen bevor; aber sie hatte entweder gute Ursachen nicht auszubeichten, oder ihre gesprächige Laune war mit dem trauten Herzgespiel bereits zur Ruhe gegangen. Da Mutter Ilse mit dem artikulierten Verhör herausrückte, rundete sich der kleine Mund des lieblichen Mädchens zum Gähnen, es rieb sich die Augen und vermeldete die Ankunft des Sandmännchens, hatte nicht Lust, Rede zu stehen, und sprach etwas schlaftrunken: „Liebe Mutter, das alles steht Euch bevor, der Länge nach zu fahren, nur gönnt mir jetzt die Ruhe, deren ich benötigt bin, daß morgen meine Wangen nicht erbleichen, wenn der junge Gesell seinen Kauf bei frühem Tage besieht." Mit dieser Ausflucht mußte sich die weibliche Neugier begnügen und war wider Gewohnheit so bescheiden, die Decke des Geheimnisses nicht weiter zu betasten.

Es gab nun vielen Wirrwarr im Hause: Die Zurüstungen zur Hochzeit wurden mit großem Eifer betrieben. Das Gerücht von Lucines Heirat lief wie ein Steppenfeuer in der Stadt umher und war die Neuigkeit des Tages. Wo sich der stattliche Freier auf der Straße blicken ließ, da fuhr alles an die Fenster, auch blieben die Leute an den Eckhäusern und auf den Kreuzwegen stehen, gafften ihm nach und beredeten die Freierei. Einige gönnten dem wackern Mädchen sein Glück, andere beneideten es deshalb, und obwohl Friedlin ein schöner Mann war, der in ganz

Rothenburg seinesgleichen suchte, auch sich dabei herrlich kleidete und trug – so fand die Eifersucht der Stadtmädchen doch
bald dies, bald das an ihm zu meistern: Der einen war er zu lang,
der andern zu schlank, der dritten zu rund, der vierten zu bunt.
Einige nannten ihn einen Prahler, andere einen Luftling, hofften
zu ihrem Troste, die Freude werde nicht lange dauern, verglichen
ihn einem Zugvogel, der nur kömmt, im Lande zu nisten und
wieder davonfliegt. Indessen mußte Nachbar Neidhart doch ein-

gestehen, daß der fremde Zugvogel fleißig zu Neste trüge. Eines Tages kam ein Nürnberger Fuhrmann mit einem schwerbeladenen Frachtwagen vors Haus gefahren, der trug Kisten und Kasten hinein. Mutter Ilse säumte nicht, mit Meißel und Hammer sie zu öffnen, erstaunte über den reichen Segen ihres zukünftigen Tochtermanns und pries den angeblichen Erblasser desselben einmal über das andere selig.

Der Hochzeitstag war anberaumt und die halbe Stadt dazu eingeladen, die Ausrichtung geschah im Wirtshaus zum Güldnen Lamm: Das Wohnhaus hatte nicht Raum, alle Gäste zu fassen. Da die Braut den Kranz aufschmückte, sprach sie zur Mutter: „Dieser Kranz würde traun! am Ehrentage mir behagen, wenn Vater Peter mich zur Kirche führte. Ach, wär er doch wieder da! Wir haben Gottes Segen vollauf, und er nagt wohl am Hungertuche." Dieser Gedanke fiel ihr so schwer aufs Herz, daß sie darüber anhob zu weinen und zu jammern. Aus Sympathie, oder weil die alte Liebe bei erneuertem Wohlstand in dem mütterlichen Herzen wieder anfing zu vegetieren, stimmte die Hochzeitsmutter mit ein und sprach: „Ich wär's wohl zufrieden, daß er wiederkäm, möcht ihn doch der Eidam zu Tode füttern. 's ist immer, als wenn was im Hause fehlte, seitdem der Vater nicht da ist." Daran sagte sie auch keine Unwahrheit: Im Grunde fehlte in ihrem Feuerzeug der Stein, woraus ihr stählerner Sinn den Funken hervorsprühen ließ, durch welchen der Zunder der Zwietracht entzündet wurde. Seit seiner Auswanderung war, zu ihrem größten Leidwesen, beständiger Friede im Hause, und ihre Gallenblase bedurfte doch zuweilen einer Ausleerung.

Was geschah? Am Polterabend vor der Hochzeit karrte ein Mann mit einem Schubkarren zum Tor herein, verzollte ein Faß Brettnägel, die er dem Beschauer vorzeigte, fuhr mit seiner Ladung geradewegs vors Hochzeitshaus und pochte an die Tür. Die Braut schob das Lid im Fenster auf, zu sehen, wer da sei: Da war's Vater Peter. Darüber entstand großer Jubel im Hause, die hocherfreute Lucine sprang über Tisch und Bank ihm entgegen und umhalste ihn zuerst, hernach bot ihm Mutter Ilse die Hand und verzieh ihm den verübten Diebsgriff in ihr Schatzgeld mit den Worten: „Schelm, beßre dich!" Endlich bewillkommnete ihn auch Friedlin, der Bräutigam, und Mutter und Tochter waren zugleich die Dolmetscherinnen aller seiner Freiermeriten: Denn Vater Peter faßte den wildfremden Mann scharf ins Auge und schien über ihn allerlei Glossen zu machen. Doch da er berichtet wurde, wie dieser Fremdling die Gerechtsame der Hausgenossenschaft sich erworben habe, war er wohl mit dem zukünftigen Eidam zufrieden und tat so vertraut, als wenn er schon lange mit ihm bekannt gewesen wäre. Nachdem Mutter Ilse dem wiedergefundenen Ehemann etwas zum Imbiß aufgetragen hatte, war sie begierig, seine Abenteuer zu vernehmen, und forschte mit Fleiß, wie es ihm in der Fremde ergangen sei. „Gott segne mir meine Vaterstadt!" sprach er. „Ich bin das Land durchzogen, hab allerlei Gewerbe versucht und zuletzt einen Eisenhandel getrieben, aber dabei mehr zugesetzt als gewonnen. All mein Reichtum besteht in diesem Fäßlein Brettnägel, die ich den Brautleuten zum Hausrat in die Wirtschaft zu steuern gedenke." Mutter Ilse hatte nun ihren Feuerstein wieder, und ihre Suada sprühte von neuem helle Funken von Vorwürfen und Schmähungen, daß dem Kleeblatt der Zuhörer davon die Ohren gellten, bis sich Friedlin endlich ins Mittel schlug und versprach, den Schwiegervater aus der Erbschaftsmasse zu alimentieren und ihn ehrlich zu halten.

Die fromme Lucine erreichte den Wunsch, daß sie Vater Peter folgenden Tages in die Kirche führte, herausgeputzt wie eine Magistratsperson, wenn der neue Rat aufgeführt wird. Die Hochzeit des glücklichen Paares wurde mit großem Gepränge vollzogen. Bald nachher richteten die jungen Leute ihre eigne Wirtschaft an. Friedlin hatte das Bürgerrecht gewonnen, bezog sein neues Haus am Markt neben der Apotheke, kaufte dazu einen Weinberg und Garten, auch Ackerfeld samt Wiesen und Weihern, und trieb bürgerliche Nahrung als ein wohlhabender Mann. Vater Peter aber hatte sich in Ruhe gesetzt, zehrte, wie die ganze Stadt glaubte, von dem Segen des reichen Schwiegersohns, und niemand vermutete, daß sein Nägelmagazin das eigentliche Füllhorn sei, aus welchem das Öl des Überflusses träufe.

Er hatte die Wallfahrt nach dem Blocksberg, ohne daß eine lebendige Seele etwas darum wußte, glücklich vollendet; zwar nicht mit der Eile wie die löbliche Innung der Druden in der Walpurgisnacht auf der Besenpost, aber mit mehr Muße und Bequemlichkeit. In jedem Wirtshaus, zwischen dem Fichtelberg und Brocken in gerader Linie gelegen, kehrte er ein und hielt Kellerrevision, befand sich mehr unter als über der Erde auf dieser Ausflucht über die fränkische Grenze und fuhr nicht eher ganz nüchtern wieder zu Tage aus, bis er in blauer Ferne das Harzgebirge vor Augen hatte. Nun fand er mancherlei Schwierigkeiten vor sich, wozu er des freien und ungehinderten Gebrauchs aller obern und untern Fähigkeiten der Seele benötigt war. Darum legte er sich ein strenges Fasten in Speise und Trank auf.

Solange er den Brocken noch nicht erreicht hatte, diente ihm seine Nase zum Reisekompaß, und er ging dieser getreulich nach; aber nun befand er sich gleichsam unter einer Polhöhe, wo diese Magnetnadel keine Direktion mehr anzeigte. Er durchkreuzte den Brocken hin und her, niemand konnte ihm das Morgenbrodstal nachweisen. Zufälligerweise kam er dennoch auf die rechte Spur, fand den Andreasberg, witterte das Flüßchen aus, die Eder genannt, aus welchem er einen frischen Trunk schöpfte, der ihn mehr begeisterte als die Dichter ein idealischer Labetrunk aus der Hippokrene; entdeckte das Grab und war so glücklich, die Streitfrage des Wirtes zum Güldnen Lamm zu lösen. Er ging wirklich in den Berg, die Springwurzel leistete ihre guten Dienste; er fand den Schatz und belastete seinen Mantelsack mit so vielem Golde, als er zu tragen vermochte, welche Summe er für seine Bedürfnisse auf Lebenszeit und zur Aussteuer der schönen Lucine hinreichend fand. Obgleich die goldne Bürde, welche er jetzt zutagezufördern bemüht war, seine Schulter so sehr drückte als ehedem ein schwerer Mehlsack – so wurde ihm doch der Weg, die zweiundsiebenzig steinernen Stufen herauf, lange nicht so sauer und beschwerlich als der zur

Mühle. Er war jetzt so reich wie Anton Thevenet, der mit seiner Bande den berüchtigten großen Diebstahl an dem Wechsler Fingerlin zu Lyon beging.

Da er auf dem Rückweg wieder das Tageslicht erblickte, war ihm zumute wie einem dem Schiffbruch Entronnenen, der lange mit den Schrecken des Todes in den Wogen gekämpft hat, nun unter seinen Füßen festen Grund und Boden fühlt und den Strand freudig hinaufklimmt. Bei aller verheißenen Sicherheit traute er, während der unterirdischen Expedition dem Berggeist nicht allerdings, fürchtete, der schauervolle Schatzhüter werde ihm in wilder Mannsgestalt erscheinen, ihm einen tödlichen Schrecken einjagen oder die reiche Beute wieder abnehmen. Die Haut schauerte ihm, und alle Haare standen ihm zu Berge, da er die steinerne Treppe hinabstieg. Er hielt sich auch sowenig mit Betrachtung des Schatzgewölbes auf, daß er sich nachher nicht einmal zu erinnern wußte, ob die Wände und Pfeiler von Gold und Juwelen geflimmert und gefunkelt hatten. Alle seine Gedanken waren nur auf die kupferne Truhe gerichtet, aus welcher er, so behend als möglich, volle Ladung einnahm. Inzwischen lief alles nach Wunsch ab, es ließ sich kein Berggeist hören noch sehen; nur die eiserne Tür tat sich, sobald er den Fuß aus dem Gewölbe herausgesetzt hatte, mit großem Ungestüm wieder zu. In der Eil hatte der scheue Schatzsucher die köstliche Springwurzel, die er beim Einraffen des Goldes aus der Hand gelegt, mit sich herauszunehmen vergessen, wodurch ihm der zweite Transport unmöglich gemacht wurde, welches jedoch der begnügsame Mann, der so viel Reichtum in gediegenem Golde besaß, als er fortbringen konnte – und wir wissen, daß er ein bengelhafter Lastträger war –, eben nicht sehr zu Herzen nahm.

Nachdem er alles getreulich, laut Instruktion des Altvaters Martin, ausgerichtet und das scheinbare Grab wieder zugeworfen hatte, zog er in reifliche Überlegung, wie er das erhobene Schatzkapital in Sicherheit bringen und davon in seiner Vaterstadt nach Herzensgelüsten ohne großes Aufsehen und Maulgesperre leben und zehren könnte. Auch lag ihm sehr daran, daß sein böses Weib daheim nichts von der Beerbung des alten Harzkönigs wittern möchte: Denn er befürchtete, daß sie ihn so lange auf der ehelichen Folter quälen würde, bis er ihr sein Hab und Gut ausgesäckelt hatte. Sie sollte, seiner Absicht nach, zwar den Genuß davon haben und aus dem wohltätigen Bächlein ihren Durst löschen – aber die Quelle davon nie ausspähen. Der erste Punkt war leicht in Richtigkeit gebracht; allein der andere kostete großes Kopfzerbrechen, ohne daß Meister Peter damit etwas endete. Er trug seinen Mammon wohl eingepackt und fest geschnürt ins nächste Dorf, das ihm aufstieß, kaufte dort beim Rademacher einen Schubkarren, und beim Faßbinder ließ er sich eine Tonne mit doppeltem Boden zurichten, fuhr damit auf den nächsten Eisenhammer, füllte sie oben und unten mit Brettnägeln, und in der Mitte verbarg er gar schlau den Schatz. Mit dieser Ladung machte er sich allgemachsam auf den Heimweg, hielt bei jedem Krug an und ließ auftragen das Beste, was der Wirt hatte.

Als er von der Kästenzeche den Berg hinein nach Ellrich fuhr, in das wohlbekannte Städtlein, obwohl damals Amarant und Nanntchen noch nicht daselbst hausten, gesellte sich ein junger Mann zu ihm von feinem Ansehen, dem aber tiefer Kummer auf dem Gesicht saß. Vater Peter, dem's gar wohl leicht ums Herz und der eben gesprächiger Laune war, redete ihn an: „Junger Gesell, wo hinaus?" Er antwortete gar trübsinnig: „In die weite Welt, guter Vater, oder aus der Welt, wohin mich meine Füße tragen." – „Warum aus der Welt?" sprach Meister Peter. „Was hat dir die Welt zuleide getan?" Der Wandersmann: „Sie hat mir nichts zuleide getan, ich ihr auch nichts, dennoch steht mir's darin nicht länger an." Der joviale Karrenschieber, der, wenn's ihm wohl war, jedermann gern froh und heiter um sich sah, tat sein Bestes, den Kopfhänger aufzumuntern, und weil seine Wohlredenheit nichts über ihn vermochte, vermutete er, die böse Laune möchte wohl unterm Zwerchfell im Ösophagus ihren Sitz haben. Darum lud er ihn zum Abendessen im Wirtshaus ein und versprach, ihn zechfrei zu halten, welches der mißmutige Gefährte nicht ausschlug. Es war an demselben Abend ein fröhliches Gelag daselbst, wobei viel Scherz und Kurzweil getrieben wurde. Meister Peter war recht in seinem Element und wurde so aufgeräumt, daß er auf eigne Kosten für die ganze Gesellschaft einschenken ließ. Da gab's Schnacken, Schnurren und Charakterzüge, so bunt und kraus, als die gedruckten nur immer sein mögen, und in der Schenke nehmen sie sich vortrefflich aus! Der Murrkopf allein fand keinen Geschmack daran, saß in einem Winkel, sah vor sich auf die Erde, aß kaum drei Mundbissen und kredenzte den Freudenbecher nur ein wenig mit den Lippen.

Da Meister Peter wahrnahm, daß dem milzsüchtigen Gast auch auf diese Weise nicht beizukommen war, vermutete er, daß sein Kummer tiefe Wurzeln in dem Herzen müsse geschlagen haben, ließ in einer Kammer eine gute Streu zubereiten und nahm sich vor, den folgenden Tag seinen Gast auszuforschen, denn er wähnte ein sonderbares Abenteuer und war begierig, es zu vernehmen. Der schöne Sommermorgen lockte ihn in die Laube des Hausgartens, er bestellte das Frühstück dahin, und sobald der Grillenfänger wach war, berief er ihn heraus ins Freie, saß bei ihm in der Laube, munterte ihn auf und sprach: „Lustig, Gesell! Laß deinen Kummer schwinden, und sei gutes Mutes. Sieh da! Nach einer trüben Nacht läßt sich's doch zu einem heitern Tage an. Was bangt und quälet dich? Sag an!" – „Was kann's helfen, guter Vater", antwortete gar trübselig der Jüngling, „ob ich dir mein Herz offenbaren wollte, du hast doch weder Rat noch Trost für mich." – „Wer weiß", versetzte Meister Peter, „ob ich dir nicht helfen kann; singt nicht die christliche Gemeinde: Oft kommt der Trost aus Winkeln her, wo man ihn nicht vermutet?" Er setzte mit so zudringlicher Gutmütigkeit an den Ritter von der traurigen Gestalt, daß dieser nicht umhin konnte, ihm endlich zu Willen zu sein. „Die Ursach meines Kummers", sprach er, „ist kein Bubenstück, das mich bangt und nagt, sondern ein Unstern tugendlicher Liebe, darum darf ich mich nicht entblöden, dir mein Anliegen zu entdecken.

Ich bin der Armbrustschütz des Grafen von Öttingen in Frankenland und sein geborner Dienstmann. Ich war bei ihm wie Kind im Hause. Er hat mich auferzogen, und die Leute munkelten, ich sei sein Sohn. Um die Zeit der Mitfasten brachte ihm ein Maler allerlei Gemälde zu Kauf, die der Graf bestellt hatte, sein neues Schloß damit zu zieren. Unter diesen Schildereien befand sich das Konterfei eines wunderschönen Mädchens, das sie eine Göttin nannten und wovon der Meister behauptete, daß er die liebliche Gestalt einem zarten Mädchen abgestohlen habe, das an Schönheit die Abkonterfeiung weit überträf, aber zu verschämt gewesen sei, dem Maler zu sitzen. Ich konnte nimmer satt werden, das Bildnis anzuschauen, lief zehnmal des Tages in den Saal, wo es aufgestellet war, gaffte es stundenlang an, und je länger ich es betrachtete, desto mehr wurde mein Herz davon entzündet, daß ich keine Ruh noch Rast mehr finden konnte. Eines Tages rief ich den Maler beiseits und beschwor ihn, mir zu sagen, wo das feine Mädchen anzutreffen sei, nach dem er das Konterfei im Speisesaal abkopiert habe, und bot ihm großen Lohn, wenn er mit der Sprache frei herausgehen wollte. Der Meister merkte, wo mich der Schuh drückte, lachte über meine Phantasie und offenbarte mir sonder Trug, was ich zu wissen begehrte. Das schöne Mädchen, sagt' er, sei in der Reichsstadt Rothenburg an der Tauber seßhaft und des alten Garkochs Tochter, ich könne bei ihr mein Heil versuchen; sie sei jedoch gar stolzen und spröden Sinnes. Alsbald begehrte ich Urlaub vom Grafen, der mir solchen weigerte und mich nicht entlassen wollte; darum entlief ich bei der Nacht und zog gen Rothenburg, wo ich bald das Mägdlein auskundschaftete. Aber sie zu sehen oder zu ihr zu gelangen, war all meine Müh vergebens. Sie lebt unter dem Gewahrsam einer luchsäugigen Mutter, einem Drachen von Weibe, das sie nicht vor die Tür gehen oder zum Fenster ausschauen läßt, verschließt das Haus wie einen Jungfernzwinger, und keine männliche Seele darf hinein.

Das ängstete und quälte mich gar sehr, darum sann ich auf eine List, zog Frauenkleider an, versteckte das Gesicht unter einer Kappe und schellte an der Tür. Da ward mir aufgetan, ich sah das liebreizende Mädchen, und ihr Anblick entzückte mich also, daß ich mich schier vergessen hatte; doch besann ich mich kurz und bestellte einen Teppich mit Bildwerk bei ihr, denn sie ist eine kunstreiche Näherin, als eine im Lande. Nun ging ich täglich im Hause frei aus und ein, unter dem Vorwand zu sehen, ob die Arbeit fördere, und genoß der Wonne, mein Liebchen vor Augen zu haben und mit ihr freundlich zu plaudern, stundenlang. Bald vermerkt ich, daß mich die Jungfrau liebgewann, denn ich tat so ehrbar und sittsam als eine ernste Matrone, und sie ist ein rechtes Tugendbild. Aber einstmals, als die Mutter außer dem Hause Geschäfte hatte und ich allein bei dem holden Mädchen saß, drängte mich die heiße Liebe, mich ihr zu entdecken. Sie fuhr mit großem Schreck vom Nährahmen auf und wollte entfliehen. Ich hielt sie flehentlich zurück, daß sie nicht Lärm machte und Feuer schrie, setzte ihr Leib und Seele zum Pfande, daß ich in ehrlicher Absicht gekommen sei, mit Zucht und Ehrbarkeit um ihre Gunst zu werben. Endlich glaubte sie meinen Worten, und da sie ruhiger wurde, eröffnete ich ihr den ganzen Handel, wie sich alles begeben hatte, daß mein Herz in Liebe gegen sie entbrannt sei. Sie strafte meinen Leichtsinn mit lieblichen Worten, daß ich Minne halber meinem Brotherrn, dem Grafen, entlaufen sei, und frug, wovon ich denn ein Weib ernähren wollte. Da stand ich wie aufs Maul geschlagen und wußte keine Antwort auf diese verfängliche Frage. Ob ich schon zwei gesunde Arme habe, so wagte ich doch nicht frei herauszusagen, daß mich ihr zuliebe diese schon nähren würden: Denn ich fürchtete, ein Taglöhner sei einem so rechtlichen Mädchen zu schlecht.

Sie blickte mich voll Mitleiden an und fuhr also fort: ‚Friedlin, wir müssen uns scheiden, du wirst mich nimmer unter dieser trüglichen Gestalt wiedersehen. Diese Tür bleibt dir auf ewig verschlossen. Meine Tugend ist unbescholten, aber mein Herz ist schwach! Du hast mich belehrt, wie leicht die Verführung einen Weg durch verschloßne Türen zu finden weiß. Mein Vater hat mich fürs Kloster bestimmt, und ich eile nun, diesem Beruf zu folgen; die Nadel soll mir erwerben, was ich dem Kloster steuern muß. Gehab dich wohl, auf hundert Meilen weit, daß kein

Verdacht mir bösen Leumund mache.' Sie trieb mich, sie zu verlassen. Ich mußte gehorchen und mich von ihr scheiden. Ach, das war ein bitter Kraut! Ich schlich trübselig in die Herberge, rang mit Kümmernis und Verzweiflung, hatte weder Ruh noch Rast, weinte und jammerte Tag und Nacht. Hundertmal zog ich des Tages die Straße, wo sie wohnte, auf und ab, und wo in eine Kirche zur Messe geläutet wurde, lief ich spornstreichs hin, ihr aufzulauern, um nur den Trost zu haben, sie noch einmal zu sehen. Umsonst! Sie blieb vor meinen Augen verborgen wie ein Geheimnis. Dreimal verließ ich die Stadt, in die weite Welt zu gehen; ich konnte nicht fort: Es war, als wenn ich an den Ort gebannt wäre. Noch einmal versucht ich's eines Morgens, mich in ein Weib vermummet ins Haus zu stehlen, um ihr auf ewig Lebwohl zu sagen. Ich schellte an der Tür mit großer Beklommenheit. Die Mutter kam heran, doch als sie mich erblickte, schlug sie das Fenster hastig zu und schalt und schmähete von innen: ,Du Drude! Du Trödlerin! Sollst meine Schwelle nimmer betreten! Bist gar eine schlechte Bezählerin!' Aus diesen Worten verstand ich, unter welchem Vorwand die kluge Lucine meine Entdeckung der Mutter verhehlet hatte, die sonst schwerlich eine gute Kundschaft würde verschlagen haben. Nun gab ich alle Hoffnung auf, das herrliche Mädchen jemals wieder mit Augen zu sehen, verließ die Stadt und ziehe, als ein herrenloser Knecht, im Lande herum, bis mir der Kummer vollends gar das Herz abfrißt."

Meister Peter hatte mit großer Aufmerksamkeit die offenherzige Erzählung seines Reisegefährten angehört und freute sich über den glücklichen Zufall innig, der ihn zu einem Wanderer gesellt hatte, welcher ihm von der geheimen Geschichte seines Hauses während seiner Abwesenheit so authentische Nachricht erteilte. Als Friedlin mit seinem Referat zu Ende war, sprach er: „Deine Geschichte ist sonderbar; aber eins ist mir noch nicht klar darin, du gedachtest eines Vaters deines Liebchens. Warum vertrautest du dich dem nicht an? Er wäre wohl Freiersmann worden und würde einem so wackern Gesellen, als du zu sein scheinest, sein Kind schwerlich versagt haben." – „Ach!" entgegnete Friedlin. „Der Vater ist ein übler Kerl, ein Saufbold, ein Landfahrer, der Weib und Kind böslich verlassen hat und von dem niemand weiß, wo er geblieben ist. Das knurrige Weib führte oft bittre Klagen über ihn und schalt das liebe Mädchen hart aus, wenn es des Vaters Partei nahm, ob er ihm gleich den Patenpfennig zum Zehrgeld entwendet hat, wofür ich dem Schurken den Bart ausraufen möchte, wenn er mir in die Hände fiel." Vater Peter horchte hoch auf, da ihm also sein Lob gepriesen wurde, und wunderte sich, daß der junge Gesell um alle seine Domestika so guten Bescheid wußte. Der Eifer desselben beleidigte ihn keineswegs. Er fand, daß Friedlin vortrefflich in seinen Plan passe, daß er ihn zum Depositär seiner Reichtümer machen und dadurch alles Aufsehen beim Genuß derselben in seiner Vaterstadt vermeiden, auch dem gierigen Weibe seinen Fund verbergen könne. „Kumpan", sprach er, „zeig mir deine Hand, ich verstehe mich aufs Wahrsagen, laß sehen, was dein Glücksstern dir verheißt." – „Was kann er mir verheißen", antwortete der in die Fremde gezogene Liebhaber, der wieder ganz in seine trübselige Laune verfallen war, „doch nichts als Unglück."

Der angebliche Chiromant ließ sich nicht abweisen, und da Friedlin den freundschaftlichen Gefährten, der ihn zechfrei hielt, nicht wollte unwillig machen, so reichte er ihm die Hand dar. Meister Peter nahm eine bedenkliche Miene an, betrachtete alle Lineamente wohl, schüttelte zuweilen verwundert den Kopf dabei, und da er das Spiel lang gnug getrieben hatte, sprach er: „Freund, wer's Glück hat, führt die Braut heim! Morgen, wenn die Sonne aufgeht, mach dich auf und ziehe gen Rothenburg im Frankenland: Dein Liebchen ist dir treu und hold, sie wird dich wohl empfangen. Es steht dir eine reiche Erbschaft bevor von einem alten Vetter, den du nicht kennst, bald hast du Geld und Gut im Überfluß, ein Weib davon zu nähren." – „Kamerad", sprach Friedlin mit Unwillen, der den Wahrsager für einen Possenreißer und Scherztreiber hielt, „es ziemet dir nicht, mit einem Unglücklichen Gespött zu treiben, such dir einen, den du foppen kannst, ich bin nicht dein Mann." Er stand hastig auf und wollte davon. Vater Peter erfaßte ihn beim Rockzipfel und sprach: „Bleib, du Murrkopf, ich treibe keinen Scherz und bin bereit, meine Prophezeiung bei Ehren zu erhalten. Ich bin ein wohlhabender Mann und will dir bar, auf einem Brette, so viel auf die Erbschaft vorstrecken, als du begehrest. Folge mir in die Kammer, daß ich dich von der Wahrheit meiner Worte durch die Tat überführe." Der junge Gesell machte große Augen, da er den Freund Eisenhändler aus dem Ton reden hörte; seine abgebleichten Wangen röteten Freude und Erstaunen. Er folgte schweigend, in einem Zustand, wo ihm unbewußt war, ob er wachte oder träumte, dem rätselhaften Mann, welcher die Tür abschloß und sein Nägelfaß aufspündete.

Hier entdeckte sich Meister Peter dem getreuen Liebhaber der schönen Lucine offenherzig, vertraute ihm das Schatzgeheimnis und sein Vorhaben, daß Friedlin als Tochtermann den reichen Mann spielen, er aber in der Stille leben und mit ihm des herrlichen Fundes sich freuen wolle. Die tiefe Melancholie des jungen Wichtes war nun mit einemmal verschwunden; er wußte keine Worte zu finden, dem ehrlichen Vater seine Dankbarkeit zu erkennen zu geben, daß er ihn zum glücklichsten Sterblichen auf Gottes Erdboden machen wolle. Des folgenden Tages verließen beide Reisegefährten mit der besten Laune die Stadt Ellrich am Harz und steuerten frisch auf Nürnberg in Franken zu. Hier staffierte sich Friedlin als ein stattlicher Freier heraus, Vater Peter zahlte ihm das vorläufige Heiratsgut in die Tasche und nahm den Verlaß mit ihm, wenn sein Gewerbe glücklich vonstatten gehen würde, sollte er durch einen geheimen Boten es ihm zu wissen tun, daß er einen Fuhrmann mit allerlei köstlichem Hausgerät befrachten könne, damit der reiche Freier in Rothenburg Aufsehen mache.

Als der präsumtive Schwäher und Eidam voneinander schieden, gab der erstere dem letztern die Vermahnung mit auf den Weg: „Schweige deine Zunge und bewahre unser Geheimnis, vertraue keinem Menschen, was dir wissend ist, als der verschwiegenen Lucine, wenn sie deine Braut sein wird." Meister Peter genoß die erkleckliche Rente seiner Harzreise, ob er gleich keine Beschreibung davon auf Kosten des Publikums ans Licht stellte, bis ins späteste Alter, hatte so viel im Vermögen, daß er nicht wußte, wie reich er war; Friedlin aber hatte den Namen des reichen Mannes, lebte mit der schönen Lucine, seinem tugendsamen Weib, glücklich und zufrieden. Und wie ein reicher Mann auch leicht ein geehrter Mann sein kann, wenn er will, so bewarb er sich um eine Stelle im Rat, erstieg in der Folge die höchste Stufe reichsstädtischer Glückseligkeit und wurde regierender Bürgermeister. Von ihm geht noch bei den Rothenburgern ein Sprichwort im Schwange bis auf den heutigen Tag: Wenn sie einen bemittelten Mann beschreiben wollen, so heißt es, er sei so reich als weiland Peter Blochs, des Garkochs, Eidam.

[1] Das ist der Wildemann auf dem Harzgelde, welchen einige fälschlich für den Schildhalter des braunschweigischen Wappens ausgeben. Er ist der Berggeist des Harzes, wie er sich hier zu erkennen gibt, der einer reichhaltigen Fundgrube daselbst den Namen gegeben, wo er oft den Bergleuten erschienen ist. So furchbar übrigens diese Gestalt dem Altvater Martin mag vorgekommen sein, so angenehm fällt sie, auf den Harzgulden in Zahlung, dem Empfänger ins Auge.

[2] Diese umständliche Nachweisung eines angeblichen Schatzes auf dem Brocken ist keine Erfindung des Referenten dieser Geschichte, sondern aus einem Manuskript gezogen, welches die Abschrift eines älteren Manuskripts zu sein scheinet, betitelt: Liber singularis, in quo arcana arcanorum, tamquam de coelo elapsa tractantur.

[3] Eine bekannte Beschuldigung gegen Herrn Hastings, daß er einige eingeborne Prinzessinnen nackend auf dem Sklavenmarkt zum Verkauf habe ausstellen lassen, um ihren Preis zu erhöhen.

Die Entführung

Eine Anekdote

Am Wässerlein Lockwitz im Vogtlande, auf der thüringischen Grenze, ist gelegen das Schloß Lauenstein, welches vorzeiten ein Nonnenkloster war, das im Hussitenkrieg zerstört wurde. Die geistliche Domäne ging, als ein verlassenes Eigentum, in der Folge wieder an den weltlichen Arm über und wurde von dem Grafen von Orlamünde, als damaligem Grundherrn, an einen Lehnsmann ausgetan, der auf der Ruine des Klosters sich ein Schloß erbaute und dem wohlerworbenen Eigentum entweder seinen Namen gab oder diesen davon bekam: Er hieß der Junker von Lauenstein. Es veroffenbarte sich aber gar bald, daß geistliches Gut in der profanen Hand der Laien nicht gedeiht und daß ein solcher stiller Kirchenraub auf eine oder die andere Art geahndet wird.

Die Gebeine der heiligen Nonnen, die schon jahrhundertelang in dem düstern Begräbnisgewölbe im stillen Frieden ruhten, konnten die Entweihung ihres Heiligtums nicht gleichgültig ertragen. Die morschen Totenknochen wurden rege, rasselten und rauschten zur Nachtzeit aus der Tiefe herauf und erhoben ein furchtbares Getöse und Gepolter im Kreuzgang, der noch unversehrt geblieben war. Oft zog eine Prozession von Nonnen mit feierlichem Gepränge im Schloßhof herum, sie wallfahrteten durch die Gemächer, schlugen Türen auf und Türen zu, wodurch der Eigentümer in seinen vier Pfählen verunruhigt und aus dem Schlafe gestört wurde. Oft tosten sie im Gesindesöller oder in den Ställen, erschreckten die Mägde, zwickten und zwackten sie bald dort, bald da, quälten das Vieh, den Kühen versiegte die Milch, die Pferde schnoben, bäumten sich auf und zerschlugen die Standbäume.

Bei diesem Unfug der frommen Schwestern und ihren unablässigen Plackereien verkümmerten Menschen und Tiere und verloren allen Mut, vom gestrengen Junker an bis auf den grimmigen Bullenbeißer. Der Gutsherr scheute keine Kosten, dieser tumultuarischen Hausgenossenschaft durch die berühmtesten Geisterbanner Friede gebieten und ewiges Stillschweigen auferlegen zu lassen. Doch der kräftigste Segen, vor welchem das ganze Reich des Belials zitterte, und der Sprengwedel, mit Weihwasser getränkt, der unter den bösen Geistern sonst aufräumte wie die Fliegenklappe unter den Stubenfliegen, vermochte lange Zeit nichts gegen die Hartnäckigkeit der gespenstischen Amazonen, die ihre Ansprüche auf den Grund und Boden ihres vormaligen Eigentums so standhaft verteidigten, daß die Exorzisten mit der heiligen Gerätschaft der Reliquien bisweilen die Flucht ergreifen und das Feld räumen mußten.

Einem Gaßner seines Jahrhunderts, der im Lande herumzog, Hexen auszuspähen, Kobolde zu fangen und die Besessenen von dem Raupengeschmeiß der bösen Geister zu säubern, war's aufbehalten, die geistischen Nachtschwärmerinnen endlich zum Gehorsam zu bringen und sie wieder in ihre dunkle Totenkammer einzusperren, wo sie Erlaubnis erhielten, ihre Schädel hin- und herzurollen und mit ihren Knochen zu klappern und zu poltern, soviel sie wollten. Alles war nun ruhig im Schlosse, die Nonnen schliefen wieder ihren stillen Totenschlaf; aber nach sieben Jahren hatte ein unruhiger Schwestergeist schon wieder ausgeschlafen, ließ sich zur Nachtzeit sehen und trieb eine Zeitlang das vorige Spiel, bis er ermüdete, sieben Jahre ruhte, dann wieder Besuch in der Oberwelt gab und das Schloß revidierte. Mit der Zeit gewöhnten sich die Einwohner an die Erscheinung des Gespenstes, und wenn die Zeit kam, daß sich die Nonne blicken ließ, wahrte sich das Hofgesinde, zur Abendzeit den Kreuzgang zu betreten oder aus der Kammer zu gehen.

Nach Ableben des ersten Besitznehmers fiel das Lehen an seine aus rechtmäßigem Ehebett erzielte Deszendenz, und es fehlte nie ein männlicher Erbe bis auf die Zeiten des Dreißigjährigen Krieges, wo der letzte Zweig des Lauensteinischen Geschlechtes blühte, bei welchem die Natur ihre Kräfte erschöpft zu haben schien, um ihn zur Existenz zu bringen. Sie war mit dem Stoff zur Anlage seines Körpers so verschwenderisch umgegangen, daß in der Periode, da dieser zur höchsten Vollkommenheit gediehen war, die Masse des gestrengen Junkers beinahe an das Gewicht des berühmten Schmerbauchs, Franz Finatzi in Preßburg, reichte und seine Korpulenz nur einige Zoll weniger maß als des wohlgemästeten Holsteiners, Paul Butterbrod genannt, der sich den Pariser Damen unlängst zur Schau ausgestellt hat, die seine prallen Schenkel und Arme mit so großem Wohlgefallen betasteten. Indessen war Junker Siegmund vor seiner Kürbisepoche ein ganz stattlicher Mann, der auf seiner Hufe in gutem Wohlstand lebte, den von sparsamen Vätern ererbten

Nachlaß nicht schmälerte, aber doch zum frohen Lebensgenuß gebrauchte. Er hatte, sobald ihm der Vorfahr Platz machte und den Besitz von Lauenstein überließ, nach dem Beispiel aller seiner Ahnherren sich vermählt, war allen Ernstes auf die Fortpflanzung des adligen Geschlechts bedacht und erzielte mit seiner Gemahlin glücklich eine eheliche Erstlingsfrucht; aber das Kind war ein wohlgestaltes Fräulein, und dabei hatte es auch mit der Fortpflanzung sein Bewenden. Die allzu sorgsame Pflege des gefälligen Weibes schlug bei dem nahrhaften Eheherrn dergestalt an, daß alle Hoffnung des nachfolgenden Kindersegens in seinem Fett erstickte. Der häuslichen Mutter, welche gleich vom Anfang der Ehe das Hausregiment allein führte, fiel auch die Erziehung der Tochter anheim. Je mehr Papa Bauch wurde, desto unwirksamer wurde seine Seele, und endlich nahm er von keinem Ding in der Welt mehr Notiz, das nicht gebraten oder gesotten war.

Fräulein Emilie war bei dem Gewirr von ökonomischen Geschäften größtenteils der treuen Pflege der Mutter Natur überlassen und befand sich dabei nicht übel. Die verborgene Kunstmeisterin, die nicht gern ihre Reputation aufs Spiel setzt und einen Irrtum, den sie sich zuschulden kommen lassen, gemeiniglich durch ein Meisterstück ersetzt, hatte die Körpermasse und die Talente des Geistes bei der Tochter nach richtigern Verhältnissen abgemessen als bei dem Vater: Sie war schön und hatte Verstand. In dem Maße, wie die Reize des jungen Fräuleins aufzublühen begannen, stimmten sich die Absichten der Mutter höher hinauf, durch sie den Glanz des verlöschenden Geschlechtes noch recht zu erheben. Die Dame besaß einen stillen Stolz, der ihr im gemeinen Leben doch nicht abzumerken war; außer darin, daß sie streng über die Ahnentafel hielt und solche als den ehrwürdigsten Schmuck ihres Hauses ansah. Im ganzen Vogtlande war, außer den Herren Reußen, kein Geschlecht ihr alt und edel gnug, in welches sie die letzte Blüte des Lauensteinischen Stammes verpflanzt zu sehen wünschte, und so sehr sich's die jungen Herren in der Nachbarschaft angelegen sein ließen, die schöne Beute zu erhaschen – so geschickt wußte die schlaue Mutter diese Absichten zu vereiteln. Sie bewachte das Herz des Fräuleins so sorgfältig wie ein Mautner den Schlagbaum, daß keine konterbande Ware einschleichen möchte, verwarf alle

306

Spekulationen wohlmeinender Basen und Tanten, die auf eine Ehestiftung zielten, und tat mit dem Fräulein Tochter so hehr, daß sich kein Junker an sie wagte.

Solange das Herz eines Mädchens noch Lehre annimmt, ist es einem Nachen zu vergleichen auf spiegelgleicher See, der sich steuern läßt, wohin das Ruder ihn führt; aber wenn der Wind sich erhebt und die Wellen das leichte Fahrzeug schaukeln, gehorcht es nicht mehr dem Ruder, sondern folgt dem Strom des Windes und der Wellen. Die lenksame Emilie ließ sich an dem mütterlichen Gängelband willig auf dem Pfad des Stolzes leiten: Ihr noch unbefangnes Herz war jedes Eindrucks fähig. Sie erwartete einen Prinzen oder Grafen, der ihren Reizen huldigen würde, und alle minder hochgeborne Paladins, welche ihr den Hof machten, wies sie mit kaltem Sprödsinn zurück. Ehe sich indessen ein standesmäßiger Anbeter für die Lauensteiner Grazie einfand, trat ein Umstand ein, welcher das mütterliche Heiratssystem merklich verrückte und bewirkte, daß alle Fürsten und Grafen des Römischen Reichs Deutscher Nation zu spät würden gekommen sein, um des Fräuleins Herz zu werben.

In den Unruhen des Dreißigjährigen Kriegs bezog das Heer des wackern Wallensteins in den Gegenden des Vogtlandes die Winterquartiere. Junker Siegmund bekam viele ungebetene Gäste, die im Schlosse mehr Unfug trieben als vor Zeiten die gespenstischen Nachtwandlerinnen. Ob sie gleich weniger Eigentumsrecht daran behaupteten als diese, so ließen sie sich doch durch keinen Geisterbanner wegexorzieren. Die Gutsherrschaft sah sich gezwungen, zu diesem bösen Spiel gute Miene zu machen, und um die gebietenden Herren bei Laune zu erhalten, daß sie gute Mannszucht hielten, wurde ihnen reichlich aufgeschüsselt. Gastmahle und Bälle wechselten ohn Unterlaß. Bei jenen präsidierte die Frau, bei diesen die Tochter vom Hause. Diese splendide Ausübung des Gastrechts machte die rauhen Krieger gar geschmeidig, sie ehrten das Haus, das sie so wohl nährte, und Wirt und Gäste waren miteinander zufrieden. Unter diesen Kriegsgöttern befand sich mancher junge Held, der dem hinkenden Vulkan seine lüsterne Betthälfte hätte untreu machen können; einer aber verdunkelte sie doch alle.

Ein junger Offizier, der schöne Fritz genannt, hatte das Ansehen eines behelmten Liebesgottes, er verband mit einer glücklichen Bildung ein sehr einnehmendes Betragen, war sanft, bescheiden, gefällig, dabei aufgeweckten Geistes und ein flinker Tänzer. Noch nie hatte ein Mann auf Emiliens Herz Eindruck gemacht, nur dieser erregte in ihrem jungfräulichen Busen ein unbekanntes Gefühl, das ihre Seele mit einem unnennbaren Wohlbehagen erfüllte. Das einzige, was sie wundernahm, war, daß der reizende Adonis nicht der schöne Graf oder der schöne Prinz, sondern nur schlechtweg der schöne Fritz genannt wurde. Sie befragte gelegentlich bei näherer Bekanntschaft einen und den andern seiner Kriegskameraden um den Geschlechtsnamen des jungen Mannes und um seine Abkunft; aber niemand konnte ihr darüber einiges Licht erteilen. Alle lobten den schönen Fritz als einen wackern Mann, der den Dienst verstünde und den liebenswürdigsten Charakter besitze: Mit seiner Ahnentafel schien's indessen nicht gar richtig zu sein, es gab darüber so mancherlei Varianten als über die eigentliche Abkunft und den wahren Ehrenstand des wohlbekannten und dennoch rätselhaften Grafen von Cagliostro, der bald für den Abkömmling eines Maltesischen Großmeisters und mütterlicher Seite für den Neffen des Großherrn; bald für den Sohn eines neapolitanischen Kutschers; bald für den leiblichen Bruder des Zannowichs, angeblichen Prinzen von Albanien, und seinem äußern Beruf nach bald für einen Wundertäter bald für einen Perückenmacher ausgegeben wird. Darin kamen alle Aussagen überein, daß der schöne Fritz von der Pike an sich bis zum Rittmeister heraufgedient habe, und wenn ihn das Glück ferner begünstige, werde er sich mit rapidem Fortschritt gar zu den glänzendsten Posten bei der Armee aufschwingen.

Die geheime Nachfrage der wißbegierigen Emilie blieb ihm unverborgen, seine Freunde glaubten ihm mit dieser Avise zu schmeicheln und begleiteten solche mit allerlei günstigen Vermutungen. Er deutete, aus Bescheidenheit, ihr Vorgeben auf Schimpf und Scherz; im Herzen war's ihm gleichwohl lieb zu vernehmen, daß das Fräulein von ihm Erkundigung eingezogen hatte. Denn gleich der erste Anblick derselben hatte ihn mit dem Entzücken überrascht, welches der Vorläufer der Liebe zu sein pflegt.

Kein Sprachidiom besitzt solche Energie und ist zugleich verständlicher und bestimmter als das Gefühl süßer Sympathien, und durch deren Wirkung geht der Fortschritt, von der ersten Bekanntschaft bis zur Liebe, gemeiniglich ungleich schneller vonstatten als der von der Pike bis zur Schärpe. Es kam zwar nicht so eilig zu einer mündlichen Erklärung; aber beide Teile wußten ihre Gesinnungen einander mitzuteilen, sie verstanden einander; ihre Blicke begegneten sich auf halbem Wege und sagten sich, was die scheue Liebe zu entdecken wagt. Die fahrlässige Mutter hatte, bei der Unruhe im Hause, die Wache vor dem Herzpförtlein der geliebten Tochter gerade zu unrechter Zeit eingezogen, und da dieser wichtige Posten unbesetzt war, so ersah der listige Schleichhändler Amor seine Gelegenheit, sich im Zwielicht unbemerkt hineinzustehlen. Wie er sich einmal in Posseß gesetzt hatte, gab er dem Fräulein ganz andre Lehren als Mama. Er, der abgesagte Feind von aller Zeremonie, benahm gleich anfangs seiner folgsamen Schülerin das Vorurteil, Geburt und Rang müsse bei der süßesten der Leidenschaften mit in Anschlag kommen und die Liebenden ließen sich unter ein tabellarisches Verzeichnis bringen und nach solchem klassifizieren wie die Käferlein und das Gewürm einer leblosen Insektensammlung. Der frostige Ahnenstolz schmolz so schnell in ihrer Seele wie die bizarren Blumenranken an einer gefrornen Fensterscheibe, wenn die Strahlen der lieblichen Sonne die Atmosphäre erwärmen. Emilie erließ ihrem Geliebten Stammbaum und Adelsbrief und trieb ihre politische Ketzerei so weit, daß sie die Meinung hegte, die wohlhergebrachten Vorrechte der Geburt wären, in Absicht auf Liebe, das unleidlichste Joch, welches sich die menschliche Freiheit habe aufbürden lassen.

Der schöne Fritz betete das Fräulein an, und da er aus allen Umständen wahrnahm, daß ihn das Minneglück nicht minder als das Kriegsglück begünstige, zögerte er nicht, bei erster Gelegenheit, die sich darbot, ihr ohne Scheu die Lage seines Herzens zu offenbaren. Sie nahm das Geständnis seiner Liebe mit Erröten, aber nichtsdestoweniger mit innigem Vergnügen an, und die trauten Seelen einigten sich durch das wechselseitige Gelübde unverbrüchlicher Treue. Sie waren nun glücklich für den gegenwärtigen Augenblick und schauderten zurück vor dem zukünftigen. Die Wiederkehr des Lenzes rief die Heldenschar wieder unters Zelt. Die Heere zogen sich zusammen, und der traurige Termin, da die Liebenden voneinander scheiden sollten, stand nahe bevor. Nun kam's zu ernstlichen Konsultationen, wie sie den Bund der Liebe auf legale Art bestätigen möchten, daß nichts als der Tod sie wieder scheiden könnte. Das Fräulein hatte ihrem Verlobten die Gesinnungen der Mutter über den Punkt einer Vermählung offenbart, und es war nicht zu vermuten, daß die stolze Frau von ihrem Lieblingssystem zugunsten einer Affektionsheirat nur ein Haarbreit abweichen würde.

Hundert Anschläge wurden gefaßt, solches zu untergraben, und alle wieder verworfen, es taten sich bei jedem unabsehliche Schwierigkeiten hervor, die an einem glücklichen Erfolg zweifeln ließen. Da indessen der junge Kriegsmann seine Geliebte entschlossen fand, jeden Weg, der zu Erreichung ihrer Wünsche führte, einzuschlagen – so proponierte er ihr eine Entführung, den sichersten Fund, welchen die Liebe erdacht hat und welcher ihr schon unzählige Male gelungen ist und noch oft gelingen wird, den Eltern das Konzept zu verrücken und ihren störrischen Eigensinn zu überwinden. Das Fräulein bedachte sich ein wenig und willigte ein. Nur war eins noch zu bedenken: wie sie aus dem wohlvermauerten und verbollwerkten Schlosse entkommen werde, um sich dem willkommenen Räuber in die Arme zu werfen, denn sie wußte wohl, daß die Wachsamkeit der Mutter, sobald die Wallensteinische Besatzung würde ausmarschiert sein, wieder den vorigen Posten besetzen, jeden ihrer Schritte beobachten und sie nicht aus den Augen lassen werde. Allein die erfindsame Liebe siegt über jede Schwierigkeit. Es war dem Fräulein bekannt, daß auf Allerseelentag im nächsten Herbst die Zeit bevorstünde, da der alten Sage nach die gespenstische Nonne nach Ablauf von sieben Jahren sich im Schlosse würde sehen lassen, die Furcht aller Inwohner desselben vor dieser Erscheinung war ihr gleichfalls bewußt, daher geriet sie auf den dreisten Einfall, diesmal die Rolle des Gespenstes zu übernehmen, eine Nonnenkleidung im geheimen für sich in Bereitschaft zu halten und unter diesem Inkognito zu entfliehen.

Der schöne Fritz war entzückt über diese wohlausgedachte Erfindung und klopfte vor Freude in die Hände. Ob es wohl zu Zeiten des Dreißigjährigen Kriegs mit der Starkgeisterei noch zu früh am Tage war, so war der junge Kriegsheld doch gnug Philosoph, die Existenz der Gespenster zu bezweifeln oder doch wenigstens an ihren Ort zu stellen, ohne darüber zu grübeln. Nachdem alles verabredet war, schwang er sich in den Sattel, befahl sich in den Schutz der Liebe und zog an der Spitze seines Geschwaders davon. Der Feldzug lief für ihn glücklich ab, ob er gleich allen Gefahren trotzte: Es schien, daß die Liebe seine Bitte erhört und ihn unter ihre Protektion genommen hatte.

Unterdessen lebte Fräulein Emilie zwischen Furcht und Hoffnung, sie zitterte für das Leben ihres getreuen Amadis und legte sich fleißig auf Kundschaft, wie es den Wintergästen im Felde ergehe. Jedes Gerücht von einem Scharmützel setzte sie in Schrecken und Bekümmernis, welches die Mutter für einen Beweis ihres guten empfindsamen Herzens erklärte, ohne daraus einen Arg zu haben. Der Kriegsmann verabsäumte nicht, seinem Liebchen von Zeit zu Zeit durch geheime Briefe, welche durch den Kanal einer getreuen Zofe an sie gelangten, selbst von seinen Schicksalen Nachricht zu erteilen, und pflegte, durch eben diesen Weg, von ihr wieder Botschaft zu empfangen. Sobald der Feldzug geendigt war, setzte er alles zu der vorhabenden geheimen Expedition in Bereitschaft, kaufte vier schwarze Pferde zu einem Postzug und eine Jagdchaise, sahe fleißig in den Kalender, um den Tag, da er sich an dem verabredeten Ort in einem Lustwäldchen beim Schlosse Lauenstein einfinden sollte, nicht zu verfehlen.

Am Tage Allerseelen rüstete sich das Fräulein, unter dem Beistande der getreuen Zofe, ihren Plan auszuführen, schützte eine kleine Unpäßlichkeit vor, begab sich zeitig auf ihr Zimmer und verwandelte sich daselbst in den niedlichsten Poltergeist, der jemals auf Erden gespukt hat. Die weilenden Abendstunden dehnten sich ihrer Empfindung nach über die Gebühr; jeder Augenblick vermehrte das Verlangen, ihr Abenteuer zu bestehen. Indes beleuchtete die verschwiegene Freundin der Liebenden, die blanke Luna, mit ihrem falben Schimmer das Schloß Lauenstein, in welchem sich das Geräusch des geschäftigen Tages nun allgemach in eine feierliche Stille verlor. Es war niemand mehr im Schlosse wach als die Ausgeberin, welche in schweren Ziffern, noch bei später Nacht, an der Küchenrechnung kalkulierte; der Kapaunenstopfer, der zum Frühstück für den Hausherrn ein halb Schock Lerchen zu rupfen hatte; der Türhüter, der zugleich das Amt eines Nachtwächters versah und die Stunden abrief, und Hektor, der wachsame Hofhund, welcher den aufgehenden Mond mit seinem Gebell begrüßte.

Wie die Mitternachtsstunde ertönte, begab sich die dreiste Emilie auf den Weg; sie hatte einen Kapital sich zu verschaffen gewußt, der alle Türen schloß, schlich leise die Treppe hinunter durch den Kreuzgang, wo sie in der Küche noch Licht erblickte. Deshalb rasselte sie mit einem Schlüsselbund aus allen Kräften, warf alle Kamintüren mit Getöse zu, öffnete das Haus und das Pförtlein am Tor ohne Anstoß: Denn sobald die vier wachenden Hausgenossen im Schlosse das ungewohnte Geräusch vernahmen, wähnten sie die Ankunft der tosenden Nonne. Der Hühnerrupfer fuhr vor Schrecken in einen Küchenschrank, die Ausgeberin ins Bett, der Hund ins Häuslein, der Türhüter zu seinem Weib ins Stroh. Das Fräulein gelangte ins Freie und eilte nach dem Wäldchen, wo sie schon in der Ferne den Wagen, mit flüchtigen Rossen bespannt, zu erblicken wähnte, der ihrer wartete. Allein, da sie näher kam, war's nur ein trüglicher Schatten der Bäume. Sie glaubte, durch diesen Irrtum irregeführt, den Ort der Zusammenkunft verfehlt zu haben, durchkreuzte alle Gänge des Lustwäldchens von einem Ende bis zum andern; allein ihr Ritter nebst seiner Equipage war nirgends zu finden. Sie bestürzte über diesen Zufall und wußte nicht, was sie davon denken sollte. Bei einem gegebenen Rendezvous nicht zu erscheinen ist unter Liebenden schon ein schwer verpöntes Verbrechen; aber in dem gegenwärtigen Fall zu fehlen, war mehr als Hochverrat der Liebe. Die Sache war ihr unbegreiflich. Nachdem sie bei einer Stunde lang vergeblich geharrt hatte und ihr das Herz vor Frost und Angst bebte und bangte, hub sie an bitterlich zu weinen und zu wehklagen: „Ach, der Treulose treibt frechen Spott mit mir, er liegt einer Buhlerin im Arm, dem er sich nicht entreißen kann, und hat meiner treuen Liebe vergessen." Dieser Gedanke brachte ihr plötzlich die vergessene Ahnentafel wieder ins Gedächtnis, sie war beschämt, sich so weit erniedrigt zu haben, einen Mann ohne Namen und ohne edles Gefühl zu lieben. In dem Augenblick, da der Taumel der Leidenschaft sie verließ, zog sie die Vernunft zu Rate, um den getanen Fehlschritt wiedergutzumachen, und diese treue Ratgeberin sagte ihr, daß sie wieder in das Schloß zurückkehren und den Treubrüchigen vergessen sollte. Das erste tat sie unverzüglich und gelangte zu großer Verwunderung der getreuen Zofe, der sie alles entdeckte, sicher und wohlbehalten in ihr Schlafgemach. Den zweiten Punkt aber, nahm sie sich vor, in nochmalige Überlegung zu ziehen.

Der Mann ohne Namen war indessen nicht so strafbar, als die zürnende Emilie glaubte. Er hatte nicht verfehlt, sich pünktlich einzufinden. Sein Herz war voll Entzücken, und er harrte mit ungeduldiger Erwartung, die holde Liebesbeute in Empfang zu nehmen. Als die Mitternachtsstunde herannahte, schlich er sich nah ans Schloß und lauschte, wenn das Pförtchen sich auftun würde. Früher als er vermutete, trat die geliebte Nonnengestalt daraus hervor. Er flog aus seinem Hinterhalt ihr entgegen, faßte sie herzig in die Arme und sprach: „Ich habe dich, ich halte dich,

nie laß ich dich: Fein Liebchen, du bist mein, fein Liebchen, ich
bin dein, du mein, ich dein, mit Leib und Seele!" Freudig trug
er die reizende Bürde in den Wagen, und rasch ging's fort über
Stock und Stein, bergauf, talein. Die Rosse brausten und schnoben, schüttelten die Mähne, wurden wild und gehorchten nicht

mehr dem Stangengebiß. Ein Rad fuhr ab, ein harter Stoß schnell-
te den Kutscher weit ins Feld, und über einen jähen Absturz rollten wie eine Walze Roß und Wagen mit Mann und Maus in den
tiefen Abgrund hin. Der zärtliche Held wußte nicht, wie ihm geschah, sein Leib war zerquetscht, sein Kopf zerschellt, er verlor

von dem harten Fall alle Besonnenheit. Wie er wieder zu sich kam, vermißte er die geliebte Reisegesellschafterin. Er brachte den übrigen Teil der Nacht in dieser unbehilflichen Lage zu und wurde von einigen Landleuten, die ihn am Morgen fanden, in das nächste Dorf gebracht.

Schiff und Geschirr waren verloren, die vier Pferde hatten sich den Hals abgestürzt; doch dieser Verlust kümmerte ihn wenig. Er war nur über das Schicksal seiner Emilie in der äußersten Unruhe, schickte Leute auf alle Heerstraßen, sie auszukundschaften; aber es war nichts von ihr in Erfahrung zu bringen. Die Mitternachtsstunde setzte ihn erst aus der Verlegenheit. Wie die Glocke zwölf schlug, öffnete sich die Tür, die verlorne Reisegefährtin trat herein; doch nicht in Gestalt der reizenden Emilie, sondern der gespenstischen Nonne, als ein scheußliches Geripp. Der schöne Fritz wurde mit Entsetzen gewahr, daß er sich schlimm vergriffen hatte, schwitzte Todesschweiß, hob an, sich zu kreuzen und zu segnen und alle Stoßgebetlein zu intonieren, die ihm in der Angst einfielen. Die Nonne kehrte sich wenig daran, trat zu ihm ans Bett, streichelte ihm mit eiskalter dürrer Hand die glühenden Wangen und sprach: „Friedel, Friedel, schick dich drein, ich bin dein, du bist mein, mit Leib und Seele." Sie quälte ihn wohl eine Zeigerstunde lang mit ihrer Gegenwart, worauf sie wieder verschwand. Dieses platonische Minnespiel trieb sie forthin jede Nacht und folgte ihm bis ans Eichsfeld, wo er im Quartier lag.

Auch hier hatte er weder Ruh noch Rast vor der gespenstischen Liebschaft, grämte und härmte sich und verlor allen Mut, also, daß ihm der große und kleine Stab des Regiments seine tiefe Melancholie abmerkte und alle biedere Kriegsleute groß Mitleid mit ihm trugen. Es war ihnen allen ein Rätsel, was der wackere Kumpan für ein Anliegen habe, denn er scheute sich, das unglückliche Geheimnis ruchbar werden zu lassen. Der schöne Fritz aber hatte einen Vertrauten unter seiner Kameradschaft, einen alten Wachtmeister-Lieutenant, der im Rufe war, daß er sei ein Meister in allen Schröpferskünsten. Er besaß, sagte das

Gerücht, das verlorne Kunstgeheimnis, sich fest zu machen, konnte Geister zitieren und hatte jeden Tag einen Freischuß. Dieser
erfahrne Kriegsmann drang mit liebreichem Ungestüm in seinen
Freund, ihm den heimlichen Kummer zu offenbaren, der ihn
drücke. Der gequälte Märtyrer der Liebe, der des Lebens satt und
müde war, konnte sich nicht entbrechen, unter dem Siegel der
Verschwiegenheit endlich auszubeichten. „Bruder, ist's nicht
mehr als das?" sprach der Geisterbanner lächelnd. „Dieser Marter sollst du bald enthoben sein, folge mir in mein Quartier!" Es
wurden viel geheimnisvolle Zubereitungen gemacht, viele Kreise und Charaktere auf die Erde gezeichnet, und auf des Meisters
Ruf erschien in einem dunklen Gemach, das nur der trübe Schimmer einer magischen Lampe erhellte, der mitternächtliche Geist
diesmal in der Mittagsstunde, wo ihm sein getriebner Unfug hart

verwiesen und eine hohle Bachweide in einem einsamen Tal zum Aufenthalt eingeräumt wurde, mit dem Bedeuten, sich von Stund an in diesen Pathmus zu verfügen.

Der Geist verschwand; jedoch in dem nämlichen Augenblick erhob sich ein Sturm und Wirbelwind, daß die ganze Stadt darüber in Bewegung kam. Es ist aber ein alter frommer Brauch daselbst, wenn ein großer Wind weht, daß zwölf deputierte Bürger aufsitzen, flugs in feierlicher Kavalkade durch die Straßen ziehen und ein Bußlied zu Pferde anstimmen, den Wind wegzusingen. Sobald die zwölf gestiefelten und wohlberittenen Apostel ausgesendet waren, den Orkan zu schweigen, verstummte seine heulende Stimme, und der Geist ließ sich nimmer wieder sehen.

Der wackere Kriegsmann merkte wohl, daß es mit diesem teuflischen Affenspiel auf seine arme Seele gemeint gewesen sei, und war herzlich froh, daß ihn der Plagegeist verlassen hatte. Er zog wieder rüstig mit dem gefürchteten Wallensteiner zu Feld ins ferne Pommerland, wo er, ohne Kundschaft von der reizenden Emilie, drei Feldzüge tat und sich so wohl verhielt, daß er beim Rückzug nach Böhmen ein Regiment anführte. Er nahm seinen Weg durchs Vogtland, und wie er das Schloß Lauenstein in der Fern erblickte, klopfte ihm das Herz vor Unruh und Zweifelmut, ob ihm sein Liebchen auch treu verblieben wäre. Er meldete sich als ein altzugetaner Freund vom Hause an, ohne sich näher zu erkennen zu geben, und Tor und Tür wurden ihm, nach Gastrechtsbrauch, bald aufgetan. Ach, wie erschrak Emilie, als ihr vermeinter Ungetreuer, der schöne Fritz, ins Zimmer trat! Freude und Zorn bestürmten ihre sanfte Seele, sie konnte sich nicht entschließen, ihn eines freundlichen Anblicks zu würdigen; und doch kostete sie dieser Bund mit ihren schönen Augen große Überwindung. Sie war drei Jahre lang und drüber fleißig mit sich zu Rate gegangen, ob sie den namenlosen Liebhaber, welchen sie für treubrüchig hielt, vergessen wollte oder nicht, und eben darum hatte sie ihn keinen Augenblick aus den Gedanken verloren. Sein Bild umschwebte sie stets, und besonders schien der Traumgott sein großer Patron zu sein: Denn die unzähligen Träume des Fräuleins von ihm seit seiner Abwesenheit schienen recht darauf angelegt, ihn zu entschuldigen oder zu verteidigen.

Der stattliche Oberst, dessen ehrwürdige Bestallung die strenge Aufsicht der Mutter etwas milderte, fand bald Gelegenheit, den scheinbaren Kaltsinn der geliebten Emilie unter vier Augen zu prüfen. Er offenbarte ihr das schauervolle Abenteuer der Entführung, und sie gestand ihm mit aller Offenherzigkeit den peinlichen Verdacht, daß er den Eid der Treue gebrochen habe. Beide Liebende vereinigten sich, ihr Geheimnis etwas zu erweitern und Mama mit in den engen Zirkel ihrer Vertraulichkeit einzuschließen.

Die gute Dame wurde ebensosehr durch die Eröffnung der geheimen Herzensangelegenheit der schlauen Emilie überrascht als durch die Mitteilung der Species Facti von der Entführung in Erstaunen gesetzt. Sie fand es billig, daß die Liebe eine so harte Prüfung belohne, nur war ihr der Mann ohne Namen anstößig. Als aber das Fräulein sie belehrte, daß es ungleich vernünftiger sei, einen Mann ohne Namen als einen Namen ohne Mann zu heiraten, so wußte sie gegen dieses Argument nichts einzuwenden. Sie erteilte, weil eben kein Graf in ihrem Herzen im Hinterhalt lag und es mit den geheimen Traktaten unter den Kontrahenten schon ziemlich zur Reife gediehen zu sein schien, ihre mütterliche Einwilligung. Der schöne Fritz umarmte die reizende Braut und vollzog seine Vermählung glücklich und ruhig, ohne daß ihm die gespenstische Nonne Einspruch tat.